| 中国当代研学丛书 |

社科

教育学与心理学关系的
发展研究

罗德红 | 著

图书在版编目（CIP）数据

教育学与心理学关系的发展研究 / 罗德红著. —北京：中央编译出版社，2020.3
ISBN 978-7-5117-3846-2

Ⅰ. ①教⋯
Ⅱ. ①罗⋯
Ⅲ. ①教育学—关系—心理学—研究
Ⅳ. ①G44

中国版本图书馆 CIP 数据核字（2020）第 012507 号

教育学与心理学关系的发展研究

| 出 版 人：葛海彦
| 责任编辑：杜永明
| 执行编辑：周　毅
| 责任印制：刘　慧
| 出版发行：中央编译出版社
| 地　　址：北京西城区车公庄大街乙 5 号鸿儒大厦 B 座（100044）
| 电　　话：(010) 52612345（总编室）　　　(010) 52612339（编辑室）
| 　　　　　(010) 52612316（发行部）　　　(010) 52612346（馆配部）
| 传　　真：(010) 66515838
| 经　　销：全国新华书店
| 印　　刷：三河市华东印刷有限公司
| 开　　本：710 毫米 × 1000 毫米　1/16
| 字　　数：245 千字
| 印　　张：16
| 版　　次：2020 年 3 月第 1 版
| 印　　次：2020 年 3 月第 1 次印刷
| 定　　价：95.00 元

| 网　　址：www.cctphome.com　　　邮　　箱：cctp@cctphome.com
| 新浪微博：@中央编译出版社　　　微　　信：中央编译出版社（ID: cctphome）
| 淘宝店铺：中央编译出版社直销店（http://shop108367160.taobao.com）(010) 55626985

本社常年法律顾问：北京市吴栾赵阎律师事务所律师　闫军　梁勤
凡有印装质量问题，本社负责调换，电话：(010) 55626985

序

1986年我开始从事基础教育，2008年成为大学教师，斗转星移33年。有意识和无意识中，我都认同教育的本质在于促进学生身心发展，认识是这种发展的手段和目的。心理学，特别是认知心理学，当为教育学的第一理论基础。

从事学术研究以前，我尚算得上是一名成功的中学英语教师。有人曾戏言，彼时越是成功的教师，越是应试教育的"帮凶"。现在回想，我总是"强迫"学生背诵单词、短语、句型、对话和段落，将洛克所言的学生英语心灵的"白板"描上了一堆"五颜六色"的知识。我总是乐意尝试新的教学方法或模式，诸如小组合作学习、探究式学习、研究性学习等，我当时没有听说过，但我在实践中都尝试着做了，用那堆"五颜六色"的知识实现了语言的功能和发展了学生的记忆、思维和想象。当我第一次在研究生的课堂上听到"高分低能"这个词的时候，我想，如若"高分低能"确然，主体之"低能"也与其"高分"无关。人生而有认识的形式，但认识的内容是后天经验赋予的，空空如也的脑袋无法提供认识的加工对象，正如中国古语所言"巧妇难为无米之炊"。

从事学术研究后，我总是为我当时的"成功"教学去寻找相应的心理学理论支持。我并非"实质教育论者"，但我信奉知识是能力的基础，儿童的心理结构就是儿童的知识结构，心理结构或知识结构是内隐的非物质结构，它的外在表现质量就是学生练习册上红色的"√"和"×"。学生对单词、短语、句型和课文的背诵就是在形成自己的语言结构，教师在此基础上安排学生从事对语言知识的理解、应用、分析、综合和评价的活动。我也并非"形式教育论者"，但我信奉学生心理发展的核心是思维发展，通达它的途径是教师引领学生对教学内容的分析与综合、比较与分类、抽象与概括，而教师引领的顺序其依据是学生的心理/知识结构。如果学生心灵中还没有关于"图书馆借阅"的英语知识结构，那么任务式教学方法，即开课就让学生完成"到图书馆借书"的任务，可能就是不符合他对知识接受的心理顺序的。

  我特别强调认知心理学当为教育学的第一理论基础，还归因于给我留下了深刻教学印象的两个人。我的中学是一所处于城乡交界处的普通中学，大部分学生来自农村家庭。曾有一对农村双胞胎兄妹给我留下了深刻的教学印象。姐姐和弟弟都是具有艺术表演才能的人，这个长处使他们在初一年级的较为简单的英语舞台剧表演中引人注目。从初一下学期开始，随着学习难度的加深，建立在对语言知识和技能模仿基础上的英语舞台剧表演，他们几乎成了沉默的配角或"跑龙套的小丑"，因为他们不再具备"与时俱进"的语言知识结构，令我感到欣慰的是，后来我听说弟弟考上了全国重点艺术学院，因为英语舞台剧的表演激发了他的艺术细胞。曾有一位多才多艺的英语教师，她擅长于把她的音乐、舞蹈、朗诵、绘画的艺术特长应用到课堂教学中，学生特别喜欢她的情景教学法，她很友善和蔼，也许繁重的家事使她很难有时间"强迫"学生背诵那些在我看来是构成他们心理结构的语言知识。逐渐地，她的情景教学法只有少数学生有回应，教学平均分与其他的班级拉开了较大的差距。

  似乎我的回忆游离了本书的主题。不然。我在从事学术研究之前就在经验上形成了我对"认知心理学当为教育学第一理论基础"的操作信念，是我朴素的教育观，或者说是我们一线教师的朴素教育观——因为我的教学经验既是我的摸索，也是来自老师和教友的帮助与启发，决定了我的教学实践操作。我是首先有了对教育的认识才有了我的实际教学。这些教育认识就是我在本书中所着重强调要构建的教育学基础性理论的原始态。对教育的心理前提和结果的阐明，是在理论和实践中以对教育的准确认识和对教育与心理联系的理性分析为前提条件的。与其说"知识是发展能力的基础"是一个科学判断问题，毋宁说是一个价值判断问题。我愿意重复：德国教育学中央研究所在1956年印发的"德国教育学基本问题"中对赫尔巴特（J. F. Herbart）贡献作了客观的评价，其中就肯定了他把自然认识阶段和教学阶段相结合的贡献。① 我想说，这就是我们批评他然而又绕不过他的根源。显然我是个保守派。但是就我所主张的"心理学，特别是认知心理学当为教育学第一理论基础"而言，我似乎又是激进派，因为我主张，教育学的科学性既表现在以心理学为理论基础，把受教育者的心理规律和特点作为教育的立论根据或推论前提，也表现在应用哪一派的什么样的心理学理论为基础。

近十年来，认知神经科学得到了快速发展，教育与脑科学的交互作用成为最值得关注和研究的新领域，教育神经科学和神经教育学呼之欲出，"脑的发展发育规律，就是教育最大的和最根本的规律"②。假设脑的发展发育规律与教育的质的规定性有所冲突，那么教育学治下的教育如何在行为上回应脑的规律？最近，有学者提出"学校教育无论多么重要，都只是家庭教育的重要补充"③，其可延伸的问题是，教育学所研究的对人的身心发展产生影响的因素的天平是否又偏向了遗传的砝码？无论是生理性遗传还是社会性遗传。再假设未来教育神经科学为"学校教育无论多么重要，都只是家庭教育的重要补充"这一论断提供了脑科学依据，那么教育学如何在对该规律的应用中抱有自己的伦理？

---

① 常道直：《赫尔巴特教育学的再评价》，载《华东师范大学学报》（人文科学版），1958年第3期。
② 袁振国：《科学问题与知识增长》，载《教育研究》，2019年第4期。
③ 李镇西：《学校教育无论多么重要，都只是家庭教育的重要补充》，载《中国教育报》，2019年11月6日。

其实，认知神经科学已经提出了一个众所周知的观点，即人的大脑是可塑造的。那么，塑造它的材料和手段是什么？谁又是塑造主体？心理科学的发展不断挑战了教育学回应的能力，教育学与心理学的关系该往何处去？

  我推崇赫尔巴特所言，人们对事物的见解决定了教育的作用和教育的目的，缺乏教育的见解，"教育实验的剩余部分就是学生在成年时表现出来的缺点"。不幸的是，赫尔巴特在200年前就预言"许多人起初都忽视了它"[1]。教育的质的规定性既是一个科学问题，也是一个价值观的问题。我主张以教学逻辑统领心理逻辑和教材逻辑，我忠于我的从教经验和教师的天职。

罗德红

于怀化学院教育科学学院

---

[1] [德]赫尔巴特：《普通教育学·教育学讲授纲要》，李其龙译，浙江教育出版社2002年版，第7—11页。

目录

导论　教育学与心理学的关系问题 ··· 1
　一、应用研究中的问题 ··· 1
　二、元教育学研究的理论贡献及其可待发展 ······························ 10
　三、教育学学科发展面临的双重难题 ·· 15
　四、解决难题的设想 ·· 18

第一章　历史和语境：教育学以心理学为理论基础的路径依赖 ······ 30
　一、前学科：哲学、心理学和教育学共谋前提性问题域 ················ 31
　二、学科形成：教育研究对象域转向受教育者的"自然" ·············· 35
　三、学科独立：教育学核心问题的心理学论证 ··························· 39
　四、学科发展：心理学化的教育理论成为主流 ··························· 47
　五、中国的历史和语境 ··· 53

第二章　发展和学习：心理学的研究和教育学知识的流变 ············ 59
　一、前提性问题域：教育学知识的源头及其进化 ························· 59
　二、发展理论：心理学研究的实证资源和教育学的应用与突破 ······· 71
　三、学习机制研究：心理学的成果及对教育学的启示 ·················· 125

第三章　研究方法和方法论：心理学的实证主义对教育研究的影响 …… 159
一、前提性问题域之研究方法：从教育研究演绎法到自然经验观察法 …… 159
二、教育实验法：心理学的教育研究方法和教育学的偏淡 …… 162
三、实证主义：心理学的方法论主义和教育学的精神 …… 167
四、与心理学关系视野下的教育研究方法和方法论的整体性反思 …… 172

第四章　解释与建构：教育学与心理学关系的"应何" …… 178
一、学科的异与同：解释和建构的原因 …… 178
二、教育学基础性理论：教育学对心理学的解释和建构之立场 …… 201

结语　走向耦合：教育学与心理学基础关系的发展展望 …… 219

参考文献 …… 224

导论　教育学与心理学的关系问题

教育学与心理学的关系问题关涉着教育学的科学性。教育学的科学性既表现在以心理学为理论基础，把受教育者的心理规律和特点作为教育的立论根据或推论前提，也表现在应用哪一派的什么样的心理学理论为基础。前者虽为教育研究的定论，但应用研究中的诸多乱象已然威胁到了教育学的科学性；后者虽曾有学者呼吁①，但却引而未发，元教育学研究的关注度也并不在此。近来虽有学者提出教育学的立场问题，但还未具体到教育学和心理学关系的层面。这些相关的研究成果和遗憾即为本书的引子。

一、应用研究中的问题

教育学以心理学为理论基础是指教育学以心理学的知识和研究方法为基础，其根本的目的是提升教育学的科学性，发展教育学学科。对乱象及其危害的分析也就围绕这一点而展开。

（一）亲哲学、疏心理学的研究方法

虽然"现代教育实验与心理实验有加强结合和一体化的趋势"②，但我

---

① 陈桂生：《略论教育学成为"别的学科领地"现象》，载《教育研究》，1994年第7期。
② 张定璋：《教育实验的历史考察和本质探讨》，载《华东师范大学学报》（教育科学版），1991年第4期。

国的教育实验一直难觅心理实验的踪影。20世纪70年代末开始的教育科学化运动的初衷是用"实验的自然科学加上实验的教育科学"改变我国教育学"不科学、不成熟"的现状。在单科的教学实验中，科学性更多地表现在寻求以假设—演绎—验证的自然科学实验逻辑发现教师提高学生成绩、加速教学进度的一般规律，而疏于研究实验设计所预期的任何教育影响，如知识积累、技能训练、能力培养等是如何通过学生的头脑引起他的某种心理活动和行为反应的。① 90年代以来，教育研究开始走向人文主义研究范式，主观性、意义性、参与性和定性化是其主要的特点。理论工作者以其教育价值取向及教育学术思想引领实践一线教师，并与之开展合作互动的教育实验，是当代主流的教育研究范式。

"跳读"教学论近30年来的研究，以"教学本质"大讨论为辐射，不难发现，教学论研究思辨气息浓厚，或追寻本质的唯一性，或固守远离心理学的单基础论。"在某种意义上说，国内最近20年间关于教学活动本质的讨论，主要是围绕对教学认识论的发展完善或批驳否定这两条主线展开的。"② 在前期，"人们对教学本质的探讨往往习惯于……用矛盾关系来统摄本质的研究"，"通过教学过程中主客体关系的研究来探讨教学本质"③。在后期，随着对马克思主义有关人的全面发展学说理论资源的突破和西方人本主义哲学进入研究者的视野，教学论的理论基础从传统的知识论向主体教育论转换④，人们提出了教学生存论、教学交往论、教学理解论、生成本体论、教学阐释论等⑤。但理论的创新或世纪的转换都没有跳出辩证唯物主义认识论的框架。

---

① 张定璋：《教育实验的历史考察和本质探讨》，载《华东师范大学学报》（教育科学版），1991年第4期。
② 王本陆：《教学认识论三题》，载《教育研究》，2001年第11期。
③ 高天明、李定仁：《教学本质研究之研究》，载《教育理论与实践》，2000年第5期。
④ 裴娣娜：《从传统走向现代——论我国教学论学科发展的世纪转换》，载《教育研究》，1996年第4期。
⑤ 迟艳杰：《教学本体论的转换——从"思维本体论"到"生成本体论"》，载《教育研究》，2001年第5期。

20世纪末,新一轮基础教育课程改革借鉴了西方建构主义者提出的学习本质与机制的"建构说",但我国教育学者并没有进行大量的深入实践的教育心理学和教学过程的实证研究,对学生学习的心理建构过程和特征流于宏观的思辨或者非具体化的空谈。① 学者们大多对后现代主义知识观、概念重建、教学回归生活等哲学话语更感兴趣,乐于对"学习、课程、教师、学校"等概念进行哲学认识论上的思辨。2007年,《教育研究》杂志曾把"当代心理学理论及其在教育中的应用研究"作为2008年的选题要点②,这也许可以作为教育研究"疏心理学"的折射。

从文献发表的数量来看,《教育研究》"当代心理学理论及其在教育中的应用研究"的选题并没有激发学者的讨论热情。在"中国知网",在"全文"条件中搜索"心理学"显示,2008年和2009年的搜索结果分别是55条和64条,其中提及"研究方法"一词的分别是14和26条,数量与历年基本持平。2008—2019年,"全文中"含"心理学研究方法"的文献总数仅为7篇,含两篇书评、一篇综述、两篇心理健康教育主题,其他两篇为《教育心理学:后现代主义的挑战》和《心理学发展与教学设计的演变》。

(二) 重演绎、轻方法论追问的知识引进

苏联学者科斯丘克认为,教育的理论和实践属于特别需要心理学知识的社会生活领域之一。③ 在我国近30年教育知识的来源中,心理学知识被引文献量一直排在4—6名,以10年为时间单位来看,占比呈下降的趋势。④ 在19世纪,诸如布卢姆(B. C. Bloom)的目标分类理论、加涅(R. M. Gagne)的教学设计理论和赞可夫的教学与发展理论等,对提升我国教育学的科学

---

① 张红霞:《建构主义对科学教育理论的贡献与局限》,载《教育研究》,2003年第7期。
② 《2008年选题要点》,http://www.cnier.ac.cn/jyyj/zzjs/jyyj_20080402152924.html.(访问时间:2009年11月27日)。
③ [苏联]科斯丘克:《教育实验研究中的心理学问题》,杜殿坤译,载《教育研究与实验》,1991年第1期。
④ 张斌贤、陈瑶等:《近三十年我国教育知识来源的变迁——基于〈教育研究〉杂志论文引文的研究》,载《教育研究》,2009年第4期。

性、提高教育学的话语表达能力和解释力度所发挥的作用是不容置疑的。21世纪初，新一轮基础教育改革的解读者确认，"统整的建构主义是研究与实施素质教育的重要理论依据"①。"多重智力学说与成功智力学说的综合——全面更新与评估人的智力素质的理论根据。"② 当心理学知识与已有的教育学知识或者规范产生冲突时，我们需要在总体上追问"在教育理论和实践中引入它的可行性和适切性何在"。

多元智能理论、建构主义学习理论及其自主、合作和探究的学习方式等受到了研究者的高度关注。2004年被喻为"多元智能年"③，有关多元智能研究的教育部"十五"重点课题就达数项，如全国教育科学"十五"规划立项课题——《区域性整体构建儿童"多元智能"发展教育模式的研究与实验》、教育部"十五"规划重点课题的子课题——《多元智能理论与学生学习潜能开发研究》，等等。我国还出现了不少以多元智能理论为指导的中小学和幼儿园课程方案，成立了多元智能教育研究所，开发了多元智能软件，创办了多元智能杂志，如《中国多元智能》，纷纷为多元智能实践探索服务。④ 甚至提出"为多元智能而教"和"通过多元智能而教"的口号。把更适合学前和低龄段儿童智能发展的多元智能教育推向各年龄段有违一个公认的教育事实，即不同学龄段学生所面对的社会、个性、智能发展的教育任务不同，所需课程和教学方法也相应不同；师生关系的本质是教学关系，它以知识教学为中介，彰显了教育传递和创生文化的本质属性。但是建构主义学习理论的倡导者将自主、合作和探究的学习方式置于传统教学方式的对立面，对学生的内在经验和认知结构的重组、转换或者改造的心理过程作此单一的假设和推论，以儿童的自主建构代替教师的知识传授，使发轫于大学和研究生教育的问题式学习（problem-

---

① 钟启泉、崔允漷、张华：《为了中华民族的复兴 为了每位学生的发展〈基础教育课程改革纲要（试行）〉解读》，华东师范大学出版社2001年版，第23页。
② 钟启泉、张华：《为了中华民族的复兴 为了每位学生的发展〈基础教育课程改革纲要（试行）〉解读》，华东师范大学出版社2001年版，第23、27页。
③ 张威：《教育学术著作类销售排行榜分析》，载《中国教育报》，2004年1月1日。
④ 田友谊：《多元智能的"冷"思考》，载《上海教育科研》，2006年第3期。

based learning）和建构主义学习等方式和策略①"偏偏在基础教育中过多地张扬，贬抑教授和学习书本知识和间接经验，而在高等教育中却弱化了它们"②。如此不考虑对象和方式是否相适宜的知识演绎，其表现出来的"泛"和"滥"及其低效使我们不得不追问一句：它是真的有助于解决教育中存在着的唯学生认知发展为重的倾向，推动了素质教育的发展，还是我们所做的都是在证明多元智能理论和建构主义的科学性？

近十年来，认知神经科学得到了快速发展，教育与脑科学的交互作用成为最值得关注和研究的新领域，"脑的发展发育规律，就是教育最大的和最根本的规律"③，脑科学为人的发展，如阶段性、差异性和文化性等提供了越来越多的证据和方法，出现了融合脑科学与教育学的新学科。如周加仙提出在中国建立教育神经科学的倡议，将神经科学、心理学、医学与教育学的知识与技能相结合，研究知识创造和知识判断标准。④ 张定璋介绍了2006年国外兴起的融合神经科学、心理学和教育学等成熟的学科于一体的神经教育学，详细地分析了神经教育学原理在教学过程中的运用，例如"脑是并行联通的信息处理"被演绎为"教学方法和形式的变适性、在小组中教学和以不同方式提供信息"。⑤ 张定璋的研究得到了师保国⑥和韦钰等学者的回应。⑦

（三）照搬心理学知识，缺乏加工与改建的学科教材建设

有学者对这种现象一语中的："在以往相当一部分教育学教科书中，

---

① 刘儒德：《问题式学习：一条集中体现建构主义思想的教学改革思路》，载《教育理论与实践》，2001年第5期；张桂春：《激进建构主义教学思想研究》，华东师范大学博士论文，2002年。
② 杨启亮：《教学的教育性与教育的教学性》，载《教育研究》，2008年第10期。
③ 袁振国：《科学问题与知识增长》，载《教育研究》，2019年第4期。
④ 周加仙：《教育神经科学视角的知识创造与知识判断标准》，载《教育发展研究》，2018年第38期。
⑤ 张定璋：《神经教育学与脑本位教育动向》，载《教育研究》，2008年第10期。
⑥ 师保国、王晴：《未来教育观照下的学习与认知：来自人工智能与神经教育学的启示》，载《人民教育》，2019年第10期。
⑦ 韦钰：《神经教育学对探究式科学教育的促进》，载《北京大学教育评论》，2011年第9期。

主要采取了'搬运'和'相加'的方法：把心理学、生理学中有关对人的个体研究的成果或者哲学中有关人性问题的各种观点搬到教育学中的相关部分，将它们相加，再补上一些教育方法的建议，构成教育学有关该课题的主要内容。"①

南京师范大学教育系1980年编写了《教育学》（以下简称80版），1984年又进行了较大修改之后再版（以下简称84版），改编者"力求能反映我国教育实践和教育理论方面出现的新情况、新问题和取得的新进展、新成果"②。笔者对两个版本中的"教育与人的身心发展的关系"一章中的"生物因素是人的发展的物质前提"进行了简单的对比。（见表0-1）

通过对比可知，84版用生物因素代替先天的遗传素质，分析了高级神经系统的生理机能在思维活动中的表现。这使得教育学教材在一定程度上摆脱了日常经验描述的状态，提高了理论上的表述力度。然而，思维活动更是一种心理机能，特别是儿童主动的心理活动。由于教育活动的特殊性，解决问题的速度，特别是对于学生来说，并不仅由神经过程的灵活性决定。更为关键的是，此处的"人"还是生理学和心理学中纯粹的"机体"，而非学校教育中的"青少年"。

表0-1　80版和84版的"生物因素是人的发展的物质前提"论述之比较

内容＼版本	80版	84版
影响人身心发展的几种因素	先天的遗传素质，即内在的预定性因素；后天的环境和教育，即外在的因果决定性的因素。(78)	生物因素，包括遗传素质和不属遗传素质的某些生理特点和健康状况；社会因素，包括教育对象所处的社会、家庭、学校等诸种环境因素。(79)

---

① 叶澜：《教育概论》，人民教育出版社2006年版，第175页。
② 南京师范大学教育系：《教育学》，人民教育出版社1984年版，编者的话。

续表

版本 内容	80 版	84 版
身心发展的物质前提	遗传素质：围绕着身心发展的年龄特征进行阐述。（60）	生物因素：以胎儿的变化为例介绍解剖学和生理学中的遗传知识（60）；"心理学家和教育家都认为，早于成熟期或迟于成熟期的学习都无助于发展"（80）。
	高级神经系统生理机能的各种特征，如神经过程的强度、灵活性和平衡性都是有差别的。有的实验证明，在思维活动方面，神经过程灵活性高的人比神经过程不灵活的人在解决问题上可以快2—3倍。（60，81）"我们不能使一个幼儿去掌握高等数学，不仅因为他没有相应的知识基础，而且还因为他的大脑皮层的生理机制还未成熟到具备学习高等数学的程度。"（60，80）①	
备注	括号中的阿拉伯数字为该书的页码，下同。	

这种 20 世纪 80 年代流行的话语方式至今还很明显。如《现代教育理论》② 的作者转引了心理学中关于个体身心发展的一般规律的知识，介绍了个体身心发展的统一性、不平衡性、顺序性、阶段性和个别差异性；再如，有《教育学》③ 作者在介绍了"人的发展的基本规律"和"影响人的发展的生物因素"之后，指出"人的肉体组织制约着他们的活动范围，制约着他们与外部世界的联系，人的身心发展绝不可能超越自身的生理阈限，而只能在个体已有的机体组织的前提下得到发展"。此外，新世纪高等师范院校专业系列教材《教育学》④ 的作者介绍了科尔伯格（L. Kohlberg）的道德认识发展阶段理论和皮亚杰（J. Piaget）道德发展四阶段理论之后，并没有将随后的"教育方式"和"教育原则"与此相联系，形成理论和实践两个层面。当

---

① 这是所发现的涉及学校教育内容或方法的一个举例。
② 朱德全：《现代教育理论》，西南师范大学出版社1999年版，第58—62页。
③ 沈适菡：《教育学》，人民教育出版社2000年版，第60—66页。
④ 丁锦宏：《教育学》，南京大学出版社2002年版，第511—517页。

然，相比于"从50年代开始几乎把教育理论的各分支学科、边缘学科全部削掉，有关教育基本理论的学科几乎只剩下教育学一株独苗"① 的现象而言，"搬运"和"相加"无疑是一种进步。

(四) 研究的偏颇对教育学科学性的影响

研究方法上的亲哲学、疏心理学窄化了教育学的理论基础。从词源上而言，传统意义上的"教育学"（pedagogy，pedagogie，padagogik）都是源于希腊语的"pedagogue"（教仆）一词，它从一开始就不是深奥的科学，而是"怎样教"② 的方法之学，也就是怎样使儿童由不知到知，这必然涉及儿童原有的"不知"心理状态、"由不知到知"的心理发生变化的过程和"知"的状态等。教育研究者既要具备受教育者的身心发展特点和教育过程的一般规律等方面的知识，更要用恰切的方法探究这些特点和规律，它们虽然不是教育学科学性的唯一表征，但是缺此表征的教育学或许难以成为科学的教育学。正如赫尔巴特（J. F. Herbart）所言，"教育者的第一门科学——虽然远非其科学的全部——也许是心理学"③。

架构去心理学的单基础论使教育理论解释与预测教育实践的力度不够，使丰富的教育经验难以上升为抽象的教育理论。在教育研究中，与心理学联系最为紧密的是教学、课程和教育实验。"怎样教"以"教什么"为载体，教育实验是教育改革、创新和加速发展的基础。教学的有效性根本上要以学生学习的有效性为标准，而学习是加涅所言的"人的心理倾向和能力的由低到高、从无到有的变化"，它由一系列心理事件构成，是教师教学有效性的基准。教师要诊断儿童现在的心理发展阶段，预设恰当的教育目标，向儿童提供那些引导他们上升到下一个阶段的学习活动，现场判断儿童的最近发展

---

① 陈桂生：《教育学的迷惘与迷惘的教育学》，载《华东师范大学学报》（教育科学版），1989年第3期。
② ［日］村井实：《什么是教育》，见大河内一男：《教育学的理论问题》，曲程、迟风年译，教育科学出版社1984年版，第4页。
③ ［德］赫尔巴特：《普通教育学·教育学讲授纲要》，李其龙译，浙江教育出版社2002年版，第12页。

区，生成与他们的心理能力相匹配的教学活动。以去心理学的哲学思辨方式谈论有效教学恰如"隔靴搔痒"。一个颇有说服力的事实是，虽然新一轮基础教育课程改革所确认的建构主义理论基础给中国教育研究带来了前所未有的热度和挑战，但是，当今教育研究对心理学文献的引用却降低到 30 年来的最低，由 1979—1988 年期间的 10.30% 降低到 2.89%，而哲学却上升到 9.93%。[①] 同时，"教育理论指导教育实践的有效性和正当性"的争议却又"风生水起""如火如荼"。

重知识演绎、轻方法论追问的引进方式使我们丧失了对知识进行解释和选择的立场，使我们随着心理学知识的更替而摇摆，教育成为检验心理学知识科学性的"实验田"。无可否认，教育学和心理学是两个有差异的学科，且心理学流派纷呈，其研究角度、前提假设、隐喻等都不同，对教育目的、价值、方法等的关照也不同。"在教育研究中采纳某种心理学研究方法的可行性和适切性何在？""是否有万能的教学方法？""该方法蕴含着什么样的理论基础、价值取向和思维方式？"这些理性的追问基于我们对教育研究对象的认识和对心理学知识和方法背后理论路径的考查。我们需要对教育研究对象的特征，对儿童、对教师、对教育问题有丰富的感性体察和深刻的理性思考，需要对所引介的心理学理论和方法有谦虚的理性自觉和学习中的批判性拷问，对教育的本质、教育的价值、教育的功能以及围绕着他们所建构的教育的若干基本理论范畴等有着坚定的学科立场。这是我们能够追问的前提性标准。无此标准，检验、观察、调整和建构都将退回到经验主义的前教育学时期；有此标准，我们才能发现特定的心理学流派可能并不适合于教育学，才会考量如何选择、转化和建构自我理论；对这种重要性缺乏足够认识，演绎心理学知识就难以避免，教育学的开放反成为其谋求科学性和独立性的"沟壑"。

对心理学知识缺乏教育学的加工和改建使教学论教材缺乏自己的核心命题和体系。如在一些《教学论》教材中，在"教学目标"一章中介绍布卢姆

[①] 张斌贤、陈瑶等：《近三十年我国教育知识来源的变迁——基于〈教育研究〉杂志论文引文的研究》，载《教育研究》，2009 年第 4 期。

或者加涅的目标分类学,在"教学模式"一章中又介绍掌握学习理论和累积学习理论,在"教学评价"中又引介布卢姆的诊断性、形成性和终结性评价等,教学论的体系被引介的理论冲散得支离破碎。教学论不拒绝对外的开放、引进和借用,但是要如何对诸如有意义言语学习、同化和顺应、最近发展区等心理学理论进行教学论的解释和改造,以形成自己的核心命题,构造自己的理论体系。否则的话,即使不淹没在引用之中,也有可能被心理学化的教学论逼退。[①]

其实,研究偏颇恰由对教育学科学性的追求而起。从以经验性的话语笼统地阐述教学的一般任务到精细地分析诸多心理学学者的教学目标分类理论,教学论逐渐地在摆脱单纯的经验总结取向,科学性不断地增强;引用国外最新的建构主义理论为学理研究尚欠薄弱的素质教育架构新的理论依据;在辩证唯物主义认识论框架下对教学论学科的反复探讨开拓了一条从移植到创新之路;等等。谨慎地说,研究乱象并不说明我们否认"教育学以心理学为理论基础"是教育学科学性的表征,而是说明了我们没有处理好教育学和心理学的关系。这需要我们基于历史和发展的视角,以"教育学和心理学的关系"为研究对象,开展具有反思性质的元教育学研究。

二、元教育学研究的理论贡献及其可待发展

20世纪80年代末期,教育科学工作者开始研究"教育学以心理学为理论基础"的来历、形成过程、贡献、关系中的自我特色和未来的去向等,从知识、研究方法和学科发展的三个维度大致可以归纳为以下三类。三类研究的理论价值自不待言,但是其视角还有待扩展,针对性还有待进

---

① 有心理学学者曾以教学与教学论、教学目标、教学任务分析、教学原则、教师与学生、教学内容、教学过程与方法(上、下)、教学评价与补救等当代教学论的主要论题为标题作过梳理和总结。例如,王小明认为教学论产生与发展的推动者是桑代克、斯金纳、格式塔心理学家、皮亚杰、西蒙、布鲁纳、加涅、奥苏伯尔和格拉泽,至于夸美纽斯、赫尔巴特和杜威等人则只字未提。(参见王小明:《教学论——心理学取向》,上海教育出版社2005年版。)

一步加强。

(一) 教育学以心理学为理论基础的合法性认识及其限度

我国经典的教育学教材都承认心理学知识对教育科学发展的贡献,并借鉴它为教材在内容和科学性上培育新的生长点。他们认为教育学理论化、科学化水平提高的一个表现是对教育与人的身心发展关系作出了新的探索①;教育心理学家的著作,如《教育目标的分类系统》《教学与发展》等的问世表明了近30年来是教育学的理论深化阶段②,心理科学的研究成果已成为现代教学方法发展的重要基础和前提,教学理论日益心理学化。教学方法的心理学化是教学方法改革与发展的趋势,众多研究成果的获得者不是教学论专家,而是心理学家。③

历史认识的局限在于并没有完全揭示出"教育学以心理学为基础"的来历和形成过程。相关的研究大多在国内外教育心理学发展的框架内分析教育心理学的产生与发展,及其流派、体系、内容和发展趋势等。④ 对于廖世成、艾伟、萧孝嵘等心理学家的理论,主要从体系、结构和内容的角度分析了他们的代表性教材⑤,将它们作为中国教育心理学发展的标志,至于他们开展的心理学研究对教育理论和实践发展的推动,并没有述及。

(二) 教育学以心理学为理论基础的偏狭性反思及其治理建议

这种对偏狭性的反思大多把心理学的研究范式作为自然科学研究范式之一,将其糅合在对自然科学研究范式的反思之中。反思的切入点为教育研究对象和研究方法的适切性,它们大致可以分为三类。其一,以教育学研究对

---

① 南京师范大学教育学系主编:《教育学》,人民教育出版社1984年版,第6页。
② 王道俊、王汉澜主编:《教育学》,人民教育出版社1984年版,第10—12页。
③ 李秉德、李定仁主编:《教学论》,人民教育出版社2000年版,第206—212、391—398页。
④ 王坤庆:《20世纪西方教育学科的发展与反思》,上海教育出版社2000年版,第100—109页。
⑤ 金林祥:《20世纪中国教育学科的发展与反思》,上海教育出版社2000年版,第79—85页。

象的复杂性、模糊性和不确定性等特征为切入点，反驳"教育学只要向自然科学看齐，就能成为真正的科学"①的观点。教育领域中存在着自然科学取向的心理学和人文科学取向的心理学，这是教育学研究方法多元化趋势的表现，倡导"向自然科学看齐"导致教育学内部营垒的分裂②，造成这种分裂的根源则是长期存在的"简单思维"或"二元对立"的思维方式③。其二，以教育研究对价值的认识和选择的无可推脱性否决自然科学研究方法的唯一性。哲学方法、心理学方法和社会学方法常常是混杂和交融在一起的，企图避开意识形态的影响是徒劳的。④ 其三，以批判心理学的 S-R 反应模式的片面化和简单化试图为教育学寻求更好的自然科学方法。⑤

从认识层次上而言，教育学者所提出的治理建议可以粗略地概括为三重境界，即养育跨学科心态、进行跨学科研究和建构跨学科知识。基于教育研究方法的多元化趋势，人们提出对教育心理学的学科属性进行多元化的探讨，以在不同的研究方法之间造成一种宽容和理解的气氛⑥，对比心理科学和教育科学的发展历史以更深刻地明晰其研究对象的差别，以改进教育研究方法和推动教育学派的发展⑦。许多学派的创始人，如赫尔巴特、贝内克、杜威（J. Dewey）等都建构自己独特的心理学为教育学的理论基础，但是，我们如果过头地把别的学科成果引入教育学，就是没出息的抄袭了。⑧ 这句话的言下之意是，笔者妄加揣测，教育学者需要为自己的教育学建构作为其

---

① 毛祖桓：《教育学方法的多元化发展趋势》，见瞿葆奎主编：《教育与教育学》，人民教育出版社1993年版，第603页。
② 毛祖桓：《教育学方法的多元化发展趋势》，载《教育研究》，1989年第5期。
③ 杨小微：《教育研究思维方式的类型分析》，载《华东师范大学学报》（教育科学版），2003年第4期。
④ 毛祖桓：《教育学方法的多元化发展趋势》，见瞿葆奎主编：《教育与教育学》，人民教育出版社1993年版，第600页。
⑤ 陈元晖：《"一般系统论"与教育学》，载《教育研究》，1990年第3期。
⑥ 毛祖桓：《教育学方法的多元化发展趋势》，见瞿葆奎主编：《教育与教育学》，人民教育出版社1993年版，第604页。
⑦ 叶澜：《关于加强教育科学"自我意识"的思考》，见瞿葆奎主编：《教育与教育学》，人民教育出版社1993年版，第766页。
⑧ 陈桂生：《略论教育学成为别的学科领地》，载《教育研究》，1994年第1期。

理论基础的心理学。

（三）教育学以心理学为理论基础的内涵性重构设想及其视角

教育学者是在意识到教育学沦为心理学领地的危机中提出基础关系的新内涵的，这并不是否认教育学以心理学为理论基础，而是考量教育学如何更好地以心理学为理论基础。大致有四种重构设想。

其一，"包含关系"。"在传统的意义上，心理学一般是作为教学论的学科基础之一，教学论要利用心理学的材料作为论证教学措施的依据。现在不同了。许多教学问题非进行教学论与心理学的跨学科研究不可。""教学与发展问题本身的性质，要求必须把对学生的心理学研究，有机地包含到教育学研究中去。"①

其二，"整合关系"。问题的症结不在于是否吸收相关学科的研究成果，而在于怎样吸收这种成果。教育心理学、教育社会学、教育文化学分别着重从"社会""心理""文化"的角度考察受教育者，而受教育者并不只具有心理属性，把这些学科加在一起，也不能直接提供关于"学生""教师""学校""课程"等事实材料和观念，因此研究成果有待整合。②

其三，"加工与改建的关系"。现有教育理论的组成中，"另一部分是心理学或其他科学研究成果的直接搬用，这里缺少的是教育学的加工与改建"。这也是人们批评教育理论脱离实践的原因之一。③

其四，"对话关系"。随着教育理论研究的多元化倾向，教育学与心理学越来越趋向于分离，教育理论研究处于一种无根的状态，这必然导致教育理论的虚假繁荣，教育学要主动地用复杂的整合思维与心理学沟通、对话、理解，进行深层次的复合。④

---

① 王策三：《教学论稿》，人民教育出版社1985年版，第59页。
② 陈桂生：《略论教育学成为别的学科领地》，载《教育研究》，1994年第1期。
③ 叶澜：《关于加强教育科学"自我意识"的思考》，见瞿葆奎主编：《教育与教育学》，人民教育出版社1993年版，第769页。
④ 刘慧群：《教育学还在与心理学对话吗？——教育理论研究中教育学和心理学关系的再寻找》，载《教育科学研究》，2002年第11期。

借用计算机技术中的一个词，这些反思性重构设想大致可称为一种"缺省"的视角，即首先"默认安装"心理学知识和方法为教育学的基础，再构想基础关系的新内涵。这忽略了一个事实，即心理学流派纷呈，探幽抉微，新论迭出，"三千弱水"，我们该取哪瓢？

（四）元教育学研究的可待发展性

目前，我们尚没有历史性地审视教育学以心理学为理论基础的合法性。心理学对前教育学时期的教育思想的影响何在？心理学在夸美纽斯（J. A. Comenius）的《大教学论》中扮演了什么样的角色？赫尔巴特是如何用心理学论证教育学的科学性和独立性的？心理学在教育学知识的流变中烙下了什么痕迹？作为教育学学科发展重要表征的教育学教材在内容、体系和结构的变迁上受到了心理学的什么影响？

对教育学以心理学为理论基础的偏狭性反思尚需要具体化到教育学与心理学的关系中，而非仅把心理学研究范式作为自然科学范式的一种进行反思。为什么是偏狭的？教育学和心理学在思维方式、价值取向、人性假设、学科性质上的相通与相异之处表现在哪些方面？这些异同对以心理学为理论基础的教育学意味着什么？如何根据对异同的认识更好地发挥心理学的理论基础作用？

理论基础的内涵性重构设想需取一种基于本学科立场的跨学科的视角。随着教育学和心理学之间的交叉、渗透和融合日趋强烈，界限日趋模糊，共享着越来越多相同的研究问题和研究方法。心理学所起的主导作用自不待言，然则，面对诸多的心理学流派，"三千弱水"中取"哪一瓢"？如何取？以什么为取的标准？教育学如何在对心理学的开放中保有自己的独立性？它又如何在对心理学的开放中谋取自我学科的发展？它们能否在对教育问题的解释与干预中彼此借鉴，形成互动，实现"把儿童教得更好"的目的？

三、教育学学科发展面临的双重难题

200年前，赫尔巴特响应裴斯泰洛齐（J. H. Pestalozzi）"教育心理学化"① 的倡议和实验，要求教育和教学工作要注意儿童的心理活动规律和个性差异，将教育科学建立在心理学的基础上②，史称科学的教育学的创始人。综合前述的分析，当前的教育学科学性的危机大致表现在以下两点。

（一）架构去心理学的单基础论

在教育理论发展多元化的今天，课程和教学理论研究与哲学的对话热情远远胜过与心理学对话的热情，仿佛不涉及哲学的教育理论就是落后的、肤浅的、低级的。对于关系最亲密的心理学却难得理睬，到了需要的时候就搬来用用，装装"科学性"的门面。结果是学教育的人对形而上学津津乐道，咬文嚼字，流于空谈，不懂心理学的研究范畴及其思维方式，不根据儿童的心理特点和认知规律施教，教学和学习方式的变革造成教育实践的难为，导致人们对教育理论的质疑和诟病。

我国教育学者大多选择了在需要时直接借用心理学的相关知识，而不是用心理学实证的方法研究学生的身心发展与教育活动之间的关系。教育研究对象是教育存在，其中最生动、丰富、多变和基本的存在是教育活动型存在，它以人为直接对象，以影响人的身心发展为直接目的。③ 为了实现此目的，教育研究者既要具备受教育者的身心发展特点和教育过程的一般规律等

---

① 1800年7月，裴斯泰洛齐向"教育之友会"（1800年6月，布格多夫的教育部长斯塔普尔创立的专门研究裴斯泰洛齐教学法的学术组织）提出专题报告，他在这篇报告中写道："我想把人类教育心理学化，所谓心理学化，就是把教学的形式建立在人类的精神发展所依据的不变法则上并且依据这个法则，使人类知识的要素单纯化，然后以简赅的语言作有系统的叙述，借此使最底层的国民也能够获得自然的、精神的以及道德的陶冶……"教育历史上称为"教育心理学化"运动。
② 李明德：《论十九世纪上半期西方的"教育心理学化运动"——兼评"赫尔巴特是科学教育学的创立者"》，见中国教育研究会编：《杜威、赫尔巴特教育思想研究》，山东教育出版社1985年版，第205页。
③ 叶澜：《教育研究方法论初探》，上海教育出版社1990年版，第306页。

方面的知识，更要以探究这些特点和规律为旨归，以促进儿童的心理发展为目的，与此相适切的方法当然包括心理学的教育研究方法。当前，在反思自然科学范式中对心理学研究范式的"泛论"和"泛思"，从而疏离，使我们陷入了演绎和搬用心理学知识的学科"集体无意识"中。

"泛批"与疏离心理学研究范式导致了一个极大的悖论，我们一边接受西方心理学化的教育学话语体系，接受了在心理学影响下所形成和发展的教育概念、范畴以及研究方法等，一边又在课程与教学研究中捍卫和忠实于思辨教育学的传统，去心理学理论基础。接受和拒斥的矛盾心理和紧张关系使我们在跨学科知识中缺席。当前，我们的心理学知识大多来自"教育心理学"课程。作为师范教育的必修课，它以心理学家的立场介绍教育心理学的学科发展历史和知识流变史。我们尚且不知道其学科发展与这些知识的应用和教育学发展之间的内在联系，我们没有对比心理科学和教育科学的发展历程，没有深刻地明晰各自视角下的研究对象的区别。

（二）抱守实用主义取向

自20世纪70年代末以来，教育学几次诉诸心理学解决问题，但其实用主义取向恐怕非但使其难达初衷，反而成了检验心理学科学性的实验室。例如，杜威机能主义的儿童心理学认为，儿童是在活动中，并通过活动获得发展的。为了检验心理学的这个假设，他提倡在教育中实行以儿童本能为中心的活动课程。再如，布鲁纳（J. S. Bruner）倡导发现教学法，接下来的结论就不难得出，即任何教学内容，不论学科、学生、教师和条件都应该实施发现教学法。任何单个的教学事件，采用发现法学习的儿童，运用发现教学法进行教学的教师，只有作为典型，即作为发现教学法规律的解说性代表，方得到考虑，才具有价值。当教育实践和理论不符合某个心理学规律的时候，教育理论和实践就需要按照这条规律进行改造，以证明规律的正确性。如果检验失败了，原因很多，但是并非该理论不科学。接着，为了解决教育问题，教育又开始借鉴其他的新的理论假设，又成为这种新假设的检验领域。当前"接力棒"就传到了建构主义手中，以自主、合作和探究的教学和学习方式为载体，重建"学习、课程、教师、学校"等概念，试图对传统的教育学推倒重来。

教育实验运动的初衷是解决教育学"不科学、不成熟"的问题。但是人们发现了"教育实验的特殊性""教育研究的人文性""教育研究唯科学主义倾向"对教育研究的负面影响等，开始主倡"人文主义和科学主义范式并举"，算是为教育研究中的"科学主义"辩护，也维护了教育研究的"人文主义"。但是教育研究对科学人文主义的践行依旧"雾里看花"，行动研究和叙事研究紧随其后，教育学依旧被指认为不科学、不独立。而"没有科学，何来主义？"① 教育实验运动历史的文字再现或者是由实验者们出版专著留下经验的痕迹，或者是在教学实验史中得到记载，或者是硕博论文中的资料引用。教育学对此缺乏深入的研究和理论的提炼。

教育学的问题在于，缺乏基础性的假设或概念，无可判明什么样的心理学是科学的，而越是抱守实用主义的立场，游离于心理学更迭的学派中，越是难以希望从中诞生出基础性的概念。我们只是记得杜威曾说过，"教育乃是使哲学上的分歧具体化并受到检验的实验室"，但是没有考查他检验的目的，或者说他终究要假设—检验—论证的是什么。

研究杜威的美国教育哲学家说："它可以服务于两个主要的哲学目的。首先，教育成为他证明关于思和行的关系，在某种意义上就是检测哲学的地位的基地。其次，成为进一步发展这些思想的源泉，在字面上的意义就是哲学的实验室……杜威关心的是发展基础性的概念而不是可以机械地移植到另外一个学习情境中的教学技术。"②

杜威首先是哲学家，他的教育实验本就不打算成为普通学校的模型③，而是验证他的哲学假设，发展他的哲学概念。多么强硬的哲学立场！如果教

---

① 周作宇：《没有科学，何来主义？——为教育研究中的"科学主义"辩护》，载《华东师范大学学报》（教育科学版），2001 年 第 19 卷 第 04 期。
② William Robert McKenzie（1972），"Introduction toward unity of thought and action", in Jo Ann Boydston（ed）, *The Early Works of John Dewey*, 1882–1889 V, Carbondale and Edwardsville: Southern Illinois University Press, p.19.
③ William Robert McKenzie（1972），"Introduction toward unity of thought and action", in Jo Ann Boydston（ed）, *The Early Works of John Dewey*, 1882–1889 V, Carbondale and Edwardsville: Southern Illinois University Press, p.xix.

育研究不在应用心理学解决问题中论证自己的假设,从而发展自己的基础性概念,或者不以基础性的概念解释或选择、证实或证伪心理学,那么何谈教育学立场,又何谈教育学的科学性和独立性?

发现与认识问题即是发现了教育学科学性的发展空间,正如马克思曾说,哲学家只是为了解释世界,但更重要的是改造世界。发现与认识危机是为了解决问题。

四、解决难题的设想

(一)研究何种意义上的"教育学"和"心理学"及其"基础关系"

1. 教育学

本书所要研究的"教育学"不是传统意义上的"教育学"(pedagogy, pedagogie, padagogik),也不是单纯以一门课程和教材形式存在的《教育学》,更不是教育学的某个细小的分支,而是所有教育学术研究的统称,相当于"educology",也就是要研究一般的理性的教育认识活动,研究形形色色的教育学活动之"一般"或"整体"。正如有学者所言,"通过深入各专业分支领域来推动自己的研究,这当然是很重要的,但如果对自己的研究在整体研究中的位置缺乏了解的话,非常专门化的研究恐怕也要犯视野狭小的毛病。为此,有必要对教育学的专业分化有个整体观,对诸多专业领域作综合整理"①。

需要说明的一点是,夸美纽斯的《大教学论》和赫尔巴特的《普通教育学》中的"教学论"和"教育学"的西文词分别来自古希腊文"didatica"和"pedagogue",都是指一种"教授之学",培根(F. Bacon)首次用后者指称教育学。由于翻译之故,前者译成了"教学论",后者翻成了"教育学",但是实际上,赫尔巴特的教育学中的很大一部分内容是教学论,夸美纽斯的

---

① [日] 武田久夫:《教育学》,见瞿葆奎:《教育学文集·教育与教育学》,人民教育出版社1993年版,第328页。

"教学论"涵盖的范围也大于我们一般意义上的教学论。众所周知,"教学,是教育的基本的途径"。因此,心理学对教学论的影响就成为本书的重要内容。

正如瞿葆奎在谈到中国"教育学建设的成绩斐然可观"时所指出的,"各种版本的教育学如雨后春笋"①。叶澜也指出,"我们很长一段时期的教育学研究,是跟编教材绑在一起"②。因此,本书的分析对象包括各种版本的、服务于不同学习和研究对象的教育学和教学论教材,如作为公共课的教育学教材,作为教育学本科专业的教育概论,作为教育硕士教材的教育学原理等。

如果说教材中沉淀的是较为成熟的教育学知识的话,那么教育研究专著和论文则反映了科学和哲学对教育理论的前沿影响,是时代和社会对教育的不同诉求,尤其是教育学研究者在这样一些背景下反思与探究的新成果,它们也是本书的分析对象。

教育实践乃教育理论之源泉。社会对教育的需求,不同群体的人们对理想状态之教育的多样化解读和渴求引发了不同层次的教育实验和变革,吸引着理论工作者旁观或者介入到教育实践中对此进行学术研究。因此,教育实践活动构成了本书的部分内容,这并非笔者对"教育"和"教育学"的无意或有意混淆。

2. 心理学

就心理学而言,本书探讨和分析的对象不是心理学的各种体系和学派,也非心理学的发展历史,而是各种各样的心理学活动之"一般"或"整体"中的对教育学的理论和实践发展产生过影响的心理学,以及以往我们不太注意到的资源,主要是指智力心理学、学习心理学和发展心理学。其中,主要的分析对象包括教材、论文和论著。

为什么研究教育学和心理学的关系,而不是与教育心理学的关系?教育心理学对教育学的发展无疑作出了主要的贡献,但是,历史上对教育学产生

---

① 瞿葆奎:《中国教育学百年》(中),载《教育研究》,1999年第1期。
② 杨小微:《行走于天地之间——访华东师范大学叶澜教授》,载《基础教育》,2004年第1期。

影响的不仅仅是教育心理学，心理学其他分支学科的贡献亦不能忽视。况且在不同的时期，心理学家们在论著和教材中对教育心理学进行了不同的界定；影响了教育的心理学理论并没有都成为教育心理学的理论，不同时代和版本的教育心理学论著和教材在体系和内容上的不同表明教育心理学家们并没有就此达成共识。① 在研究过程中，教育心理学还需要运用心理学的其他分支学科的理论，如教育统计学、心理测量学、实验心理学等。美国心理学史家波林（E. G. Boring）曾说："测验运动与教育心理学并驾齐驱，给后者以最重要的工具。"② 从另一个方面来说，当我们谈到教育学对心理学的影响时，我们指的是对心理学的研究方向、研究内容和体系的影响，而不仅仅是对教育心理学的影响。

需要申明的是，本书无意于把教育学的发展和进步仅仅归结为心理学的贡献，同样笔者也绝不认为只有心理学为教育的改革和发展提供了基础。这是偏狭的，也是与历史事实和本书的原则不相符合的。在"时代·学科·人物"的关系视角下，对教育发展事实做出纯心理学解释的片面性和非现实性完全只是因为我们不能否认学科的分类和人类的分工。

3. 教育学与心理学的关系

从 20 世纪开始，正如波林所说，"不仅心理学影响教育学，而且教育学对心理学的要求也使心理学受到明显的影响"③。在本书中，关系指的是基础关系，两个独立学科在理论前提、基础性原理及方法论方面可以相互证明、相互借鉴和相互建构的内在关系。这种关系确立的依据一般在于它们具有共同的研究对象。

教育学和心理学同为研究人的学科，"为了把儿童教得更好"，它们走到了一起，这既是它们的社会使命，也是它们的价值所在。"发展"是它们共同关注的主题，教育条件下的发展是学生学习的结果。心理学将发展作为事实进行实证研究，为教育学促进人的发展之崇善事业提供了进行教育教学改革和发展的理论和方法，提高了课堂教学效率，促进了教育学学科知识的增

---

① 皮连生：《教育心理学》（第三版），上海教育出版社 2004 年版，第 20 页。
② ［美］E. G. 波林：《实验心理学史》，高觉敷译，商务印书馆 1981 年版，第 647 页。
③ ［美］E. G. 波林：《实验心理学史》，高觉敷译，商务印书馆 1981 年版，第 282 页。

长,提升了教育研究方法的科学性。在我国,当前许多心理学学者在公认的教育学期刊上发表文章,从其学科视角研究当前热点的教育问题,如教师的情感、师生的创造力和教师的课堂教学问题等,他们有时也会借鉴教育学专业领域的知识,并将相关内容纳入到心理学视野下的知识系统中①;教育学在促进人的发展价值求索过程中,通过促进人的发展,为心理学提供了供其生存的研究问题和方向,为其成熟和壮大提供了活动的领域,也在一定的程度上对心理学的理论进行了检验,从而促进其进行研究转换。例如,当前多元智力理论得以在美国教育界迅速传播的一个重要原因在于它恰好迎合了美国20世纪70年代末80年代初的教育改革气候;而在我国,则被学者当作了度过当前素质教育理论和实践高原期的良策。对于行为主义学习理论,奥苏伯尔(D. P. Ausubel)曾说:"关于学习理论对课堂教学的适合性和应用性的幻想破灭了,多半是教育心理学家将简化学习情境的实验室研究的结果不加批判地推论到较复杂课堂环境的这种倾向所造成的结果,没有认识到这方面的局限性。"② 他用认知心理学重新解释了传统的言语教授法,被称为"认知同化说",推动了教学心理学的发展。

在此意义上,教育学和心理学互为基础。但是本书侧重分析和论述的是心理学对教育学的基础性影响,而将教育学对心理学的基础影响作为一种可能性来讨论,并期待一种耦合的关系。

4. 基础关系的具体表现

心理学是教育学哪方面的基础?主要是知识、研究方法③和方法论。

教育学和心理学源于哲学。哲学家们提出了什么是知识,我们是否有知

---

① 试举一例稍加说明。在张大均主编的《教学心理学丛书》之分册《教学心理学纲要》(人民教育出版社2006年版)中作者指出:"教学心理学的相关理论是指与教学心理学理论体系构建密切相关的其他心理科学理论,如认知理论、智力发展理论、环境心理理论、人际互动理论等。"(第33页)然而各分册作者在脚注和尾注中列出了大量的教育学者的论著和论文。如"反思性教学"一章中,脚注的内容几乎都来自熊川武教授的《反思性教学》一书。
② 吴杰主编:《外国现代主要教育流派》,吉林教育出版社1989年版,第357页。
③ 需要说明的是,我们经常混淆了心理学的教学方法和研究方法。建构主义学习理论的教学方法和学习方式,如自主、合作和探究等,是心理学的知识,而非心理学的研究方法。

识,我们怎样获得知识以及如何检验知识等认识论问题。哲学心理学家把这些问题转换为:心、意识是什么,心身的关系如何,心是如何开始发展的,心是怎样获得外界知识的,什么东西驱使我们去行动等;教育思想家们则提出了人和社会是否需要教育,人是否有接受教育的可能,造成人与人之间主要差异的原因是什么,教育对人的主要作用是什么、人什么时候接受教育最重要和最有效等一些前提性问题域。其中,人接受教育的可能性、人与人之间的主要差异、人什么时候接受教育最重要和最有效等这些问题是教育学和心理学共同研讨的问题。本书的"知识"增长就是要探寻这些前提性的问题域是如何随着时代、哲学、学科、人物、科学和社会的发展,从融合于哲学中的有关教育和心理知识演变为学校教育的核心问题,从夸美纽斯开始的"教育过程的一般规律和受教育者的'自然'"到成为教学与课程的理论根据和推论前提。

在古希腊时期,哲学心理学家和教育思想家的身份是同一的。他们思考心理问题的方法就是他们思考教育问题的方法,他们关于教育问题的探讨只是他们的哲学观和心理观在教育这一具体领域中的运用和体现。这是教育研究演绎法的发端。本书的"研究方法"将分析它的贡献、限度以及创新和未来。在具体的方法上,本书更关注实验法。

心理学的研究方法论和教育研究方法论的界定不同。如若参照叶澜在《教育研究方法论初探》中的分析,以"科学活动中哪些方面规定为方法论研究的对象为标准"的话,"属科学或科学哲学层次"中的方法论有三种最基本的观点,其中"方法论通常首先被理解为科学认识的方法论,也就是关于科学认识活动的体系、形式和方式的原理的学说"①。心理学的研究方法论应该可以归为此类。而教育研究方法论"从总体上探讨教育研究中对象与方法的关系及适宜性问题"②。

虽然心理学研究方法论和教育研究方法论的界定不同,但是本书是从教育研究方法论的角度"对现有方法的核心部分与理论基础的反思,对它的不

---

① 叶澜:《教育研究方法论初探》,上海教育出版社1990年版,第6页。
② 叶澜:《教育研究方法论初探》,上海教育出版社1990年版,第19页。

合理性的发现、对新的方法结构的构建,进而使方法总体发生突破性的变化"。核心部分指的是"思维方式、研究范式等的更新,而不是技术性的改进"①。也就是以教育研究方法论对心理学知识、方法和研究方法论影响下的教育研究思维方式、研究范式和理论基础,即知识基础和方法基础的反思。

心理学的知识对教育学的影响是多方面的,本书主要从认知方面,即发展机制和学习机制方面进行分析,道德心理学、社会心理学和心理健康教育等没有涉及,这不是要否认心理学在这些方面的贡献。一来心理学对教育学发展产生重大影响的确实是发展机制和学习机制;二来实在是本人力所不逮,虽然很遗憾,但是如果能竭尽所能将其选定的范围叙述得较为清楚,也应是一大幸事。

(二) 开展治理研究的方法

本书采用的主要研究方法是历史哲学引领下的文献分析法,其主要的原则有三点。首先,本书尽可能让历史事实来说话,即用确凿的历史事实去阐明两个学科之间的关系,做到顾炎武所说的"于序事中寓论断";第二,每个学科,都有其研究传统和方法,都具有其存在的价值和意义。本书的研究视角是教育学的,教育学与心理学是两个平等的学科,本书力求对心理学不作主观的评价和非议;第三,本书始终基于"教育学以心理学为理论基础"的基本立场,研究旨趣在于教育学如何更有效地以心理学为基础,提高教育学的科学性,发展教育学。

本书将引入长时段的研究方法。大多数法国年鉴学派历史学家认为,时间是具有多元性的,它不仅存在于各个不同的文明之间,而且也在每一种文明之内。布劳代尔(F. Braudel)就区分了三种不同的时间,它们各有自己的速度:作为一个地理空间的那种几乎是静止的时间(长时段),社会经济结

---

① 叶澜:《教育研究方法论初探》,上海教育出版社1990年版,第13页。

构变化的缓慢时间（演化）和政治事件的急促时间（时间）。① 他的具体分析②是，长时段是周期性变迁的概念，短至 10 年、20 年，长至 50 年，它有利于发现事件发生的背景和环境，它是一个有点棘手、复杂和陌生的研究方法。处理长时段历史观念的工具是结构。对社会的研究者而言，结构意味着组织、一致性、社会实在与社会团体之间一套非常稳定的关系。它一方面意味着一系列部分的集成、一个框架，同时它又标志着某些在长时段内一直存在着的和只是缓慢地衰亡着的特定实在。一些特别长命的结构，已成为世代相传的问题因素。他们抗拒历史的进程，也因此就决定了历史的流动。其他结构瓦解得很快，但所有的结构都既是基础又是阻力。作为阻力，它们可以形成某种对人及人的各种努力的不可逾越的障碍。文化的巨大历史性同样包含着这种持久的基础和阻力。赫尔巴特学派和行为主义分别影响了教育学和心理学长达上百年和半个世纪，它们为其他理论的发展提供了发展的基础和再解释的动力，是后人超越的对象和超越的基础。

在对教育学和心理学基础关系的回顾与反思中引入长时段研究方法的可能性和必要性何在？首先，长时段将有利于发现事件发生的背景和环境。文化既是社会持久发展的基础，也是社会发展的动力和阻力，它是累积性的、发展性的、否定性的、开放性的，具有内生态性的一切特征。教育学比任何一门学科都更应该记住黑格尔（G. W. F. Hegel）的话，"我们之所以是我们，乃是由于我们有历史"，"现在的一切是历史的遗产又是对传统的改造和发展"。教育具有独特的传承和创新文化的使命和功能，这种使命和功能凝结了一代又一代人的努力，文化就凝结在主体的努力之中，它是文化得以传承和创新的基础。其次，长时段研究方法是整体思维的一种。教育研究的对象是人，人在学习过程中不仅仅有心理属性，而且具有社会属性和文化属性等。即使是学生的心理属性，在复杂动态的教育情境中也不能像机械唯物主

---

① ［美］伊格尔斯：《二十世纪的历史学——从科学的客观性到后现代的挑战》，何兆武译，辽宁教育出版社 2003 年版，第 64 页。
② ［法］布劳代尔：《历史科学和社会科学：长时段》，刘卸林译，见何兆武主编：《历史理论与史学理论——近现代西方史学著作选》，商务印书馆 1999 年版，第 812 页。

义那样进行纯粹的要素分析和元素还原。

本文的视角是"时代·学科·人物"的关系视角。一部分西方学者认为，研究历史有两种态度，即人物决定论和自然决定论。前者认为，一切进步和变化都是直接由指引和改变了历史进程的独特的"伟人"的意志和力量决定的，他们是历史发展的推动者；后者的观点用我们熟悉的话表达就是"时势造英雄"，也就是思想文化背景、社会习俗风尚和科学技术发展水平等决定了发展的进程。把英雄和时势分开来考察不符合历史发展的现实，因为面对相同的时代精神，为什么是裴斯泰洛齐提出了"教育心理学化"，赫尔巴特提出了"教育学的心理学基础"的命题，又为什么是华生（J. B. Watson）在实证主义的影响下断然宣布心理学只研究可以观察的外显行为。本文认为，教育学和心理学的发展，两个学科之间关系的发展是时代精神影响下的人物的贡献，但它们是彼此交织在一起相互作用和影响的。

在"时代·学科·人物"的关系视角下，本书将哲学、心理学和教育学的结构和长时段进行了糅合式分析和处理。教育学的"前学科""学科形成""学科独立"和"学科发展"等长时段由科学、哲学和心理学的结构，例如柏拉图的理性主义、亚里士多德的经验主义、唯物主义的感觉论、实证主义等所推动和制约。所有的"现在的事态"都是具有不同起源和节奏的运动复合体，今天的时间既始于昨天、前天，也始于遥远的过去。① 对于桑代克（E. L. Thorndike）的"只要是存在都以一定量的数量存在，完全的了解意味着了解其数量和质量"，我们需要跨越时空和国界追溯到赫尔巴特的"科学"心理学、机能主义和实证主义等的结构，我们还需要展望"未来"的教育科学化运动。过去和现在将以事实相互给对方以"新"的解释视角。

长时段的研究方法并不否认历史是由大量的、有一些辉煌、有一些暗淡的细节所构成。如果不对前提性问题域的提出和延展作细节上的分析，我们将无法明晰教育学在与心理学的关系中其学术发展的轨迹和教训，从而放松对当前存在的诸如"亲哲学、疏心理学""重心理学的方法、轻教育研究方

---

① ［法］布劳代尔：《历史科学和社会科学：长时段》，刘卸林译，见何兆武主编：《历史理论与史学理论——近现代西方史学著作选》，商务印书馆1999年版，第812页。

法论"等现象的警惕。历史终究不是细节和事件的堆积,反之,没有细节和事件的历史也是空洞虚无的历史。透析它们才能把握结构的本质,归纳它们才能进行长时段的取样和分析。

(三)治理研究的内容

教育学的双重危机大致可以转述为,一是不以心理学为理论基础,二是无从判明以什么样的心理学为理论基础,即或者不用,或者乱用。做个譬喻的话,就是生了病的人或者不吃药,或者就乱吃药,显然都无助于达致教育学的科学性。前者是对学科发展历史的集体无意识,无视现实经验;后者是缺乏教育学的假设或基础性概念作为选择、解释和建构心理学的判准。由此本书将围绕着两个追问展开研究:追问教育学以心理学为理论基础的合法性和合理性,深化对教育学以心理学为理论基础的认识,这将构成前三章的内容;追问如何选择、解释和建构一种恰当的心理学作为教育学的基础,这将构成最后一章的内容。正文共分四章,结语部分对两个学科的关系进行了展望。

1. 重建教育学术史的集体意识,关注现实经验,深化对教育学以心理学为理论基础的合理性和合法性认识

第一章"历史和语境:教育学以心理学为理论基础的路径依赖"。西方心理学和教育学沿着哲学和科学的发展路径而来。在科学和哲学发展的大背景下,心理学对教育学在前学科时期、学科形成、学科独立和学科发展时期都作出了基础性的贡献,助推儿童的发展特点和学习过程成为学校教育研究的核心问题。

第二章"发展与学习:心理学的研究和教育学知识的流变"。从文献与文本中追问心理学在知识上对教育学的贡献,即教育学知识的心理学起源和流变。本章包括三个部分。第一部分分析了哲学心理学与教育学发展的关系,后两个部分为实证心理学与学习理论和发展理论之间的关系。

第一部分"前提性问题域:教育学知识的源头及其进化"。这些前提性问题域是指认识论的基本问题在教育中的具体表现,其中与心理学相关的是人是否有接受教育的可能?造成人与人之间差异的主要原因是什么?人什么时期接受教育最重要和最有效?它们演变成了当今教育学和心理学的人性假

设、认知研究、学制、课程、心理发展研究、因材施教和智力心理学等，构成了当今两个学科重点研究的领域，即儿童的发展和学生的学习。使这些问题域现实化的方法构成了教育和教学方法的雏形和传统，如教育原则和五步教学法等。

第二部分"发展理论：心理学研究的实证资源和教育学的应用与突破"。本部分集中探讨了发展阶段的划分、影响发展的因素、发展机制、教育和发展之间的关系等六个内容。重点分析了后三个部分。

在影响发展的因素和教育与发展之间关系的探讨上，学者都倾向于摆脱极端的观点。天赋论和环境论在脑科学研究背景下分别以模块心理学和文化心理学的形态出现了天赋论和后成论的相互建构的趋势，以皮亚杰为代表的教育适应发展观和以维果茨基（L. Vygotsky）为代表的教育促进发展观在当前美国教育理论中开始了互补与融合。中国的教育学者对影响个体发展的"二层次三因素"论的阐述实现了方法论的突破，对个体生命实践活动组织方式的探讨尝试着从教育学的角度对儿童的发展机制作出教育学立场的解释。

我们从中获得的启示和警示是教育学对自身的理论认识是引进和综合心理学理论的前提，教育学对自身理论的信念是摆脱非此即彼思维方式的先决条件。

第三部分"学习机制研究：心理学的成果及对教育学的启示"。本部分较为详细地分析了学习心理学对教育学发展的影响当前建构主义学习理论带来的挑战等。

我国教育学者耳熟能详的发现教学法、程序教学法、教学设计、教育目标分类、讲授法等教学方法或者理论大多来源于心理学者的理论贡献。它们不仅是教育学教材中的知识体系，而且是依旧具有极强的解释力度和广泛适用性的学习理论，它们在当前受到了建构主义学习理论的极大挑战。学习理论的引入对教育学的发展产生了基础性的影响，如改变了教材的编写体例、结构和内容，引发了对"教学关系"的再思考。当前受到广泛关注的一种观点是，教学活动是一个有机的整体，教学关系是互生共长的关系，教学过程展开的内在逻辑是"多向互动、动态生成"。

我们从本部分的分析中看到了中国教育学发展的危机与希望——学习理论研究架构与被架构了去心理学的单基础论；融合教学理论与学习和教学心理学的优良传统至今还在发扬。

第三章"研究方法与方法论：心理学的实证主义对教育研究的影响"。本部分主要分析了关系视野下的教育实验法、实证主义方法论和实证精神。

"以被观察到的事实为基础"是实证主义永恒的精神，这在一定程度上切合了教育学所具有的内容、经验和实践之学的特点。教育学从形成到独立蕴含着实证精神的力量。旨在直接关爱教育实践的研究方法都离不开理论假设、实证检验和形上抽象，再以抽象的理论展开预测，实现自己所主张的教育。心理学实证主义方法论为心理学的独立和发展作出了关键性的贡献。教育实验法及其实证主义方法论以及由此引发的对科学主义的反思等，它们对教育研究产生的影响主要是观念性的，表现在提出了教育研究的方法论，如科学人文主义研究方法论，科学、哲学和艺术方法的具体综合等。当今，我们需要学习心理学的实证精神，重证据和事实；区分实证主义和实证方法，反对实证主义的教育实验法，而非教育实验法等实证方法；另外，教育实验应以教育理论的形成和发展为旨归，克服理论的虚无主义倾向。

2. 构想教育学基础性理论，解释与建构作为教育学理论基础的心理学

第四章"解释与建构：教育学与心理学关系的'应何'"。本章分析了教育学与心理学的相异与相同之处，作为需要解释与建构的原因；第二部分提出如何以教育学的基础性概念作为解释与建构心理学理论之立场。

两个学科的异同表现在学科性质与定位、人性假设、方法论和事实与价值上。心理学是物化的人性假设，教育学是可发展的具体个人，它们从不同的角度对教育中的人作出解释，都具有解释力度；在方法论上，该部分重点分析了心理学还原论的思维方式和元素分析的策略，教育学的思维方式是整体、综合和动态生成的。在教育研究实践中，存在着方法论相互融通的现实性；心理学秉承的是工具实用上的一元价值，倾向于把规律作为目的和手段，而教育和教育学的价值是多元的；我们需要以连接存在、价值和实践为一体的教育学事理学科的性质为选择的立场，以三个逻辑的统一关照可发展的具体个人，以理论和实践的双重建构为研究范式，摆脱理论虚无主义的纠结。

结语"走向耦合：教育学和心理学基础关系的发展展望"。在基础关系的耦合视界里，教育学和心理学作为两个独立而不断成熟的学科，在对教育问题的解释与干预中，通过彼此借鉴和相互作用，形成互动式的影响以求最终联合起来共同开展研究。具体展开的路径或者实现耦合的条件是，教育学和心理学需要关照对方基础性研究的前沿动态；在保持差异的同时形成"临时性共识"；打破学科壁垒，更多的对话沟通和联手攻克教育学与心理学共同关注的核心问题，如儿童的发展特点和学习过程等。

第一章　历史和语境[①]：教育学以心理学为理论基础的路径依赖

本章所回眸的教育学和心理学基础关系的路径依赖主要是指西方的教育学和心理学，包括古希腊、德国和美国等，经过教育学前学科时期、独立学科形成时期和教育科学化运动。在教育科学化运动时期，教育理论开始了实证心理学化的历程。考虑到教育学和心理学首先在西方形成，然后于20世纪初传入中国，本章单列"中国的历史和语境"部分对中国的教育学和心理学的关系做简单的发生学陈述和反思。

"哲学观的转变是教育观形成的主要理论前提"，哲学与科学发生重大变化的时代常常是冲破思维方式和研究范式更新的时代。[②] 教育学科的形成、独立和发展的过程是研究对象和研究方法的形成、聚焦、深化和不断发展的过程。本章将在哲学和科学发展的背景下，以前学科时期、学科形成时期和学科独立时期的教育研究对象观和教育研究方法为主要内容，对心理学和教

[①] "所谓语境，是指人们运用自然语言进行言语交际的言语环境。它既指语言的上下文，即词语的搭配、句式的选择、段落篇章的内部联系或口语的前言后语等。也指与言语交际相关的社会、文化环境，即由时间、地点、话题、对象、背景等构成的一切交际环境。"（俞森林：《语境与同义关系》，载《西南民族大学学报》（人文社科版），2006年第6期。）一般说来，语境可以分为狭义语境与广义语境，或言内语境与言外语境。言外语境就是马林诺夫斯基（B. Malinnowski）开创和提出的"非言语语境"，包括"情境语境""文化语境"和"社会语境"，属于广义语境的范畴，本书正是从广义上使用"语境"这一概念的。

[②] 叶澜：《教育研究方法论初探》，上海教育出版社1990年版，第13、62页。

育学基础关系进行发生学分析，探究心理学对教育学不同发展阶段所产生的基础性影响。

一、前学科：哲学、心理学和教育学共谋前提性问题域

认识论即知识论，涉及知识的来源以及知识的发展过程。它在心理学和教育学中具体化为人的认识是如何发生的，人是怎样获得知识的。它自然与心理学和教育学有关，因为要理解又要学习知识的正是人，而教育的对象也是人。两者在哲学中的结合形成了认识教育现象的前提性问题域。① 它们至今是教育理论探讨的主要问题。对它们的讨论将在第二章展开。这些问题域可视为前学科时期的教育研究对象，在研究结论上受哲学观和心理观主导，在研究方法上，哲学观、心理观和教育观直接对应，可视为教育研究演绎法的发端。

公元前5世纪，雅典已经经过几次民主改革，成为希腊各城邦的盟主，实现了发达的民主政治，成为古希腊世界的经济、政治和文化中心。旧有的基石经过检验，其中多数被推翻，传统的观点受到批判，新生的精神状态鼓舞了个人主义的滋长。古希腊智者普罗泰戈拉（Protagoras）的名言"人是万物的尺度"表明了知识上的怀疑主义和相对主义，导致了伦理上的怀疑主义，道德和国家的基础受到了动摇。苏格拉底（Socrates）和柏拉图（Plato）则是当时的保守主义者。

苏格拉底反对智者的相对主义。苏格拉底认为客观真理是存在的，他要为各种伦理道德范畴寻求普遍的定义。他以培养青年的完善道德为己任，主张有知识的人才具有美德。对于美德知识的来源，他作了心理上的解释，认为人的灵魂中本来就潜藏着真理、美和正义的观念，就像孕妇体内的胎儿。进行教育的方法受有关知识来源的心理学假设的影响。既然灵魂中潜存的观念被比拟为胎儿，那么产钳就是方法，教师就是助产士。他的方法被称为苏

---

① 叶澜：《教育研究方法论初探》，上海教育出版社1990年版，第37页。具体内容文后将详述。

格拉底方法或"产婆术"。它并不直截了当地把学生所应知道的知识告诉他，而是通过讨论问答甚至辩论方式来揭露对方认识中的矛盾，逐步引导学生自己得出最后的正确答案，包括讽刺（不断提出问题使对方陷入矛盾之中，并迫使其承认自己的无知）、助产（启发、引导学生，使学生通过自己的思考，得出结论）、归纳和定义（使学生逐步掌握明确的定义和概念）等步骤，这是认识上的归纳法。

柏拉图认为每个人的灵魂中有理智、激情和欲望三种品质，对应于智慧、勇敢和节制，分别为理想国中的统治阶级、卫士阶级和生产阶级所拥有。他把世界分为"理念世界"和"感觉世界"，为苏格拉底的"灵魂天赋论"进一步地作了心理学上的解释。可感觉的有形东西是流动的，这是他对相对性的认可以及否认知觉的可靠性，但是构成这些有形物质的"形式"[①]或"理念"却是永恒不变的。知识，即"形式"或者"理念"是固定和肯定，不可能是错误的。它是天赋的，附着于人的灵魂中，但它是会被遗忘的。为了恢复这些天赋的理念知识，就得学习，而学习就是回忆。他说："相信每个人的灵魂里有一个知识的器官，它能够在被习惯毁坏了、迷茫了之后重新被建议的这些学习除去尘垢，恢复明亮。"[②] 柏拉图说："我们称为

[①] 本书的心理学意义上的"形式"参照的是美国心理学史家黎黑的观点。黎黑认为，形式就是柏拉图的理念或者观念，是永恒的不可改变的事物。他说亚里士多德认为，"形式"是引用到宇宙中来解释可见事物的不可见的虚构实体，而它实际上对我们理解可观察世界未增添任何东西，并且它本身需要加以解释。（［美］T. H. 黎黑：《心理学史——心理学思想的主要趋势》，刘恩久、宋月丽、骆大森等译，上海译文出版社 1990 年版，第 406 页。）亚里士多德拒绝接受命定的形式，以普遍概念替代，它是通过心灵认识的，而不是创造的，更不是天生的。他们的追求一致，都希望发现一种普遍的规律，通过消除科学解释中一切不完全必要的东西，尤其是消除那些假设的不可观察的实体来简化我们对自然界以及对人类这个自然创造物的理解。形式是一切事物的本质，使那事物成为这个样或规定的那种事物，它不一定是外在的形状，往往指这一种事物规定的本质，而不是那种事物的偶然特征。黎黑认为，心理学一直在追问形式，如赫尔巴特的形式阶段论，机能主义心理学的机能等都是形式，它剥离了内容。每个学派都认为发现了可以解释一切的心理现象和行为的心理本质。

[②] ［古希腊］柏拉图：《理想国》，郭斌和、张竹明译，商务印书馆 2002 年版，第 292 页。

学习的这个过程，实际上不就是恢复我们的固有知识吗？我们把它称为回忆对不对呢？完全对。……那些所谓学习的人后来只不过在回忆，而学习只不过是回忆。"① 柏拉图借助洞穴的隐喻说明受过教育和没有受过教育的人的本质区别。受过教育的人是具有理性的人，他能看见"太阳"，看见那个造成四季交替和年岁周期、主宰可见世界一切事物的"太阳"。正如他所说的，"知识是每个人灵魂里都有的一种能力，而每个人用以学习的器官就像眼睛。"② "灵魂本身有视力，但认为它不能正确地把握方向，或不是在看该看的方向，因而想方设法努力促使它转向。"③ 使它发生转向，面朝着"太阳"的是辩证法，"辩证法像墙头石，被放在我们教育体制的最上头"④。因此它需要一些学习科目来帮助完成这个转向。⑤ 它们就是在不同的年龄阶段学习的算术、几何学和天文学等。这也是教育培养哲学王的过程。

亚里士多德（Alistotle）将人的灵魂分为理性的、动物的和植物的三个部分，植物灵魂、动物灵魂和理性灵魂集于一身，构成了一个完整而有序的等级系统。"理性比其他任何的东西使人是人。"在心理学上，亚里士多德反对天赋观念的单纯回忆说，但也不否认理性在认识中的作用，而是进行了中庸式的再阐述。他同意一个事物的"形式"或"理念"是亘古不变的，但他认为它只是人们在感受到事物后形成的概念即事物本身的特征。获得知识是一种心理过程，开端于特殊的感官，通过共同感官的想象和记忆，形成被动的心灵中的内容。主动的心灵是不可变化的、不朽的、天生的纯粹的思维，它对心理中的内容再进行抽象，最终形成和终结于普遍的一般知识。亚里士多德假设，既然人的灵魂分为植物、动物和理性的三个部分，人的身心就依

---

① 北京大学哲学系外国哲学史教研室编：《西方哲学原著选读》上卷，商务印书馆1981年版，第81页。
② ［古希腊］柏拉图：《理想国》，郭斌和、张竹明译，商务印书馆2002年版，第277页。
③ ［古希腊］柏拉图：《理想国》，郭斌和、张竹明译，商务印书馆2002年版，第278页。
④ ［古希腊］柏拉图：《理想国》，郭斌和、张竹明译，商务印书馆2002年版，第300—301页。
⑤ ［古希腊］柏拉图：《理想国》，郭斌和、张竹明译，商务印书馆2002年版，第300页。

照身体、情感、理智的顺序先后发展，身体的训练在先，其次是通过教育把各种情感和欲望引向良好的轨道，形成完美的德行，最后才是智育和美育，使灵魂中的判断、理解、思维方面的能力得到发展，达到发展人的理性的最终教育目的。它们分别对应于体育、德育和智育三方面的教育。只要对不同的感觉器官进行训练就能增强该器官的功能，对于理性器官也不例外。

苏格拉底对德行与知识之间的关系认识，柏拉图对共相的追问，亚里士多德对直接洞察和天赋观念的中庸，从哲学观到教育观，其间通过对认识过程的心理假设，形成了认识教育现象的前提性问题域，如接受教育的可能性、人与人之间的主要差异、人什么时候接受教育最重要和最有效等。苏格拉底的天赋观念，柏拉图的学习即回忆，亚里士多德对认识过程的中庸再构，这些观点都可以看作是古代三哲对人接受教育可能性的论述；苏格拉底假设人的观念通过"产婆术"都可以导引出来，其实质是对认识过程作了单一而普遍的假设，忽视了个体之间的差异。柏拉图认为人与人之间的差异是天赋的，遗传上的变异只是偶然的例外而已。为了培养哲学王，他为不同年龄阶段的人预设了不同的学习内容；为了发展理性的官能，亚里士多德按年龄划分了受教育的阶段，对各年龄阶段的教育要求、组织内容、步骤、方法等也提出了一些具体的措施。可以看出，他们对这些问题的探讨在一定的意义上只是他们的哲学观在教育问题上的推衍和拓展，教育观与哲学观直接对应，因此还没有形成专门的教育研究对象。随着哲学心理学的发展和社会对教育需求的不断提升，前提性问题域逐渐聚焦为学科形成、独立和发展的核心问题。

当时的教育学和心理学都处于朴素的原生态状况，尚没有从哲学当中独立出来，哲学、心理学和教育学是原始的、内在的一致，这种一致性既表现在知识上，也体现在研究者的身份上。他们思考心理学问题的方法也就是思考哲学问题的方法，也是思考教育问题的方法，他们关于教育问题的探讨只是他们的哲学观和心理观在教育这一具体领域中的运用和体现。这是寻着演绎路线探讨教育问题的发端。

柏拉图和亚里士多德被认为分别开创了理性主义和经验主义的研究传统。大约公元前225年，亚里士多德的著作开始被忽视了。基督教的神学和哲学，至 13 世纪为止，始终是柏拉图式的而非亚里士多德式的。亚里士多德的著作得到再发现时，又孕育了一个新的时代。

二、学科形成：教育研究对象域转向受教育者的"自然"

哲学心理学和神学的分野对许多学科的形成和发展都具有转折性意义。1632 年夸美纽斯发表《大教学论》，被教育学史家或认为是教育学形成的标志，或认为是教育学独立的标志。大约同时代的、着意勾画灵魂与肉体二元论的笛卡尔被认为代表了现代心理学的开始。①

中世纪晚期，信仰和哲学之间有了根本的区别，自然哲学恢复了希腊人探测宇宙的习惯；培根明确表达了观念来自经验，经验高于理性的基本命题；文艺复兴对西方思想的贡献是表明了一种人本主义的态度，而不是一种连贯的哲学或是心理学。②夸美纽斯以自然的秩序为类比，把教育研究的重心转向了教育过程的一般规律和受教育者的"自然"，形成了明确的教育研究对象域，对教育实践的关注和投入使他摆脱了单纯的教育研究演绎法。

（一）心理学与神学分野，人的"认识"成为心理学研究的核心

心理学与神学的分野使思想变成了更以人为中心而很少以上帝为中心，使人们对人的理性、人的认识过程及其特点、人的观念等有了新的认识。这种分野使心理学更聚焦于自己专有的研究领域。同时，也使教育开始关注受教育者的心理特点和教育过程。这对心理学和教育学的形成和独立都具有重大的思想史意义。

中世纪的思想家认为人的认识能力主要来自内省和灵魂。早期的奥古斯丁（Aurelius Augustinus）深受柏拉图的影响。他认为，一个人转向到内部并检查灵魂，就能认识存在于每个灵魂中的上帝，这是一种内省心理学。亚

---

① ［美］杜·舒尔茨：《现代心理学史》，杨立能、陈大柔等译，人民教育出版社 1981 年版，第 19 页。
② ［美］T. H. 黎黑：《心理学史——心理学思想的主要趋势》，刘恩久、宋月丽、骆大森等译，上海译文出版社 1990 年版，第 105 页。

里士多德自然主义的官能心理学与内省心理学相互结合时,心理学家们认为灵魂有两种能力。其一,当它与身体联合起来时,它能具有外在世界的知识;其二,灵魂和内省是知识的源泉,不用求助于感觉就可以认识上帝。阿奎那(T. Aquinas)不否认第一种能力,但是他认为我们只有考查我们的工作,即我们的行动时才能认识我们自己。阿奎那被认为是把理性和神的启示完全分开的第一人,从而,从后来的思想家那里诞生了科学。①

奥卡姆(Ockham)用心理学接着在信仰和理性之间划分了根本的区别。他宣称直观是对世界上某些事物直接的、确实可靠的了解。心灵注意事物之间的类似性,且以类似性为基础,把事物加以分类就可以从个人的观念出发而获得普遍的概念。概念是学到的习惯,观念来自经验。"如果相信我们有一个无形的、不朽的灵魂,那么经验或直观认知就没有基础。"神学,比起现象、自然,总之,比起科学的研究,已经变成了一种空洞的探求。② 人们不再像柏拉图和亚里士多德那样,运用心灵去找寻可能存在的真理,而只是以信仰来证明他所知道的事是否是真理,自然哲学恢复了希腊人探测宇宙的习惯,指出了科学革命的道路。理性成了科学和哲学中的权威,真理不是权威传给后世或教皇赦令颁布的,而是由不偏不倚的自由研究获得的。③

中世纪的教学方法体现了对人的理性认识能力的倚重。此前,在教会学校,僧侣用拉丁语口授教学内容的意义,学生边听边记,以备复习、背诵,有时也采用问答方法,但绝不许学生提出任何怀疑的问题,要求学生绝对信仰《圣经》,绝对服从教师。中世纪大学的教学方法主要是讲演和辩论。当时把上课叫作讲演,即由教授讲解教材,作引经据典、烦琐冗长的考证,学生边听边记,然后让学生辩论,打破了传统的对宗教盲目信仰的局面。"身、

---

① [美] T. H. 黎黑:《心理学史——心理学思想的主要趋势》,刘恩久、宋月丽、骆大森等译,上海译文出版社1990年版,第87页。
② [美] T. H. 黎黑:《心理学史——心理学思想的主要趋势》,刘恩久、宋月丽、骆大森等译,上海译文出版社1990年版,第98页。
③ [美] 梯利著,伍德增补:《西方哲学史》,葛力译,商务印书馆2004年版,第250页。

心二元论流行的结果都是教师们只对心智活动而不是肢体活动感兴趣。"①

(二) 时代精神凸显感觉论,"直观认知"引领教育理论华丽转身

西方哲学史中的"近代哲学",无论是"唯理主义"还是"经验主义",他们之所以是"近代哲学",就在于它们都"肯定知识的标准是理性而不是启示或权威"②。对自然的探求,观念来自经验和经验高于理性的命题,在哲学上表现为唯物主义感觉论,它确定了感觉和经验是认识的源泉,认识的规律和自然的规律一致。这直接影响了当时的教育理论。

直观性教学原则是唯物主义感觉论在教学中的体现。培根说,感觉是一切知识的源泉,感觉是认识的第一步。文艺复兴时期一些具有唯物主义倾向的科学家和自然哲学家,也强调经验和实验的思想。例如,达·芬奇(Leonardo da Vinci)认为,我们的一切知识都来源于知觉,研究自然必须以经验为依据,必须采取实验的方法。不过达·芬奇并未忽视理性认识的作用,他强调在取得经验材料之后,还要进行理性的推论,对自然事物进行分析,找出构成事物的元素和因果联系,从而建立精确的确定的基本原理。自然哲学家特莱西奥(B. Telesio)也强调一切知识都从经验而来,倾向于把理性认识归结为感觉,表现了经验论的狭隘性。布鲁巴克(J. S. Brubacher)认为夸美纽斯是"教学方法在充分利用智力活动的同时,越来越广泛地利用肢体的或感官活动"之间的过渡人。③ 夸美纽斯说:"所应学的必须通过实践来学会。"④ 直观教学原则就是通过感觉渠道教一切知识,这是感觉论赋予直观教学的哲学和心理学基础。

---

① [美] 布鲁巴克:《西方教学方法的历史发展》,马立平译,见瞿葆奎主编:《教学》(中),人民教育出版社1988年版,第456页。
② 孙正聿:《哲学修养十五讲》,北京大学出版社2004年版,第123页。
③ [美] 布鲁巴克:《西方教学方法的历史发展》,马立平译,见瞿葆奎主编:《教学》(中),人民教育出版社1988年版,第457页。
④ [美] S. E. 佛罗斯特:《西方教育的历史和哲学基础》,吴元训等译,华夏出版社1987年版,第256页。

（三）人本主义和机械论肇始，教育研究向自然寻找规律

人本主义是文艺复兴所贡献的一种广泛的价值观，思想变得更以人为中心，而不是以上帝为中心，国家和民众日益反抗教皇的世俗权力，教育对世俗人开放，人的理性也从各种角度用物理和数学的科学方法开始了对人的研究。与心理学最有关的是达·芬奇和维萨留斯（A. Vesalius）的解剖学等生理学研究、哈维（W. Harvey）的血液循环说。逐渐地，机械论自然地扩展到人的大脑和思维，自然界的规律，既可以在天上寻得，也可以在人的头脑中找到。人们相信，宇宙和人类都是从属于自然规律的机器，宇宙的秩序和个人的秩序这两者只不过是一个共同的根本原则的不同表现和不同形式而已。

这种时代精神为教育学踏上学科形成之路构筑了时代背景。夸美纽斯敏感地觉察到了正在发生的这一变革，提出了"泛智"思想，意在使所有的人通过接受教育而获得广泛全面的知识，并使人们的智慧得到全面的、充分的发展。这需要提高教育的效率，掌握研究对象的本性和发展规律，再以此为基础找到一种方法，把知识传授给学生。正如夸美纽斯所说，"我们愿意从事物的不变性质去证明……这样去为建立普及学校的普及教育打下基础"①。"只要我们一旦成功地发现了适当的方法，那么无论我们教多少学生，都不会比用印刷机每天在成千张纸上印上最简洁的字母更为困难……整个教育过程像这些精心制作的机械装置一样将准确无误。"② 如此，他把对教育的探究引向教育对象和教育过程本身，探寻它们的一般规律，建立理论体系的教育学。"正是这一点，使我们把夸美纽斯及其代表作《大教学论》作为教育学学科形成的起始人物和起点标志。"③

夸美纽斯对前提性问题域的回答以及论证的理论根据是人与自然遵循共同的规律。儿童生长的规律、教育规律和自然界的普遍规律是一致的。通过

---

① ［捷］夸美纽斯：《大教学论》，傅任敢译，见魏泽馨选编：《傅任敢教育译著选》，湖南教育出版社 1983 年版，第 49 页。
② ［美］布鲁巴克：《西方教学方法的历史发展》，马立平译，见瞿葆奎主编：《教学》（中），人民教育出版社 1988 年版，第 459 页。
③ 叶澜：《教育研究方法论初探》，上海教育出版社 1990 年版，第 48 页。

研究自然来认识一般的规律，将其类推为人的成长规律，再要求教育行为应该遵循自然所展示的规律。例如，在"自然遵守合适的时机"的原则下，他借用鸟儿选择春天繁殖，园丁选择春天种植，它们或他们的活动都选择了合适的时机，指出遵循自然的秩序，人类的教育应当"从人生的青春"即儿童时期开始，这是最恰当的时机。他主张"教学的严谨秩序应当以自然为借鉴，并且必须是不受任何阻碍的"，"秩序是把一切事物交给一切人们的教学艺术的主导原则"①。它在教育中表现为一种方法和教育的一般原则。他意在以"自然规律""论证"他的教学方法，但他没能详细而具体地阐述儿童学习的心理特征和心理过程。

夸美纽斯借助归纳法总结出丰富的教学经验，革新旧教育，他说道："我的主要事业之一是改良教育，这是我许多年来的努力。"② 他在自己的实践中汲取灵感，创造经验，验证自己的理论假设。在论述"教育方法与秩序""人的可教性与上帝的种子""教学实践与直观"中，他综合了演绎、想象、类推和归纳的方法，融合了教育学、哲学、心理学和神学的理论。教育理论不再是哲学、心理学和神学的演绎结果，而是教育家为了解决教育问题，把它们作为认识教育问题的视角、思路和依据，是为了教育理论的科学性和时代性的主动借鉴。对实践的介入使夸美纽斯获得了实践的滋养和启发，摆脱了单纯的教育研究演绎法。

概而言之，夸美纽斯在理论和实践的双重建构中探寻教育对象的"自然"和教育过程的一般规律，使教育学开始形成自己的研究对象和研究方法。学科的发展是时代和人物共同作用的结果。夸美纽斯的贡献将永载史册。永载史册的还有另一位标志性的人物，他就是赫尔巴特。

三、学科独立：教育学核心问题的心理学论证

处于赫尔巴特时代的哲学心理学不需要宣称自己的独立，因为就他们对

---

① [捷]夸美纽斯：《大教学论》，傅任敢译，人民教育出版社1984年版，第79页。
② 任钟印：《夸美纽斯〈大教学论〉》，见李明德、金锵主编：《教育名著评介》，福建教育出版社1992年版，第43页。

认识论问题的论述而言，哲学家大致同时就是心理学家，但是教育学需要独立，它不仅一直被认为是一种"方法之学"，而且培根将其"虚席以待"①，等待着它的独立和发展。科学的发展对教育学和心理学的独立起了决定性的推动作用。

（一）科学与哲学分化，科学方法推动学科独立

科学和哲学在牛顿（I. Newton）时期的分化形成了物理学。它为教育学和心理学的独立提供了研究的方法。

就科学心理学而言，其独立的标志普遍被认为是1879年冯特（W. Wundt）建立的实验心理学室。有心理学史家不太认同"1879年"之说，而认为实验心理学创始于19世纪上半叶②，因为大批的生理学家、物理学家和化学家在漫长的过程中一直在为"1879年"做前期的准备工作，并且提出了心理学独特的研究方法，即"心理物理法"。从这两种不同的观点中可见实验法和物理学对当代心理学发展的决定性意义。

1543年近代科学开始，科学进入了科学的、系统的和全面的发展，一个个学科陆续迈开了独立前进的步伐。伽利略（G. Galilei）在科学上开创了实验方法与数学方法相结合的新的研究途径，促使系统化的力学、物理学、化学等一系列自然科学以专门学科的形式出现。但它的理想形式是由17世纪的物理学确定的，因为当科学和哲学在牛顿时期互相分化时，物理学是首先出现的。

17世纪，自然的数学研究形成了弥漫于当时关于人的问题的理性主义的普遍解释中，在数学的领域中人可以达到一切可能知识的顶点，数学理性是人与宇宙之间的纽带，它使得我们能够自由地从一端通向另一端。③ 新的科学观，即自然哲学，也就是物理学，要用普遍的数学秩序的思想代替对自然

---

① 陈桂生：《历史的"教育学现象"透视——近代教育学史探索》，人民教育出版社1998年版，第7页。
② ［美］E. G. 波林：《实验心理学史》，高觉敷译，商务印书馆1981年版，第31页。
③ ［德］恩斯特·卡西尔：《人论》，甘阳译，上海译文出版社2004年版，第23—24页。

的普遍解释的古老思想。物理学的方法是假设演绎法：科学家从假设出发，用数学方法演绎出一种结论，而这个结论则直接在大自然或实验中加以观察。假使预测的观察得到了证明，他们便确认了那个事实，由此加强了假设的力量。假设的共同前提是，世界上的一切自然界都不过是运动着的物质的粒子，世界是有秩序的，是可以预测的，具有基本的一致性和规律性，世界各种事件规律性表现于彼此之间的因果关系中，认识它们就可以反过来为人类造福。赫尔巴特相信，人的学习心理活动是有普遍规律的，认识了这些规律就可以提高教学效率，使教育成为可能。

赫尔巴特确立了教育学研究的核心问题，即目的论和方法论，前者论述教育要达到的目的，后者说明达到教育目的的可能性。正如他所言"教育学作为一种科学，是以实践哲学和心理学为基础的。前者说明教育的目的，后者说明教育的途径、手段与障碍"①。赫尔巴特以物理学为模式改造哲学心理学，对心理过程进行数学分析；以自然科学的方法进行目的—方法的假设、推理和论证，第一次确定了心理学作为教育学理论基础的地位。人们把不带限定性形容词的"科学"与自然科学等同了起来，借助自然科学的模式是教育学独立必经的时代和历史之路。

（二）哲学和生理学研究倾向于心理学，"教育心理学化"生发

首先，当时的生理学和心理学的关系紧密，并且先于或与赫尔巴特同时代的，同为研究人的生理学家以实验和观察的方法取得了很大的成就，使生理学先于科学心理学获得了独立。② 生理学的发展常引起许多心理学的问题，需要借助于心理研究才能予以解决，例如，感觉、感觉神经和感觉器官、脑及其机能、"心理器官"等问题。那时林奈（C. Linnaeus）对嗅觉的分类促成了对心理学中的描述和分类的重要性，比夏把知觉、技艺、理智的机能定位在脑内，把情绪定位在心脏。生理学被认为是心理学的基础。发现这些事实的学者可都不自称为心理学家而是生理学家。他们的热情和成就促进了心

---

① ［德］赫尔巴特：《普通教育学·教育学讲授纲要》，李其龙译，浙江教育出版社2002年版，第207页。
② 也有人把实验生理学之父的称号保留给19世纪的约翰内斯·穆勒。

理学的发展，也激发了赫尔巴特对科学心理学的追求。

其次，从哲学上而言，当时的哲学都具有心理学的倾向。从柏拉图时代以降，人们经过了从灵魂去找寻可能存在的真理，到以信仰来证明真理，再到理性探究自然的秩序，最后到经验高于理性的几个阶段。如果一切知识都来自"直观感知"，那么心灵终究是如何感知的？它与现象、灵魂、理性等之间的关系是什么？与心理操作的关系又如何？何以说我们真切地感知到了真理？围绕着"感知"和"经验"的一切问题都与心理过程和机制有关。当时的哲学家们，如培根、笛卡尔（Descartes）、斯宾诺莎（B. Spinoza）、莱布尼茨（G. W. Leibniz）、休谟（D. Hume）、康德（I. Kant）等人都阐述了他们的观点。洛克（J. Locke）更是被认为是近代心理学的奠基人，他尝试着以心理学代替形而上学对于不可知事物的思辨。自此，人类对人类心理本身的探索变得重要了。当然，由于德国理性主义的传统，康德等人，包括赫尔巴特，重申其他科学的基础依旧是哲学的形而上学，但是他们深究的还是知识的来源以及知识的发展。在任何一本论述西方心理学发展历史的论著中，哲学家们都占有较大的篇幅，他们被称为"哲学心理学家"，经历了从心理学依附于哲学的历史到哲学家们主动探究心理学问题的发展，特别是知识来源于理性而不是权威形成共识之后，以及经验主义者培根开启了近代哲学大门之后。培根在1605年出版的《学术的进展》中，把"关于心理的知识"列在第五层次，包括关于心理本质的知识和关于心理官能的知识。① 虽然那时候心理学尚未成为一门独立的学科。

哲学和生理学的心理学倾向也影响到了教育学。西班牙教育家维韦斯（J. L. Vives）在《论大脑的机能》中把心理学研究作为探讨教育问题的必要基础，他开始从学生的状态出发而不是教育的规定任务出发，去考虑如何教的问题，确认了研究儿童的必要性。② 夸美纽斯之前，德国的教学论革新者拉特克（W. Ratke）于1617年发表《新方法》，提出按照自然规律进行教

---

① 黄向阳：《教育知识学科称谓的演变：从"教学论"到"教理学"》（修改稿），见瞿葆奎主编：《元教育学研究》，浙江教育出版社1999年版，第293页。
② 叶澜：《教育研究方法论初探》，上海教育出版社1990年版，第43页。

学，尝试运用归纳法把较为成功的教学经验加以概括。① 康德之前的特拉普（E. C. Trapp）著有《教育学研究》（1780），强调实验心理学的作用和意义，并试图建立以实验心理学为基础的教育学体系。② 卢梭（Rousseau）在《爱弥儿》（1762）中提出"归于自然"的教育理论，重视儿童成长的阶段性和顺序性，强调要根据儿童不同年龄时期的身心特点实施教育。裴斯泰洛齐认为，儿童生下来身上就潜藏着要求发展的倾向的天赋能力和力量，教育要适应儿童的天性，按照儿童的天赋能力和力量的自然发展顺序进行。他首次提出"教育心理学化"，要求教育和教学工作要注意儿童的心理活动规律和个性差异，将教育科学建立在心理学的基础上。

对此，赫尔巴特进行了积极的响应。在发表心理学代表作《作为科学的心理学》之前，他就在《普通教育学》中提到，"应当说心理学首先记述了人类活动的全部可能性"③。在他的教育学中，他分析儿童心理活动特点，将认识过程归结为观念的统觉过程，并使教师的教学过程与此相对应，将其抽象归纳为教学的形式阶段。

（三）赫尔巴特构造物理模式的心理学，心理语言描述教育过程

赫尔巴特借助于自然科学模式的第一步表现为他对当时的哲学心理学进行了他所理解的科学改造。

赫尔巴特的真正目的是要系统提出一种牛顿式的心理数学，创立同物理学平行的一门科学。④ 牛顿物理世界的第一个信念是，世界能够通过理性来认识，因为它是有秩序的；第二个信念，或者说希望是这种认识能够借助数

---

① 瞿葆奎、范国睿：《西方教学学史略》，见瞿葆奎主编：《教育学的探究》，人民教育出版社2004年版，第390页。
② 瞿葆奎、范国睿：《西方教学学史略》，见瞿葆奎主编：《教育学的探究》，人民教育出版社2004年版，第391页。
③ 赫尔巴特：《普通教育学·教育学讲授纲要》，李其龙译，浙江教育出版社2002年版，第12页。
④ ［美］梯利著，伍德增补：《西方哲学史》，葛力译，商务印书馆2004年版，第526页；［美］E. G. 波林：《实验心理学史》，高觉敷译，商务印书馆1981年版，第285页。

学用力学模型来描述。赫尔巴特认为这两条也适合心理学。正如牛顿描述空间中的物体具有数学精确性的相互作用关系一样,他也试图表达心灵中的观念具有数学精确性的相互作用关系。在一个又一个方程中,他为进进出出的意识的观念的力学提出了精确公式。在赫尔巴特看来,观念的统觉和塑造使人有了接受教育的可能性。他的教学论,甚至说整个教育学都建立在观念统觉团学说之上,他一生主要的工作就在于给予这一原理及其在教学上的应用以理论的说明。

赫尔巴特认为,心理是一个整体,每一实际事物都在努力保持自身,维护其最初的完整性。灵魂孤立而独自存在,既不发生思考也没有意识。当灵魂或自我感受着经验,面临着其他实体的存在时,它对此加以反应,导致了表象或观念。意识是观念或表象的集合。表象有自己的存在方式,它们相互促进或阻碍,极力维护自身的整体性,在受到威胁时就出现失调。相似表象互相吸引成为统觉群,占据意识的中心,进入意识阈,并将与之相对抗的表象排除在意识范围之外。他认为心理学和自然科学一样以经验主义为基础,故此不能再让学生们天天琢磨什么灵魂的本性了,而要研究观念。

感觉是第一位的观念,认识、情感和愿望都产生于观念的相互作用。一个表象促进了另一个表象就产生愉快,而两者相互冲突或抑制则导致不愉快出现,促进或冲突的程度决定着情感的强烈程度。各个表象都在相互吸引、排斥、攻击和被攻击着,它们挤入意识中或被排进意识中,心理只是供表象以其本性集中在一起的一个无关紧要的场所。当一个观念被排斥于意识阈以下时,它就形成了一种试图进入意识阈的冲动。一个占据了意识中心点的统觉群就成为意志——人就是按照相似观念中占优势地位的统觉群行动的。一旦相对立的统觉群为争夺意识中心点而彼此争斗时,人就受到烦扰,因此既无法形成思想也不能果断行动。此刻如经认真思考和权衡可能的选择,或者还能得出一个结论来。

赫尔巴特的核心概念是"观念",它具有如下性质①:

---

① 本部分关于"观念"的论述主要参考了以下论著:[美] E. G. 波林:《实验心理学史》,高觉敷译,商务印书馆 1981 年版,第 287—294 页。

首先，每一观念在性质上都是不变的，彼此间的区别也是不可磨灭的。在教育中，它暗示着向学生灌输正确观念的重要性，因为学生一旦接受了错误的观念将难以消除。

其次，各种观念可以有强度或势力上的变异，当每一观念和其他观念发生冲突时，观念具有自我保存的趋势，其命运就取决于观念的强度和势力，正犹如地心吸力是物理力学的重要原则。那些可以组合一个心理行动的观念，不相互抗拒。这暗示着只要学生接受的观念一致，就可以把前后的观念融合在一起。这是一种机械的理解，因为观念的数目繁多，彼此肯定对抗而引起抑制。

再次，赫尔巴特认为"一个观念若要由一个完全被抑制的状态进入一个现实观念的状态，必须跨过一道界线，这些界线便为意识阈"。阈限之下有许多的观念，如，对儿童来说，入学前的日常概念；对于职业品茶家而言，就是过去经验积累的有关茶味和质量的感性和理性的观念，但是只有那些和意识之中的统一相调和的，才可以不遇阻力进入到阈限之上，变为现实存在的状态。阈限下的观念寻找到与它相统一、相和谐的观念过程就是统觉过程。他提示教育工作者要看重儿童的学习背景——每一个观念应该仅仅在儿童做好准备吸收新观念时才提到儿童的面前，这种观念，只要灌输了就会引起教育者期待的心理的某种变化。

以上三点阐述的核心就是统觉团形成的过程及它的重要性。简言之，统觉过程就是把许多感觉散片（元素）结成整体，但这一切都是机械交涉的结果。它之所以重要，"乃因为它为教育历程的一种心理的描述"①。教学过程就是儿童心理认识的统觉过程。

（四）教育学核心问题的心理学论证，心理学的理论基础地位确立

赫尔巴特借助科学模式的第二步表现在目的—方法的假设、观察、推理和论证上。他围绕着"教育学以学生的可塑性为其基本概念"，将教育学的方法论建立在心理学基础上。他以实践哲学为基础，假设教育的必然目的是

---

① ［美］E. G. 波林：《实验心理学史》，高觉敷译，商务印书馆1981年版，第289页。

道德，教育的可能目的是多方面的兴趣。实现目的的手段是围绕着"多方面兴趣"建构的课程体系，其方法是教学的形式阶段。在赫尔巴特以理论形态存在的教育学著作中，裴斯泰洛齐倡议的"教育心理学化"的两个议题——教育和教学工作要注意儿童的心理活动规律和个性差异以及将教育科学建立在心理学的基础上——得到了较充分的论证。

从可能目的到必然目的的转换机制是他的"思想之环"，也即"教育性教学"。他认为，观念不管是科学的还是非科学的，只要一旦结成一个牢固的集团，占据了先入为主的优势地位，就能吸收更多的与自身"声气相通"的观念来加强自己，同时把异己的观念拒诸"国门"之外，从而保持自身的一致性和完整性。教学就是要借助心灵的这种同化能力，向儿童提供适当的观念，促使这些观念按一定的方式联系，或者改变儿童心灵中已有的观念联系，形成观念群及其统一和谐的系列，也就是形成知识。一方面他假设人的欲望、情感、意志和性格等都是观念积累和储存的结果，一方面他假设"无知即无欲"，知识是发展道德的前提，道德要有坚定的意志、信念，而意志、信念却包含着知识、能力，并以知识、能力为依据。"对于心灵施教，就是建设心灵。知识不再是一种心灵的装饰品，它就是心灵的要素。知识建设并产生心灵。"① 教学过程等同于教育过程，以实现教育的必然目的——道德。

教学形式阶段包括明了—联合—系统—方法，它是教育历程的一种心理描述。在心理学上，它与注意—期待—探究—行动的学生心理活动相对应；在教学论上，与教师讲述教材—师生之间的交谈—师生概括和结论—知识运用的教学过程相对应。它在事实上把握了认识过程的基本规律，即直觉—抽象—应用的顺序，把自然认识阶段和教学阶段相结合。② 它的价值还在于以课程为载体，沟通了教育的目的和方法。超越了民间对"怎么教"的经验总结和哲学家的理论思辨，这构成了教育学迈向科学化的第一步。

哲学家追问世界的本质，生理学家寻找心理和生理之间的可证实的关

---

① 常道直：《赫尔巴特教育学的再评价》，载《华东师范大学学报》（人文科学版），1958 年第 3 期。
② 常道直：《赫尔巴特教育学的再评价》，载《华东师范大学学报》（人文科学版），1958 年第 3 期。

系，心理学家的赫尔巴特开创了用数学和力学模型表达心理普遍规律的先河，他的后继者，如约翰内斯·缪勒（Johannes Müller）、韦伯（E. H. Weber）、费希纳（G. T. Fechner）和赫尔姆霍茨（Von Helmholtz K）等，为实验心理学奠定了自然科学的研究传统和基础。教育学家的赫尔巴特以自然科学的模式论证教育学的科学性和独立性，寻求对教育的普遍认识，使教育对象的一般特征、发展过程，尤其是学生接受知识的心理过程成为学校教育研究的中心问题。根据教学对象的心理特点组织教学被视为科学教育学的科学性之所在。只是随着心理学的发展，对儿童心理特征和发展规律的认识不断丰富，进一步的科学性表现在以哪一个学派的什么研究成果为理论基础。

受时代和科学发展以及赫尔巴特哲学家身份的影响，教学对象的心理特点还是假设、观察和推理的结果，教育的心理学化还只是哲学心理学化，思辨气息依旧浓厚，但它在一定的意义上为后来独立了的科学心理学划定了它在教育中的核心研究区域，即儿童的心理发展及其学习过程。教育则根据其研究结论施教。在20世纪开展的教育科学化运动中，在科学时代精神的熏染下，心理学家开始用真正科学的方法——卡尔·皮尔逊（Karl Pearson）的统计方法，如正态曲线、标准偏差、积矩公式等，处理教育问题。教育学的可待发展性和心理学的科学性使教育实证心理学化成为现实。

四、学科发展：心理学化的教育理论成为主流

19世纪中期，一系列自然科学已开始从自然事物的运动变化和发展中、从它们与其他事物的联系中对它们进行系统的、整体性的研究，哲学上的形而上学的思维方式也必然要被新的思维方式所取代。现代哲学开始了转向，出现实证主义和人文主义思潮。实证主义用数学和实验结合的方式来定义实证科学，一直统领着西方的心理学发展路向，从而又使教育理论实证心理学化。

赫尔巴特教育思想在全世界传播，在时代精神的影响下，它被实验教育学、新教育等流派继承、批判、超越，扩大了影响，但是教育学一直没有获

得突破性的发展。后于教育学独立的心理学却突飞猛进。20世纪初在西方国家兴起了"为使心理学研究对教育方法发生影响和用以改进教育方法","用科学步骤来研究教育问题和儿童发展问题"的教育科学化运动。[①] 教育心理学诞生了。实证心理学代替哲学心理学作为教育研究的演绎大前提,这使教育学理论不断丰富和系统化,在教育研究方法上开始实现了科学化,教育学进入了学科发展的阶段。

(一)心理学着床自然科学,美国成为心理学大国

在实验(科学)心理学诞生之前,大批的生理学家、物理学家和化学家为实验心理学培植好了自然科学的"胚胎"。约翰内斯·缪勒、E·H·韦伯和赫尔姆霍茨代表了心理学的生理学。缪勒提出了神经特殊能说,它被能量守恒论的发明人赫尔姆霍茨称为心理学中的能量守恒;韦伯发明了韦伯定律,用函数测量人的感觉;赫尔姆霍茨以物理学家的方式研究感觉的生理学,被称为心理学史中最伟大的四位人物之一[②]。在心理物理学方面,费希纳创立了心理学研究中现仍为基本的三种方法,建立了数量的心理学。他们从不自称为心理学家,而自称是生理学家、物理学家和化学家。在1879年冯特在莱比锡大学创立世界上第一个心理学实验室之前,他们就为心理学规定了自然科学的研究方法。这种因袭自然科学研究传统的西方主流心理学力图建构物理主义的心理学理论模式,它采用客观实验的心理学研究范式,对心理学摆脱灵魂思辨,成为一门独立科学,产生了极大影响。"现代心理学应该归功于牛顿的至少不亚于应该归功于文艺复兴时期的任一心理学思想家。"[③] 19世纪最后几十年,由于物理学承认和接受"力场"的概念,过去对冯特很有影响的原子主义在物理学中遭到了严

---

① [澳] W. F. 康内尔:《二十世纪世界教育史》,张法琨、方能达、李乐天等译,人民教育出版社1990年版,第126页。
② 其他三位为达尔文、詹姆斯和弗洛伊德。(参见 [美] E. G. 波林:《实验心理学史》,高觉敷译,商务印书馆1981年版,第860页。)
③ [美] 加德纳·墨菲、约瑟夫·柯瓦奇:《近代心理学历史导引》,林方、王景和译,商务印书馆1980年版,第802页。

厉攻击，物理学开始考虑用"有机整体"这一术语。格式塔心理学家抓住了物理学这一新的发展。可见，心理学仍渴望赶上自然科学。①

冯特把心理学称为"生理心理学"，方法则有两种，即实验法和历史法。他还说："凡心理学都始于内省。"德国的思辨理性传统在他身上得到了体现，他也决定了德国心理学的性质。但是美国从德国那里接受心理学的时候，部分根据其民族气质②，将心理学的注意从感觉、知觉转移到行为。尔后美国逐渐地取代德国成为心理学大国。德国心理学在大学体系中迟迟不能取得独立存在的地位。1910年全国大学系统中仅有四个心理学教师的位置，却没有一个正教授。甚至此时心理学还不是考试的学科。③ 而1913年，"美国在全世界心理学书刊中的书刊最多，它有84位世界闻名的心理学领袖人物（比德、法、英三国家加在一起还要多）"④。

心理学把注意力从感觉和知觉转移到行为，心理学大国的地位从德国让渡到美国，这两方面的变化几乎是无意识地改变了心理学的模式和价值，其影响力一直延续到当代。

（二）实用主义教育心理学诞生，思辨教育学淡出

19世纪后期美国仍然是一个开拓中的国家，自然选择和适者生存的原理在日常生活中得到生动证明。心理学有选择地模仿德国和英国的，并最终形成一种显然是旨在为自己文明社会的实际需要服务的心理学，即以进化论为精神，以实证主义为方法论的实用主义心理学。

---

① ［美］杜·舒尔茨：《现代心理学史》，杨立能、陈大柔等译，人民教育出版社1981年版，第288页。
② 历史学家特纳（Frederick Jackson Turner, 1861—1932）用这样一些话描述19世纪的美国人："粗犷有力同敏锐而好探索相结合；讲究实际、富有创造力的思想风格；很快地找到处理问题的办法；巧妙地掌握实质性的东西……有效地实现伟大的目标；好动和精力充沛十分突出的个人主义……"这就是所谓美国的气质，即美国随时乐意接受时代为它准备好的东西。（转引自［美］杜·舒尔茨：《现代心理学史》，杨立能、陈大柔等译，人民教育出版社1981年版，第233页。）
③ 高觉敷：《高觉敷心理学文选》，江苏教育出版社1986年版，第361页。
④ ［美］杜·舒尔茨：《现代心理学史》，杨立能、陈大柔等译，人民教育出版社1981年版，第164页。

进化论心理学研究人如何更好地适应环境，实证主义心理学关心如何利用科学来预测、控制和改造人性，两者的结合构成了美国心理学"方法就是一切""方法就是科学"的讲究应用的精神。心理学在教育中的兴趣表现为如何能把儿童教得好一点，由此诞生了一门新的学科——"教育心理学"。1903 年，桑代克出版了《教育心理学》，用机能主义心理学在教育理论与实践中演绎了心理测量运动、学习迁移研究和具有联想心理学性质的联结主义学习理论，应用"真正科学的方法"处理教育问题。这个方法一直延续到现在，这就是卡尔·皮尔逊的统计方法，如正态曲线、标准偏差、积矩公式等；在科学心理学诞生地和具有思辨传统的德国，拉伊（W. A. Lay）和梅伊曼（E. Meumann）极力反对凭借着思想中的逻辑推理建构起来的赫尔巴特教育理论体系，主张用严格的观察、统计、实验来研究教育。梅伊曼的《实验教育及其心理学基础引论》是一战期间标准的教科书，与桑代克的《教育心理学》齐名。拉伊 1908 年发表《实验教育学》，被称为实验教育学的奠基人。拉伊还认为，只有实验教育学才是"普通教育学（一般教育学）"，才是"全球通用的教育学""全世界的教育学"，因为它使实验研究在世界各地都能重复验证和推广、深化。上面所提及的学者及其学说构成了声势浩荡的教育科学化运动的序曲和主要内容。

心理学"试图把儿童教得更好"，这正中教育"下怀"，正是赫尔巴特学派被认为没有很好解决的问题。心理学的挑战引起了教育的震荡，思辨性的教育学受到了挑战，后者在美国让出了主导的地位。

（三）心理学化的教育理论胜出，儿童的"学习"和"发展"成为研究的中心

20 世纪初兴起的教育科学运动主要是在美国和德国开展的。心理学在那时（1918—1923）的英国不是很受重视，香港大学没有专任的心理学教授，心理学老师往往兼讲教育学，以沛西·能（Percy Nunn）的《教育原理》为

课本。① 这场运动使教育学,尤其是教学论在借助心理学迈向科学化的过程中,变成了心理学理论的推衍。在美国,教育心理学家成为教育研究的主要力量,在美国近代教育史上赫赫有名的大都是心理学家。

霍尔(G. S. Hall)的心理学把举证责任从儿童身上转移到教育环境上。他首先将进化的观点引入心理学,提出复演论,即个人机体的发展复演了种系发生和种族的进化,因此可以通过适应儿童个人自然生长的方法去评判一种学校制度。他主张根据儿童发展的资料来决定儿童的课程内容,学校课程应更广泛地迎合儿童的天性、生长和发展的特点,而不是儿童应该怎么样做来达到外部的教育目的和内容的标准。这种转移是哥白尼式的,影响极大,它定下了美国教育"以儿童为中心"的基调,打下了以心理学理论推衍和解释教育的基础。

霍尔理论在教育上的主要含义似乎是教育家不应该干涉自然的客观过程,这与进化论的实质不符。詹姆斯(W. James)转向了一种新的机能心理学观点。他的《心理学原理》和《与教师谈心理学》最根本、最直接地影响了教育学。他把人设想为生物人,他们的行为是对某些本能倾向的反应。习惯和随意的行动都是以这些倾向为基础的。作为行为重复的一个结果,习惯的形成证明了人类神经系统的可塑性和可变性。习惯一旦形成,就越来越支配行为,直到最后成为社会和个性绝对的决定性因素。教育的主要任务,显然是尽早形成许多尽可能好的和有用的习惯。詹姆斯看到了人的尊严和进步的美好倾向与希望,看到了教育干涉的力量,这是实证主义和实用主义进步的一面。②

桑代克追随詹姆斯的信念:"即使习惯统治了世界,心理还是能够把习惯改造得与人类目的一致。"他相信,人性只是许多"原始倾向",能被用来行善或作恶,因此,教育心理学的基本任务就是探讨人之本性,研究个别差异,发现学习活动的基本规律。在20世纪最初的25年里,公立学校教学工作的一切方面都受到了桑代克的影响。应用自然科学的方法认真地把教育学

---

① 高觉敷:《高觉敷心理学文选》,江苏教育出版社1986年,第1页。
② [美]劳伦斯·阿瑟·克雷明:《学校的变革》,单中惠、马晓斌译,上海教育出版社1994年版,第127页。

作为一门社会科学进行研究在桑代克这里进行了全方位的尝试。他的最终目标是一种综合的教育科学，所有教育都能以它为依据，教育目的也不例外。其结果是"我们的教学几乎是过去四十年教育心理学发展的结果"①。

杜威认为人的心理活动的基本内容是诸如情绪、习惯、冲动等生物性的本能，心理活动的实质在于有机体采用一定的行动来适应环境并满足自己的需要。实验学校的任务就是要设计一种与这些冲动的发展和儿童正在增长的经验相协调的活动课程，其方法是做中学。他以"儿童中心""活动中心"和"经验中心"划分了传统教育和现代教育，而"新三个中心"是他的哲学和心理学直接应用于教育的结果。这与他坚持学校是可比拟为物理和心理学的实验室的观点是相一致的。② 克伯屈（W. H. Kilpatrick）、康茨（G. S. Counts）和鲁格等把他的理论深入运用到教育原理、教育方法、实际课程和教科书结构中去，在进步主义教育中得到继承。21世纪的今天，"杜威的幽灵在美国课程里游荡"。

布鲁纳明确地界定了学习理论和教学理论之间的关系，前者是描述性的，后者是处方性的和规范性的，教师的"教"要依据对学生的认识和发展的研究结果，教学理论是学习理论的进一步推衍。这种教育理论和学习理论之间的推衍关系几乎得到了公认。

斯金纳（B. F. Skinner）也曾表示："教育也许是科学的技术学的最重要的分支。"③ 对学习的实验研究所促成的技术并不是为了"发展心智"，或推进某种对教学关系的"理解"而设计的，"它们是为那些被当作这种心理状

---

① Robert E. Grinder, "Educational psychology: The master science", in Merlin C. Wittrock &Frank Farley, *The future of Educational Psychology*, New Jersey: Lawrence Erlbaum Associates, Inc, 1989, p. 15.
② Robert E. Grinder, "Educational psychology: The master science", in Merlin C. Wittrock & Frank Farley, *The future of Educational Psychology*, New Jersey: Lawrence Erlbaum Associates, Inc, 1989, p. 14.
③ [美] 斯金纳：《学习的科学和教学的艺术》，刘范译，彭瑞祥、龚维瑶校，见[美] 普莱西、斯金纳、克劳德等：《程序教学和教学机器》，刘范等译，人民教育出版社1964年版，第74页。

态或心理过程的证据行为而设计的"①。

从赫尔巴特的"三个中心"到杜威的"新三个中心"、教育目的、教育任务、人之本性、个别差异、学习活动的基本规律、课堂教学规范，直至教育成为技术学的分支学科，儿童的学习和发展理论开始实证心理学化，成为心理学研究的核心问题和教育学发展的重要理论资源和知识构成，学者的身份和学科的名称都朝着心理学方向转化。

教育学以心理学为基础具有历史的必然性和逻辑的应然性。以历史的形式回顾它们是想说明我们对学科应有的一种历史同情和理解情怀、一种客观公正的态度、一种学术史的集体意识；虽然自然科学是心理学的起源之一，心理学也一直以此为追求的标准，但是以教育中的儿童发展和学习为研究对象的一些学科和流派已然在其追求中融进了人文主义的研究范式，正是他们所取得的成就促成了当代教育学的科学性。中国教育学在对自然科学范式的反思中"泛论"和"泛批"心理学的研究范式无异在剥离自己学科的科学性。

五、中国的历史和语境

近现代意义上的心理学和教育学在我国都是舶来品。"教育学以心理学为理论基础"作为一条"定律"被接受，并没有经过上述西方教育学发展意义上的心理学化的理论研究和实践应用。

我国近现代心理学主要是从西方学习得来的，即基本的研究工作是介绍西方各派的心理学研究成果。20世纪80年代，心理学的研究与教学基本上是倒向苏联一边，80年代以来又主要跟着西方跑。我国心理学家的独立研究是不多的。② 其学科形成和发展时期大致与教育学同步，心理学作为教育学

---

① [美]斯金纳：《学习的科学和教学的艺术》，刘范译，彭瑞祥、龚维瑶校，见[美]普莱西、斯金纳、克劳德等：《程序教学和教学机器》，人民教育出版社1964年版，第79页。
② 高觉敷：《中国心理学史》（第二版），人民教育出版社2005年版，第363—441页。本部分涉及中国心理学发展历史的文献，如果没有注明出处的话，均来源于此书。

的基础性含义和作用在教育学学科形成和发展的不同时期有所不同。我们可以以1949年前后两大段时间为单位进行分析。

（一）近代研究的有机相融，教育需求推动心理研究

在第一阶段，心理学对教育学的影响主要表现在师范教育的课程设置上。一般认为我国于19世纪末至20世纪20年代为了解与引进西方教育学科时期的第一阶段，主要以翻译和介绍为主。第一本汉译心理学书是1889年由颜永京翻译出版的美国海文（J. Haven）的《心理哲学：包括智、情、意》一书，并以《心灵学》之名出版；赫尔巴特学说最早的译本是由立花铣三郎讲述、王国维翻译的《教育学》（连载于《教育世界》1901年第9、10、11期）。20世纪初，清政府制定学堂章程，把教育学列为师范四年学习的必修课，当时的心理学是包含在教育原理之内的，如王国维翻译的，作为师范生教材的《心理学概论》和《教育心理学》。有学者查阅和收集到1900—1918年的30本心理学出版物。这些早期译、著的心理学书籍大部分是师范用的教科书或讲义。其中有四本是教育心理学或心理教育学，两本儿童心理学。可以说，教育心理学作为教育学分支学科"也崭露头角"，但是它并没有直接涉及中国的现实教育问题和对教育理论问题的研究。

在第二阶段，心理学与生物学、社会学等共同为教育学科的发展提供了理论基础和实验依据。① 20世纪20年代到40年代止，心理学在介绍和拓展中开始了对中国自身的教育研究。艾伟于1923年开始对汉字进行研究，积25年的研究成果成《汉字问题》一书，对提高汉字学习效能、推动汉字简化以及汉字由直排改为横排等均作出重要贡献。另外，他缜密地分析了中学生的阅读能力与理解速度等问题，提出的有关高初中文白教材比例的建议在1929年和1930年为教育部所采纳；龚其昌的《书法初步练习临写与描写之比较实验》、沈灌群等人的《书法练习与练习时间之分配》进行书法心理的研究，为中国特有的书法教学服务；心理学家朱智贤系统学习马克思主义著

---

① 金林祥：《20世纪中国教育学科的发展与反思》，上海教育出版社2000年版，第69—85页。

作，探索马克思主义教育学和心理学理论，结合教学进行科研，发表了教学论文20多篇，出版《小学课程研究》（商务印书馆）、《儿童自治概论》（中华书局）、《教育研究法》（正中书局）、《儿童教养之实际》（中华书局）、《小学行政新论》（儿童书局）等；廖世承重视教育心理的研究，他于1924年编写了我国第一部《教育心理学》教科书。他十分重视心理与教育的结合，努力用心理学原理来解决教育的实际问题，他在中学教育教学的实践中自觉运用测验法，根据各种测验结果采取相应的措施。例如，他对当时极流行①的道尔顿制坚持采取严格的教育实验方法——用智力测量测定差异进行分组，控制教学过程，学期末和控制组接受同样的考试进行比较，以评判其可行性②，这些研究既指导教学实践，也指导教育研究。

概而言之，这段时期的心理学家是为了解决青少年教育中存在的实际问题，为了推进学科教学、改革学科教学而去研究心理学，让自己的研究成果直接服务于教育，像沈有乾、艾伟、杜佐周、张耀祥（张耀翔）、高觉敷、龚启昌等，几乎都是把心理学引进教育和教学领域的卓有成就的心理学家和教育家。③ 他们也对心理学和教育理论与实践的关系进行了一些广泛的讨论。④ 首先，心理学科是教育工具。这种观点把心理学科作为实现教育目标的辅助手段，是教育目标达成的工具；其次，心理学科是教育基础，具体表现在教育目标的制定依赖于心理学科的知识、建构新的教育模式依赖心理学科的新知识和新方法、教育方法的选择依赖心理学科方法的应用、教育发展中问题的解决依赖心理学科的知识和方法、教育理论的建立需要心理学科的知识；再次，心理学科对教育实践提供理论指导，具体表现在心理学科对于改进学习方法和教学方法具有指导作用、教育改革的内容受到心理学科的深刻影响、心理学的客观研究方法在教育中的应用，为教育改革提供了方法论

---

① 当时对道尔顿制和克伯屈的设计教学法的迷恋可以参阅董远骞、施敏英主编：《俞子夷教育论著选》，人民教育出版社1991年版，第52页。
② 唐才伯主编：《廖世承教育论著选》，人民教育出版社1992年版，第120、131页。
③ 人民教育出版社：《艾伟对中文阅读心理的研究》，www.pep.com.cn/200410/cab605075.htm.（访问时间：2009年12月1日）。
④ 刘毅玮：《西方心理学的传入与中国近现代心理学科的发展》，河北大学博士论文，2006年。

的指导等。

(二) 近代后呈疏离状，教育改革与发展期待心理学工作者参与

20世纪50年代国家向苏联学习，进行院系调整，原有的一些心理系被取消，合并到哲学系或教育系中成立心理学专业。公允地说，这种调整本来是有利于教育科学理论发展的，因为当时中国心理学家大约有80%在高等师范院校工作，在师范院校里，又有70%以上的心理学家是搞发展心理学和教育心理学的。① 到1980年学者提出"教育科学的生命在于教育实验"和"实验的自然科学加上实验的教育科学的大发展"② 的愿景之时，两个学科已走过了近30年的"单行道"之路，彼此的学术素养、知识结构、思维方式、研究内容和活动空间渐行渐远。至今，心理学研究者在涉及教育心理学学科性质的论述时，都未曾明确地表述过"教育心理学是教育学和心理学的交叉学科"③，当前出现的心理学系从教育学院分离出来独立成院的现象在某种程度上可以说也是这种"单行道"的表现。截止2019年12月份获心理学博士招生资格的师范类，含"师范"一词的高校均成立了独立的"心理学院"或"心理学部"。

至于疏离，笔者在文前的导论中已经作了若干分析。在此，再从心理研究的角度补充一点，即对学生的心理研究和教育研究没有有机相融。其一，改革开放以来，国外许多著名的教育心理学家的主要论著都被翻译成中文，我国心理学学者在批判吸收其研究成果的基础上，结合我国的教育教学实际，也编写了有我国特色的教育心理学专著，如《教育心理学》（潘尗，1980年）、《教育心理学——学与教的原理》（邵瑞珍，1983年）、《教育心理学纲要》（韩进之，1989年）等。这些标志着学科发展的教材是师范生必修的课程内容，但是作为纯心理学知识考试的课程并没有融合

---

① 林崇德：《中国发展心理学三十年的进展》，载《北京师范大学学报》（社会科学版），2009年第1期。
② 胡克英：《提高教育质量，实验必须先行》，载《教育研究》，1980年第2期。
③ 罗德红：《复杂思维视野下的教育心理学立场》，载《内蒙古师范大学学报》（哲学社会科学版），2006年第2期。

到教育实践中。这可能是导致教师在教育实践中不依据心理学理论、不考虑教育对象心理特点、不按照心理学规律从事教育教学活动的原因。当然这也不排除是由大学教师教学方法所导致的,而这本身就说明了心理学者在处理心理学知识和教育实践之间的关系上存在的疏离问题。其二,当今教育改革发展中鲜有心理学工作者参加,他们专注于自己的研究,对自上而下的、全国性的教育改革与发展兴趣不高,对教育热点问题关注度不够。一项回顾历经30年的、在中小学开展的心理学研究中,作者鲜提这30年来教育研究者耳熟能详的国内教育改革。① 笔者于2007年4月5日以21世纪教育研究热点的"研究性学习"为题名在中国学术期刊网全文数据库上搜索了心理学的七种CSSCI杂志,发现只有《心理科学》2003年第1期上刊登了一篇《教育心理学的研究性学习观》。在5762篇以"研究性学习"为题名搜索到的文章结果中进行二度搜索,输入"心理学"为题名,只有11篇,输入"学习理论"为题名,只有三篇。这至少说明,高端的心理学和教育学学者的研究兴奋点洒落在学生学习和发展的不同区间。

在教育问题中,西方心理学最关心的是人的本性在学习中的具体化,即个性差异、心理发展特点和学习的心理过程。因此,这些理论为我国学校教育的核心问题研究,即研究教育、教学对人的发展的影响,提供了新的角度、更深的层次及其实证化倾向的研究方法。20世纪80年代以降,一些有识之士开始将实验研究、问卷调查、抽样统计等方法用于全国或地区教育规划的制定,掀起了第二次教育科学化运动。但是,正如有学者所言"十年来我国教育研究方法的发展,开始'补上'西方从本世纪初就出现的实证化这门课程"②。所谓"补上",因为当代教育研究发展的潮流是多元化,而不是实证化。随着实证研究方法及方法论限度在教育研究中的被认识,有学者提

---

① 林崇德:《基础教育改革心理学研究30年》,载《教育研究》,2009年第4期。
② 叶澜、陈桂生、瞿葆奎:《向着科学化的目标前进——试析近十年来我国教育研究方法的演进》,载《中国教育学刊》,1989年第3期。

出要辩证地看待教育的心理学研究方法，指出教育研究的多元化发展趋势。①但是我们很难想象，缺乏实证的方法和精神，我们何以能够检验、修正我们的理论主张？我们何以能够归纳、提炼我们的理论来预测未来，从而少折腾我们的教育和学生？我们何以放下精英的意识寻找到学生真正学习和发展了的事实和证据？

从历史和语境的视角对教育学与心理学关系的学理根源和历史脉络加以深刻检讨，是为了整理教育学的学术传统，明白自己的研究在其中的位置。对历史的梳理能够克服"教育学以心理学为理论基础"观念的抽象性，语境有助于加深我们对当前存在的危机的紧迫感。如果说上述分析是对历史发展的鸟瞰性概览的话，那么接下来本文将贴近学科，从教育学知识的起源和发展的角度追问教育学以心理学为理论基础的合理性和合法性。

---

① 毛祖桓：《教育学方法的多元化发展趋势》，载《教育研究》，1989 年第 5 期；叶澜：《教育研究方法论初探》，上海教育出版社 1999 年版，第 326、344 页；蔡春：《立足于关系的教育研究》，载《教育理论与实验》，2003 年第 12 期；陈元晖：《"一般系统论"与教育学》，载《教育研究》，1990 年第 3 期；杨小微：《处于两种研究范式之间的教育实验》，载《教育研究与实验》，1994 年第 1 期；杨小微：《科学与人文：教育研究方法论定位何处》，载《教育研究与实验》，1995 年第 4 期。

第二章 发展和学习：心理学的研究和教育学知识的流变

心理学为教育学理论基础的主要表现是知识基础。学习机制和发展机制的研究、教学方法、教育与发展的关系、教学关系、知识和能力之间的关系等，我们都可以将其溯源到教育学和心理学的基础关系中。

一、前提性问题域：教育学知识的源头及其进化

黑格尔（G. W. F. Hegel）说："这里和现在的一切东西、科学和艺术以及一切使生活惬意、提高并装点生活的，都是直接或间接地从古希腊派生出来的。"[①] 围绕着"认识的来源和发展"与"如何使人获得认识"两大主题，从古希腊时期的哲学心理学中诞生了教育研究的前提性问题域，其观点和结论在理论上成为不同历史时期教育研究的基本认识前提和主要研究内容，在教育实践中引发了落实它们的教育方法。

（一）前提性问题域及其延展

从"认识"到"知识"，从"获得认识"到"接受教育"，前提性问题域涉及以下问题：人与社会是否需要教育？人是否有接受教育的可能？造成

---

① ［英］博伊德·金：《西方教育史》，任宝祥、吴元训主译，人民教育出版社1985年版，第2页。

人与人之间差异的主要原因是什么？教育对人的主要作用是什么？人什么时期接受教育最重要和最有效？其中，人是否有接受教育的可能、造成人与人之间差异的主要原因、人什么时期接受教育最重要和最有效为心理学和教育学共同关注的问题。

1. 从"接受教育的可能性"到人性假设和认知研究

古希腊三哲认为人接受教育的可能性是因为人有理性能力。苏格拉底假设人具有天赋的纯理性认识的能力，能够发现潜藏在灵魂中的观念或者形式；柏拉图假设人有知识器官，学习就是回忆人生来就固有的知识；亚里士多德认为人具有主动的心灵，它是纯粹的思维，是不可变化的，是不朽的，是用概念思考的理性能力。"天赋""理性"和"灵魂"是他们在这个问题上的三个关键词。

夸美纽斯认为人的可教育性在于感官和天启，表明了理性和经验、理性和信仰、哲学和神学之间的调和。他生活在文艺复兴时期，神学与哲学已经分野，心理感觉论和机械论是彼时的时代精神。一方面，他受文艺复兴的影响，提出"人是造物中最崇高、最完善、最美好的"，坚信人之所以具有认识万物的无限的能量是因为人有理性、有感官、有求知欲和忍受穷苦的能力。这既表明他受经验主义影响，认为人心具有可塑性，例如，他把人心"比作一张白纸，纸上什么都没有，但是什么都能写上"，"人脑也是一样，它能接受万物映像，能够接纳整个宇宙中的任何事物"①。另一方面，他又借用植物学上的概念——"种子"为隐喻，喻指一种"神圣的可教性"，"这三者（学问、德行与虔诚）的种子自然存在我们身上"②，"我们是上帝的天国所拔掉的树木，但是根底仍在，一旦上帝的仁慈给了他们以雨露和阳光，他们就仍可以再生"③。我们从中可以感觉到柏拉图的灵魂天赋论，又似乎体现了他否认

---

① ［捷］夸美纽斯：《大教育学》，傅任敢译，人民教育出版社1984年版，第33、68—69页。
② ［捷］夸美纽斯：《大教育学》，傅任敢译，见魏泽馨选编：《傅任敢教育译著选》，湖南教育出版社1983年版，第71页。
③ ［捷］夸美纽斯：《大教育学》，傅任敢译，见魏泽馨选编：《傅任敢教育译著选》，湖南教育出版社1983年版，第80页。

人的主观能动性的一面，把接受教育的可能性寄托在上帝身上。这种矛盾性反映了他的理论的不成熟。但是值得注意的是，他只是在论述一些抽象理论问题时引证《圣经》，一旦涉及学校工作的具体问题时，便立刻转回现实，用感觉主义和自然适应性的理论取代了《圣经》，用现实世界的规律性取代神的启示，感官的权威压倒了天启，认识来源于感知和经验，教育以此为原则。

在赫尔巴特看来，观念的统觉使人有了接受教育的可能性。他的心理学是经验主义和联想主义的。既然观念不是先天的，那么儿童就在本质上有别于成人，虽然二者都具有同样的基本心能资质，如记忆、想象、注意、思维和判断等亚里士多德所谓的"纯粹的思维"，但是儿童却没有观念、概念和"经验"，没有纯粹思维所赖以思考的对象，用当代的话来说，就是没有经验和知识。当儿童在自己的环境中成长起来时，他的精神世界充满了那种环境中的各种观念和由此形成的概念。儿童在特定环境中就是一个通过经验来丰富精神世界的过程，这种经验是由控制着环境的各种力量所决定的。儿童因人而异主要依赖于自己通过感觉、认识、情感和愿望等观念相互作用所获得的独特的观念，心理只是提供观念相互作用的一个容器或场所，它无关紧要，起决定作用的是观念。因此，赋予儿童观念的人，诸如父母和教师，赋予儿童观念的性质，诸如经验和教学内容，就是儿童精神成长的决定者。他给予学生的观念应是相互联系的，以使观念之间积累，形成系统。显然这是一种外铄的教育观。按照赫尔巴特的心理学，教育者必须引导学生排斥其他一切矛盾着的观念而专注于某一个简单观念之上，如果注意力分散在许多性质矛盾的经验上，就会使学习者不知所措，并导致意志的不稳定性。

这是经验主义和联想主义心理观，将其话语方式转向教育的话，心理学的观念和统觉是检验教育学人性假设的教学内容和教学过程，教育学的人性假设是"教育学以学生的可塑性为其基本概念"。它也不同于哲学体系中的基本概念，因为无论是宿命论还是先验主义的自由观，"其本身都是排斥教育学的，因为它们都不可能毫无疑义地接受这种由不定型向定型过渡的可塑性的概念"①。人身上的矛盾使赫尔巴特问道:"人是否在他自身中具备了教育他的原则,就像在萌芽中已孕育着整个植物?""认识是不是那种把他未来的形象与生俱来地带到世界上来的东西?"②"把人交给'自然',甚于把人引向'自然',并在'自然'中锻炼只是一件蠢事。"③ 显然这是他对夸美纽斯、卢梭等自然主义者关于人性善假设的批判和超越。这种指向未来的人的可塑性概念划定了教育学研究的中心地域——教育促进人的发展。围绕着这一核心的前提性概念,赫尔巴特建构了他的教育学体系。

需要强调的是,赫尔巴特的研究理路是从教育学到心理学。他是先有对教育的见解,模糊的"可塑性"的教育学人性假设在先,"观念和统觉"的经验主义和联想主义心理学在后。他的《普通教育学》出版于 1806 年,而他的主要心理学论著,如《心理学教科书》(1816)和《作为科学的心理学(1824—1525)》等均发表于其后。他在《普通教育学》绪论中开篇就说,人们对事物的见解决定了教育的作用和教育的目的,许多人起初都忽视了它。④ 缺乏教育的见解,"教育实验的剩余部分就是学生在成年时表现出来的缺点"⑤。换言之,他不是从对人的心理性质的分析推进到对教育的分析,而是正好相反,对教育的心理前提的阐明是在理论和实践中以对教育的准确认识和对教育与心理联系的理性分析为前提条件的。简而言之,他不是将心理学演绎为教育学知识和方法,而是在教育理论和实践的考量中创设了自己的心理学来科学地阐释自己的教育学。

如今,对教育学来说,人接受教育的可能性即为教育学的人性假设;对心理学来说,则分化为一系列的心理过程,包括亚里士多德所言的"纯粹的

---

① [德] 赫尔巴特:《普通教育学·教育学讲授纲要》,李其龙译,浙江教育出版社 2002 年版,第 207 页。
② [德] 赫尔曼·诺尔:《不朽的赫尔巴特》,见赫尔巴特:《普通教育学·教育学讲授纲要》,李其龙译,浙江教育出版社 2002 年版,第 399 页。
③ [德] 赫尔巴特:《普通教育学》,见张焕庭主编:《西方资产阶级教育论著选》,人民教育出版社 1979 年版,第 278 页。
④ [德] 赫尔巴特:《普通教育学·教育学讲授纲要》,李其龙译,浙江教育出版社 2002 年版,第 7 页。
⑤ [德] 赫尔巴特:《普通教育学·教育学讲授纲要》,李其龙译,浙江教育出版社 2002 年版,第 11 页。

思维",如感觉、知觉、记忆、想象、思维等认知过程。随着社会对教育需求的不断增长和知识的丰富与爆炸,以及竞争社会中教育分层功能的日渐凸显,它在教育中留给注重实证的教育心理学回答的主要是"如何接受教育""怎么教(学)"。

2. 从"人什么时期接受教育最重要和最有效"到学制、课程和心理发展的研究

柏拉图认为,受过教育的人是具有理性的人,他能看见"太阳",看见那个造成四季交替和年岁周期,主宰可见世界一切事物的"太阳"。但是灵魂本身的视力"不能正确地把握方向,或不是在看该看的方向,因而想方设法努力促使它转向"①。使它发生转向,面朝着"太阳"的是辩证法,"辩证法像墙头石,被放在我们教育体制的最上头"②。因此它需要一些学习科目来帮助完成这个转向。③ 它们就是在不同的年龄阶段学习的算术、几何学、天文学、音乐等。柏拉图制定了10—50岁之间选拔哲学王的考试年龄阶段和教学内容。把10岁以上有公民身份的孩子送到乡下;20岁时,经过挑选,开始把分散学习的多种课程内容综合在一起,研究它们之间的相互关系以及它们和事物本质的关系,因为综合的方法是能获得永久知识的唯一途径;30岁时参加辩证法考试,考察他们跟随真理达到纯实在本身的能力;接受大约5年的辩证法训练,然后进行15年的实践锻炼;50岁上,接受最后的考验,用理性做原型,成为哲学王。④ 柏拉图的年龄阶段教育理论既强调知识的理论学习,也强调实践的能力,还强调人的德行,成为哲学王的过程其实也就是他所倡导的学习过程。

亚里士多德根据他的灵魂结构论以及他对青年、少年身心自然发展特点

---

① [古希腊] 柏拉图:《理想国》,郭斌和、张竹明译,商务印书馆2002年版,第278页。
② [古希腊] 柏拉图:《理想国》,郭斌和、张竹明译,商务印书馆2002年版,第300—301页。
③ [古希腊] 柏拉图:《理想国》,郭斌和、张竹明译,商务印书馆2002年版,第300页。
④ [古希腊] 柏拉图:《理想国》,郭斌和、张竹明译,商务印书馆2002年版,第7卷。

的观察,首次提出了按年龄划分受教育阶段,及各年龄阶段教育的要求、组织内容、方法等具体的措施。他把一个人受教育的年龄按每7年为一自然阶段划分为三个时期,即从初生到7岁为第一时期,相当于学龄前幼儿教育阶段;7岁至14岁为第二时期,相当于初级学校阶段的教育;14岁至21岁为第三时期,属于高年级阶段。第一阶段应顺应自然,以儿童的身体发育成长为主;第二阶段要求发展非理性灵魂,以情感道德教育为主,接受和谐教育的内容,如阅读与书写、体育锻炼、音乐和道德品质的养成;第三阶段在于进行纯哲理的探索,发展学生的理智灵魂,以智力教育为主,学习算术、几何、天文、音乐理论、文法、文学、诗歌、修辞学、伦理学以及宇宙学和哲学等。

夸美纽斯第一次把教育学从哲学中独立出来,第一次明确地提出了一个完整的学制系统,提出并实践了班级授课制。他说:"我们的格言应当是:凡事都要跟随自然的教导,要按观察能力的发展第次,要使我们的方法依据这种顺序的原则。"于是,他把0—24岁划成四个阶段:第一阶段:0—6岁,婴儿期,母育学校;第二阶段:6—12岁,儿童期,国语学校;第三阶段:12—18岁,少年期,拉丁语学校;第四阶段:18—24岁,青年期,大学与旅行。相当于我们现在的学前、初等、中等和高等各级教育。他认为,在国语学校,儿童应该受到内感官、想象力、记忆力和其他相关器官的影响;在拉丁语学校里,学生领悟感官收集来的知识并加以判断;大学里面的学科是与意志格外有关系的。这显然受到了亚里士多德官能心理学的影响。正是由于夸美纽斯为儿童的不同发展阶段提出了不同的感官训练发展任务,皮亚杰给予夸美纽斯极高的心理学评价,认为"夸美纽斯是发展心理学的发生论思想的先驱之一"[①]。现在全世界学校教育体系大致还是保持这样一个框架[②],虽然没有机械地照搬年限规定。

赫尔巴特在论及儿童受教育年龄阶段上,根据"多方面兴趣"理论和

---

① [瑞士]皮亚杰:《夸美纽斯在目前时代的重要性》,见华东师范大学教育系外国教育史教研室编:《外国教育史教学参考资料》,华东师范大学出版社1985年版,第161页。

② 马骥雄:《外国教育史略》,人民教育出版社1985年版,第185页。

"文化分期说",提出了适合不同年龄时期的一套广泛而相对完整的课程体系。他把人的兴趣从心理状态上分为认识自然现实和认识人类社会的两大类六种,设置了相应的课程——经验的兴趣对应自然科学课程,思辨的兴趣对应数学、逻辑、文法,审美的兴趣对应文学、唱歌、图画,同情的兴趣对应外国语和本国语,社会的兴趣对应历史、政治和法律,宗教的兴趣对应神学。课程设置的时间根据的是他对儿童的文化学习和品格发展时期的划分,每个时期有主要的学习科目。第一时期,从出生到3岁,这时期应专心学习语言。第二时期,从4岁到8岁,这时期以综合教学、阅读、写字计算、最容易的组合和初步的观察练习为内容。第三时期为少年期,以学习历史、数学、诗歌和自然科学为主,并养成道德判断能力。第四时期为青年期,趋向于自己的发展方向。这套课程体系建立了近代资本主义教育课程体系的基本框架。

从模糊的年龄分期,到根据儿童的自然制定学制和班级授课制,再到赫尔巴特基于可塑性的人性假设所提出的儿童文化学习和品格发展阶段,基于人的心理状态所提出的兴趣及其建基于上的课程,教育学和心理学的有机相融愈加地紧密。儿童最有效地接受教育要基于儿童在不同年龄阶段的心理发展特征,后者是发展心理学研究的中心,为前者提供学制和课程设置的依据。对此,皮亚杰、布鲁纳和维果茨基(Lev Vygotsky)等心理学家作出了卓越的贡献。

3. 从"造成人与人之间差异的原因"到因材施教和智力理论

概括而言,古代哲人认为人与人之间的差异在于天赋、习惯与教育,其中天赋的差异是第一位的,但这并不是个人心理特质意义上的差异,更多的是一种身份上的差异。苏格拉底从神学唯心论出发,认为神早已把善的知识给予了人的灵魂,禀赋差的人固然需要教育,即使禀赋好的人也应接受教育;柏拉图相信灵魂轮回说,根据一个人生前表现的德行程度,他便在灵魂的某个等级上得到新生,以对应于不同等级身份的自然天赋投胎。他设计了一个由执政者、卫国者和生产者组成的等级森严的"理想国",服务于他的政治哲学——"正义的国家就是人人各司其职"。虽然每个人的遗传性决定了他应受的教育以及他将来在理想国中的地位和职能,但是他相信不同质量的人都有可能通过教育上升或下降，虽然这种遗传上的变异是偶然的意外。"一旦铜铁做成的人掌握政权，国家便要倾覆。"① 因此，金质和银质的人必须接受良好的教育以保卫政权的巩固。在他眼里，真正的教育就是理性的教育，它已经被提到了立国之本的高度。科学心理学诞生之后，"造成人与人之间差异的原因"转换为"影响个体发展的因素"，后者一直是心理学重要的理论问题。

夸美纽斯时代的心理学延续了柏拉图对个人心理特质差异的漠视态度，"尚没有个体的概念"②。他认为儿童的先天素质差异不大，只要找到正确的方法就可以"把一切知识教给一切的人"。"我们差不多找不出一块模糊的镜子模糊到了完全反映不出任何形象的地步，我们也差不多找不出一块粗糙的板子粗糙到完全不能刻上什么东西的地步。事实上，才智极低的人很少，和生来肢体不全的人一样少见。"教育者要了解儿童心智发展的差异性特点，对不同的儿童采用不同的普遍法则，而且，人们还应该努力同时运用集中感觉，因为像听和看这样的感觉最终得相互强化。③ 教育如果顺应儿童的自然天性，"就不会有发生厌恶和智力受到抑制的情形了"④。

赫尔巴特认为儿童之间的差异是天赋遗传和后天教育相互作用的产物。他以"个性"和"兴趣的多方面性"表征儿童之间的差异，主张从儿童的个性出发，通过教育控制学生的观念，把学生朦胧的个性融合在多方面兴趣中，使儿童的差异表现在同情、社会、宗教、经验、思辨和审美方面，适应当时工业化生产的需要。

杜威从赫尔巴特观念心理学上对他的兴趣作了解释，这个解释是忠实于赫尔巴特的：

---

① ［古希腊］柏拉图：《理想国》，郭斌和、张竹明译，商务印书馆2002年版，第129页。
② ［美］T. H. 黎黑：《心理学史——心理学思想的主要趋势》，刘恩久、宋月丽、骆大森等译，上海译文出版社1990年版，第93页。
③ ［美］布鲁巴克：《西方教学方法的历史发展》，马立平译，见瞿葆奎主编：《教学》(中)，人民教育出版社1988年版，第458页。
④ ［捷］夸美纽斯：《大教育学》，傅任敢译，人民教育出版社1984年版，第153页。

当观念（Vorstellung）聚集在意识阈的下面，或者极力想进入意识阈的时候，它与相对的观念产生挤压。通过压力，以及通过对这种压力所施加的自我保存的抗力，观念，虽然由于自身不是力，但是它通过压力，通过观念施加自我保存的抵抗于压力之上，就形成了力。在观念的这种向前和向后的抗争中，一些观念融合了，新旧观念联合在一起。这种融合（统觉的本质）施加了某种压力，形成了安全感，由此形成了某种特定的情感，也就是我们所知道的兴趣。兴趣是要求，它不是对某些特殊观念的要求，而是对重复统觉过程的要求，对重复新旧观念之间联结（为了特定的快乐？）的要求。它还是进一步重复同一种活动的需要。①

所谓忠实于赫尔巴特，是因为赫尔巴特的教学过程就是使学生形成观念，即知识体系的过程，是用观念塑造儿童心灵的过程，也就是塑造学生的兴趣，塑造的内容又是他根据兴趣理论设立的范围广泛的课程。"谁牢固地掌握着知识，并企图扩充它，谁对知识就有了兴趣。"② 由此，教师就可能要求儿童通过同样的教材和以相同的速度来取得进步。赫尔巴特说，兴趣虽然不支配意志的对象，但是却依赖于意志的对象。③

后人以赫尔巴特的"兴趣"为启发，衍生了对个体心理特质意义上的差异研究，如智力和个性上的差异，为因材施教提供了科学的证据。赫尔巴特意义上的个体差异是一种社会分工和需要意义上的差异。"兴趣的理论并不是企图排除单调乏味的工作，而是仅仅通过给予这种工作以某种意义，从而

---

① John Dewey, "Interest in relation to training of the will", in Jo Ann Boydston (ed), *The Early Works of Joha Devrey*, 1882 – 1889 V, Carbondale and Edwardsville: Southern Illinois University Press, 1972, p. 140.
② ［德］赫尔巴特：《普通教育学·教育学讲授纲要》，李其龙译，浙江教育出版社2002年版，第240页。
③ ［德］赫尔巴特：《普通教育学·教育学讲授纲要》，李其龙译，浙江教育出版社2002年版，第62页。

使单调乏味的工作变得令人能够忍受。"① 赫尔巴特的兴趣最终在杜威那里变成了"本能"②,并进一步阐明了它在课程设置、教学方法和教育目的上的重要性,以及兴趣与努力和意志之间的关系。③ 后来桑代克发起了一场教育测量运动,用科学的方法测定学生的兴趣,作为分班、分组和分类的标准,最后演化为考查学生智力的成绩测验和标准化测验。

赫尔巴特主张通过教育培养学生多方面的兴趣,最终在同等的教育条件下塑造兴趣的专门化以符合社会分工的要求。赫尔巴特和夸美纽斯一样都具有民主思想,但是他从促进人的主动性出发发展人的兴趣,更具有教育上的乐观主义气质和社会的责任感,这也与他的"可塑性"的人性假设一致。

(二)前提性问题域现实化的教育方法:从"产婆术"到抽象认识过程的规律

无论是"接受教育的可能性",还是"人什么时期接受教育最重要和最有效",抑或是"造成人与人之间的差异",其思辨和延展的现实性路径都在于运用某种教学方法,其变化路径大致可以说是从"产婆术"到抽象认识过程的基本规律。

苏格拉底认为,只要用"产婆术"就可以将每个灵魂中都先验潜藏着的观念导引出来。这种方法是万能的和唯一的,他虽然会根据人的不同特点调整教学内容(对话内容),但是他并没有根据内容和教学对象选择不同的方

---

① [澳] W. F. 康内尔:《二十世纪世界教育史》,张法琨、方能达、李乐天等译,人民教育出版社1990年版,第135页。
② 杜威提出,兴趣是从天生倾向中产生的意向。本能是兴趣发展模式的基本结构。参见 [澳] W. F. 康内尔:《二十世纪世界教育史》,张法琨、方能达、李乐天等译,人民教育出版社1990年版,第133页。
③ John Dewey, "Interest in relation to training of the will", in Jo Ann Boydston (ed), *The Early Works of Joha Devrey*, 1882–1889 V, Carbondale and Edwardsville: Southern Illinois University Press, 1972, pp. 112–145. 最后,杜威认为,教师需要做的是达致某些暗含在兴趣背后并且可以驱策兴趣的条件——儿童自己的能力和需要,满足兴趣和需要的工具和材料。如果教师能发现儿童急迫的冲动和习惯,如果教师能够使它们以富有成果和有秩序地发挥作用的话,通过提供恰当的环境,教师就没有必要过于为他的兴趣而烦心了,他们会多半地自我料理。

法。中世纪时期的教学方法受柏拉图理论的影响，重视人的理性，以记忆、辩论和考证等方式为主。

夸美纽斯的教学方法可以概而言之为直观教学法，并第一次赋予它以感觉论的心理学理论基础。他反对当时学校引经据典，咬文嚼字，单纯的文字教学。"在可能的范围以内，一切事物都应当尽量地放在感官的跟前……视官的跟前……听官面前"①，在不能进行直接观察时，则利用图片或模型，自然科学知识的教学则应多采用参观、实验。他相信，直观是一切知识的起点，是教学工作的一条"金科玉律"，是一切教学的基础。其他的教学原则也蕴含着丰富的心理学思想，如在论述循序渐进和系统性原则时，他说："无论什么事情，除非不仅是青年人的年岁与心理的力量所许可，而且真是他们所要求的，便都不可教给他们。"② 夸美纽斯在探讨教学法问题时，从神学转向自然，这是时代精神的使然，是历史的巨大进步。

夸美纽斯教学原则的基础是感觉论，注重分析和直观，并没有论述认识过程是如何由直观到抽象的。而赫尔巴特提出的明了—联合—系统—方法的教学形式阶段则在事实上把握了认识过程的基本规律，即直觉—抽象—应用的顺序，这是他教学理论的科学基础，德国教育学中央研究所在1956年印发的"德国教育学基本问题"中对赫尔巴特的贡献作了客观的评价，其中就肯定了他把自然认识阶段和教学阶段相结合的贡献。③

首先，"明了"就是教师帮助学生唤醒阈下的观念，使它们进入到意识之中。它把新教材分解成各个构成部分，并和意识中相关的观念即已经掌握的知识进行比较。"凡是一件事物与儿童已经观察过的事物相类似，并与之相关联，我们一般都能通过单纯提示，使感官可以感知得到。"事物能否被感知首先取决于学生过去的经验，体现在心理活动方面就是注意。在教学法方面，由教师讲述新教材。

其次，"联合"发生在统觉的"路上"，它被赫尔巴特称为"综合教

---

① [捷]夸美纽斯：《大教育学》，傅任敢译，人民教育出版社1984年版，第89页。
② [捷]夸美纽斯：《大教育学》，傅任敢译，人民教育出版社1984年版，第110页。
③ 常道直：《赫尔巴特教育学的再评价》，载《华东师范大学学报》（人文科学版），1958年第3期。

学"。学生在获得了许多个别的但彼此相关的观念之后,"必然地要向上发展,进入普遍的领域"。学生往往会碰到与已有的观念团毫无联系的新事物,或者出现新、旧观念不一致的现象,教师需要帮助学生寻找到某些较接近的统觉团去代替它们或者调和它们。在这一阶段,学生在心理上表现为"期待"。在教学法方面,教师和学生之间要进行无拘无束的自由交谈。

接着,"系统"就是形成统觉团,使部分观念结成整体。新旧观念上升到"普遍领域",形成普遍性的概念。初步联合起来的各种观念进一步与课程的整个内容和目的联合起来,加以系统化。所以想象和思维在这一个阶段表现得特别活跃,并且有更严密的逻辑性。教师要用不同的综合性的方法反复分析所学习的材料,使学生从中发现更多联合因素,从而把知识组织得井井有条,最后作出概括和结论。这时学生的心理活动是"探究"。

最后,"方法"把系统化的观念,即统觉团应用到个别的情况中,使获得的知识得以应用,变得更为熟练和巩固,解决各种实际问题。学生心理活动表现为"行动"。教师的任务是让学生通过习题、独立作业和按照教师的指示改正作业的错误等练习来运用所学的知识。

简而言之,"个别的明确清楚"——"许多个别的联合"——"已联合的许多集体观念的系统化"——"依照观念的系统化进行某种应用"是学生的认识过程规律,也是教学应该遵循的心理顺序。① 这种程序是赫尔巴特教学理论的科学基础。教学的形式阶段的价值还在于,以课程内容,即围绕着六种兴趣,根据相关集中的原则编制的课程为载体,连接了教育的方法和目的。

教育学知识源头的心理学维度的进化不仅意味着心理学对教育学知识缘起和发展的贡献,同时也意味着心理学的缘起和发展是伴随着教育的发展而发展的。从回答"人接受教育的可能性"到以原子主义方法论研究影响人接受教育的心理构成,如感觉、记忆、想象和思维等;从阐述"造成人与人之间差异的原因"到研究"人与人之间差异"的智力心理学;从"人什么时期

---

① 这四个阶段的论述在参阅了张法琨以下文章的基础上有所修改和补充:《赫尔巴特教育学中的几个问题》,见华东师范大学教育系外国教育史教研室编:《外国教育史教学参考资料》,华东师范大学出版社1985年版,第247—252页。

接受教育最重要和最有效"到研究"不同年龄阶段的人的发展特征",诞生"发展心理学",为教育方法、因材施教、学制设置、课程编制和教育测量提供理论依据。教育领域是心理学科发展的广阔领域,教育研究与心理研究相互证明和相互推动。随着教育科学化运动的开展,前提性问题域进化为心理学家们开展教育研究活动的实证资源。

历史等待了约1500年才迎接到了夸美纽斯,但是,从1632年到1807年只间隔了165年,再到杜威才不过百年的时间。教育学的发展速度和步伐日渐加快,因为教育学的学术生命得到了延续。

二、发展理论:心理学研究的实证资源和教育学的应用与突破

教育条件下的儿童发展过程是儿童受教育的学习过程,它以教学为手段,以课程为载体,以教师为指导,以儿童的自主发展为理想。儿童的发展机制最深入地影响了教育学,教育学者也在研究上取得了一些突破。

(一)发展观的前提性认识:教育学和心理学的分歧与共识

发展观从根本上受到了作为前提人性观的制约。中国台湾学者张春兴在他主编的《张氏心理学辞典》中对人性的解释比较符合心理学家对人性的理解,他指出:"人性狭义指人的本性,指人类与生俱来的一切性情;广义则指先天条件之外,包括后天习得的一切性情。"心理学不同流派有不同的人性观,例如,精神分析心理学从性恶论出发,认为人的一切行为受潜意识、本能冲动和欲望所驱使;早期的行为主义心理学持"白板"的人性观,认为人性无所谓善恶,人性的善恶由后天的环境和教育决定;罗杰斯(C. Rogers)认为人性本善,人基本上是朝着自我实现、成熟和社会化的方向前进。后现代主义心理学对以上人性观持批评态度,主张人性是社会的建构、关系的存在,是文化历史的产物,力图摆脱人性的被决定性和客观的

存在。① 其实，人性是一个系统综合体，它所规定的社会的、生物的、精神道德的、理性意识的等方面表现为一个不可分割的整体。② 只把人性的某一个侧面作为建构理论的前提或核心，虽然深刻和洞彻，但是可能难免失之偏颇，而将其理论作为资源的学科，更是需要对这种深刻然而可能偏颇的理论保持一种方法论的意识。

一般而言，心理学者认为，发展广义上指从出生到成熟直至衰老的生命全程中，个体生理与心理随年龄增加而变化的过程。这期间，个体的身心表现出量和质的变化，具有连续性、阶段性和顺序性。③ 不同流派的心理学对发展含义、机制、阶段等有不同的论述，稍后将简要地展开论述。

有教育学者对人性的分析突出了教育促进人发展的价值。"体现在个体身上的、区别于其他生物的类特征统称为人性。"在人性的构成上，"现实中的人性，说到底是自然性与社会性的'合金'"。但是"较倾向于强调社会性的一方……必须吸取强调自然性一方的合理因素，即应承认人的发展在可能性上确实会受到自然性的限制"。在人性的善恶上，"人性……本无所谓善恶"，"对人性善恶的评价可转化为对人需要的研究"，因此，"教育对于个体的意义，就是使个体具有正确合理选择自己发展方向的能力，提高个人满足自己合理需要的能力和向新的需要层次跃迁的意识和能力"④。这种人性观与心理学、生理学、哲学、社会学等的人性观卓然有别，体现了教育学者对人研究的特殊视角，即教育中的个体是复杂的整体，个体是在各种教育活动中获得发展的，个体的发展必须在教育与社会关系和教育与人的发展关系的微观层次上获得统一。这种卓然有别的人性观是教育学科自我意识发展的结果。

在这种人性观得到确立的过程中，发展的概念与心理学的发展概念亦有

---

① 况志华：《人性观的后现代转向对心理学研究范式的冲击》，载《南京理工大学学报》（社会科学版），2006年第8期。
② 王海明：《人性论科学体系的建构和研究者的使命》，载《江西社会科学》，2005年第4期。
③ 林崇德、杨治良、黄希庭：《心理学大辞典》，上海教育出版社2003年版，第280页。
④ 叶澜：《教育概论》，人民教育出版社2006年版，第176—184页。

不少异同。

个体发展是指人的身心诸方面及其整体性结构与特征随着年龄的推移而发生不断变化的过程。它贯穿于生命的全过程,从生命孕育的瞬间始至跨入死亡的门槛终。个体发展沿着一定的程序前进,表现出阶段性,阶段与阶段有量的变化,也有质的和结构性变化,变化既有连续性的一面,也有非连续性的一面。①

该概念的界定也与代表性教育学教材中的界定有所不同。试举两例加以说明。

其一,我们所理解的儿童的发展是指在他们的机体内、在他们的行为上、在他们对待世界和人们的态度上相继产生的一切生理上和心理上的变化而言的。②

其二,发展,是指一种连续不断的变化过程。这种变化,既有量的,又有质的。人的发展,包括身体和心理两个方面,这两个方面是密切相关的。由于心理是人脑的机能,因此,身体的发展特别是神经系统发展的情况制约着心理的活动及其发展。同样,身体的发展,也要受到认识、情感、意志和性格、态度等心理过程和特征的影响。③

从"行为""机体""机能""神经系统"等用词来看,以上两个概念明显受到了心理学发展概念的影响。教材的作者均认同发展是一种变化,但是相比于心理学的发展概念,并没有强调发展是随着"年龄增加"而发生的变化。其原因可能既是作者将发展时期无意识地界定在"儿童和青少年时期",也是他们认识到教育条件下的发展并非与"随着年龄增加"而带来的发展一致。他们都受到了苏联善治生理心理学的巴甫洛夫之学说的影响,"他证明可塑性乃是神经系统的一个最主要的特征。作为人发展之生理基础的高级神经活动类型,并不是一成不变的,在一定生活条件的影响下,在有计划的教

---

① 叶澜:《教育概论》,人民教育出版社2006年版,第191页。
② 南京师范学院教育系编:《教育学》,江苏人民出版社1959年版,第53页。
③ 南京师范学院教育系编:《教育学》,江苏人民出版社1984年版,第77页。

育的影响下，神经类型是可以改变的"①。相比较而言，《教育概论》更强调人发展的主动性、全程性、整体性和层次性。它以人性观和此发展概念为核心，对影响个体发展的因素、个体发展的阶段等展开了较为系统的论述。

（二）发展阶段的划分：心理学重认知的维度，教育学取生理和综合的视角

从大部分的教育学教材将个体发展阶段无意识地界定在"儿童和青少年时期"，到"把人生阶段的划分问题扩展到生命的全过程"，教育学教材中对个体发展阶段的划分有了大和高的视野。在具体的论述上，也逐渐地从演绎思维走向了对教育活动中的个体生理、心理和社会发展的整体性论述。此两点都与一些心理学发展理论有共通之处。

1. 心理学的发展阶段论

现代心理学者对人生阶段的研究结论呈现出缤纷多姿的局面，归纳起来可以分为三类。第一类是从整体上研究人生的阶段发展问题，如弗洛伊德（S. Freud）、艾里克森（E. Erikson）、奥尔波特（G. Allport）；第二类是对人的心理某一方面作出深入探讨，如皮亚杰、柯尔伯格（L. Kohlberg）和维果茨基等；第三类是通过心理实验、测量、统计等方法对人生发展不同阶段的各种心理能力、品质作出定性和定量研究。这些研究对从教育学角度研究人生阶段及教育问题富有启发性，如艾里克森建立了具有方法论意义的生理、心理和社会关系模式，维果茨基站在教育如何综合认识儿童的发展和如何促进儿童发展的立场上研究儿童发展问题。这些都给心理学和教育学研究带来了新的视角，具有方法论意义。但是由于本书聚焦于对教育学的发展产生重大影响的心理学理论，因此下面只对皮亚杰、布鲁纳和维果茨基的发展阶段论稍加论述。

当代心理学家们用实验法、对比法和观察法等对儿童心理发展阶段进行了研究，为"人什么时期接受教育最重要和最有效"提供了科学的答案。对此作出主要贡献的是皮亚杰、布鲁纳和维果茨基。

---

① 南京师范学院教育系编：《教育学》，江苏人民出版社1959年版，第57页。

皮亚杰将儿童思维发展水平分为感知运动阶段、前运算阶段、具体运算阶段和形式运演阶段，对每个发展阶段的特点作了具体的分析和详细的描述。① 他展示了一幅适应水平不断进展的图景，每一水平都由前者演变而来。他探讨发展，关心智力的各个过程，强调行动是思想的基础，加强了进步主义教育家们的活动学校传统。皮亚杰说："儿童的智慧和道德结构同我们成人不一样。因而新的教育方法应尽一切努力按照儿童的心理结构和他们不同的发展阶段，将要教的材料以适合不同年龄儿童的形式进行教学。"② 皮亚杰关于儿童认知发展阶段的理论现已成为他完整心理学体系的核心。③ 布鲁纳的发现法及其理论基础——结构主义理论在很大程度上是皮亚杰学说的某种逻辑延伸。在我国，虽然早在王策三的《教学论稿》之"关于教学过程的各种探索"中就提到了皮亚杰等人的学说④，而且也有学者把它作为一种教学模式进行了介绍。⑤ 但是皮亚杰理论对我国教学论的影响是随着新一轮基础教育改革的浪潮而来的，而且主要的影响不在于儿童的心理发展阶段理论，而在于其作为建构主义学习理论之基础之一的儿童图式建构论。他提出的儿童心理发展阶段，尤其是在美国，是心理学家们进行教学建议和编制适合学生思维发展教材的理论依据。

布鲁纳以儿童的表征系统为切入点，将儿童认识世界的过程分为动作表征、肖像表征和符号表征。儿童在发展的初期通过动作表征认识世界，主要的方式是用肌肉性动作操作周围环境，他们的注意是不稳定和单一的，很少有反省思维的参与，缺乏可逆性概念。例如，把一个黏土塑成的泥球形状改变一下，儿童就不能够在头脑中立刻恢复球的原状。在儿童发展早期，儿童显示出对构成环境的经验有内在表象的实际能力，处于肖像表征阶段，他们不用动作示意也能在头脑中进行想象，也就是对当前并非物理性存在物体的

---

① ［瑞士］皮亚杰：《发生认识论》，王宪钿译，商务印书馆1981年版，第21—57页。
② 施良方：《学习论——学习心理学的理论与原理》，人民教育出版社1992年版，第198页。
③ ［美］加德纳·墨菲、约瑟夫·柯瓦奇：《近代心理学历史导引》，林方、王景和译，商务印书馆1980年版，第566页。
④ 王策三：《教学论稿》，人民教育出版社1985年版，第110页。
⑤ 吴也显：《教学论新编》，教育科学出版社1991年版，第182页。

思维能力；在符号表征中，儿童用语言和数学符号等符号系统对知识进行表征，能够应付命题，能用概念组成层次结构，形成概念并具备用语言表达概念的能力。这些阶段不仅与成熟有关，而且在很大程度上是随着教育、环境条件不同而发展或者推迟的。教育工作者的任务是要按照表征系统发展的顺序，把知识转换成一种适应正在发展着的学生的形式，形成认知结构，使学生超越所给予的信息。

维果茨基并没有提出像皮亚杰和布鲁纳那么阶段明确的儿童心理发展阶段理论。但是基于他的教学促进发展的观点，他对教学与发展的关系进行了大致的说明。他认为三岁前的儿童按照自身的大纲学习属于自发型教学；学龄前期儿童属于自发反应型教学，教学对儿童来说开始变得可能，但是教学内容必须属于儿童自己的需要；学龄期的反应型教学，按照社会的要求进行教学，以向教师学习为主要形式。

儿童发展阶段的划分基于的是不同的世界观和哲学观，显示出了不同的取向，如生物学的、结构主义的、辩证唯物主义的。由此他们对个体发展方式的论述也各具特色。

2. 教育学的借鉴

心理学和生理学的知识无疑为教育学者的论述提供了理智的支撑。1984年版的《教育学》在第四章第三节的标题是"教育要适应青少年儿童身心发展的规律"，其子标题是"身心发展具有一定的顺序性和阶段性""发展速度的不均衡性""身心发展的稳定性和可变性""青少年儿童身心发展的个别差异性"。1980年版本分析了青少年儿童的生理和心理特点。再例如，人民教育出版社出版的，五省、市区师范大学或学院教育系（华中、河南、甘肃、湖南、武汉）1980年合编的《教育学》（以下简称五省、市区版）在第三章分析了"中小学学生的年龄特征与教育"，包括"儿童年龄特征的含义与年龄阶段的划分""小学生的年龄特征与教育""初中生的年龄特征与教育""高中生的年龄特征与教育"和"中小学学生身心发展的个别差异与教育"。这些表述方式明晰地表达了教育学以心理学知识为理论基础。《教育概论》把人生阶段延展到生命全程，而非限定在"儿童和青少年时期"。《教育概论》认为"无论是从当代有关人的发展观念变化的考虑，还是从心理学的研究成果、教育中终身教育理想的提出考虑"，人生阶段的划分不应该局限于从出生到青春期。它分析了婴儿期、幼儿期、童年期、少年期、成年期和老年期的不同年龄特征，从促进个体发展的角度研究了每一阶段教育所面临的任务。此论述与该书前提性人性观的认识及其发展概念是一致的，也与发展心理学对"发展阶段"的界定相一致。

教育学教材中的具体论述反映了教材更重视生理、情感和综合的视角。1980 版由于受苏联心理学反射论的影响，将更多具体而详细的笔墨给予了生理特点，但它根据不同年龄特点提出的教育主张是中肯的。诸如 58 页"身心的发展是在复杂的社会生活条件下实现的，是在教学和教育的影响下完善起来的"，以及 60 页的"教师必须根据教育任务积极培养每一年龄阶段中儿童的优良品质"等提法是极有见地的，虽然难免因时代所限对发展主体的主动性和整体性有所忽略。五省、市区版具有与 1980 版相同的特点。20 世纪 80 年代中国心理学开始跟着西方心理学跑，相应地 1984 版教材也与时俱进，并没有单列个体发展阶段的章节，删减了 1980 版中对此的大量分析，只是比较宏观地简述了"教育要适应青少年儿童身心发展的规律"，但是也并没有紧跟上述皮亚杰、布鲁纳的个体发展阶段的新论，当然也有继续保留相关论述的教材，如孙喜亭的《教育原理》（修订版）对乳儿期、婴儿期和幼儿期的分析。[①]

对身心发展的年龄特征与教育之关系的论述还反映了编者思维方式的不同。《教育概论》是一种具体综合的思维方式。它更倾向于立足教育活动，根据儿童身心发展的年龄特征，向教育者提出尊重受教育者的要求，将生理、心理和社会因素的作用进行了具体综合的考虑。例如，250—251 页的"学校、各种儿童组织在儿童生活中占有重要的地位，儿童的情感体验开始复杂化。……唯有在与成人交往中的逐渐形成的、对某一特定对象产生的或畏惧、或亲近、或崇拜的感情能保持相对稳定"。五省、市版可说是一种演绎的方式。它在相关的论述中，如 62 页写道："小学生的情感表现得比较明显，喜、怒、哀、乐很容易通过面部表情表现出来。……教育者的责任就

---

① 孙喜亭：《教育原理》（修订版），北京师范大学出版社 2003 年版，第 169—170 页。

是……有时也表现出某些消极的情感……教师要教育儿童……"显然,这更是一种布鲁纳所言的推演的思维,即"学习理论是描述性的,教学理论是规范性的"。

(三)影响发展的因素:心理学从单因素论到建构论,教育学从综合到方法论突破

自古希腊以降的心理发展的影响因素一直是心理学的一个重要理论问题。科学心理学成立后,围绕着先天与后天、遗传与环境和教育等问题,学者们除了思辨之外,更多地是用实证研究的方法,特别是用心理测量理论论证自己的理论和主张。总的说来,他们把主要因素分为两个大的方面:遗传和环境,有遗传决定论和环境决定论者,当然也有调和的折中派,还有罗杰斯提出的"自由选择论"。近年来随着脑科学研究的发展,遗传决定论似乎又重新兴起,而文化历史理论似乎又是对两者的融合和建构。在教育中,遗传决定论更多地是以"智力遗传决定论"出现的,因为认知被认为是影响个体学习的首要因素。① 对于脑科学的研究成果,相比于美国和日本,中国的教育学正在迎头赶上。

1. 智力遗传决定论及其发展

智力理论都是由于人们有兴趣设计种种方法来对心理活动的表现进行定量,把该表现表达成容易处理的函数关系而产生的。② 前提假设不同,对智力的认识就不同,所测量的结果也就不同,以至于智力与能力、情感、创造力、思维和人格的关系模糊不清。③ 正如斯腾伯格(R. J. Sternberg)所言,"智力被看作是一个约定性的概念,它之所以获得一定的含义是因为人为赋

---

① 正如布卢姆所说,"过去的四十年是知识迅速增长的年代,运用高级心智过程的能力业已证明是举足轻重的"。([美] L. W. 安德森、L. A. 索斯尼克主编:《布卢姆教育目标分类学40年的回顾》,谭晓玉、袁文辉等译,华东师范大学出版社1996年版,第2页。)
② [澳] W. F. 康内尔:《二十世纪世界教育史》,张法琨、方能达、李乐天等译,人民教育出版社1990年版,第224页。
③ 张积家:《评现代心理学智力概念和智力研究》,载《教育研究》,2001年第5期。

予其意义的结果"①。可以肯定的是，20世纪初教育心理学中的传统智力论认为儿童之区别主要在于智力上的差异，而这种差异在桑代克看来是遗传的。② 智力主要是关乎思维活动特征的，这就产生了对种种关于思维活动性质以及成长中的儿童兴趣发生变化等各个阶段特点的看法。这个看法至今大致未变，例如，杜威、皮亚杰和我国的林崇德就专长于此研究，只是心理学家们开始了对智力内涵的探讨，发生了从探讨结果到探讨过程，从单维度观到多维度观，从基于事实的研究到进行干涉和补救的措施等变化。他们都对教育学的发展产生了影响，教育中存在的问题也为他们的理论发展提供了空间。

（1）心理测验结果作为甄别、分班和分组的依据

前面提到，赫尔巴特之前的心理学还没有个体这个概念，个体差异表现为身份、生物自然和社会性的，而非个体心理特征。到了19世纪心理学独立之后才对个体差异有了系统的兴趣，在教育领域中找到了广阔的应用空间。

20世纪初，分化已经成为美国公立学校中不争的事实。进步主义者认为，只有学生及其家庭认为学习更有用处，而且因为学业更职业化才更有用处，学校的魅力或吸引力才会有增无减。这种观点的结果之一便是必须依据不同孩子的职业倾向及职业目标设计不同的课程。显然，这种区分是使教育适应不同孩子的需要和能力的一种方式，而他们的需要和能力可以通过心理测量和标准化测验来测定。1918年全国教育联合会中等教育重组委员会的《中等教育的基本原则》就是一个明显的进步主义文件。它建议一个学术性不强的核心课程，要求建立一个范围更广的分化的课程，增加学科的选择机会，采取多样的教学内容和方法，对学术要求进行灵活的调整和利用测试进行全面的指导和协调。

智力测验的尘嚣甚上在美国中小学教育中的具体表现有廖世承记录为

---

① ［美］R. J. 斯滕伯格：《超越IQ——人类智力的三元理论》，俞晓琳、吴国宏译，华东师范大学出版社2000年版，第43页。
② ［美］T. H. 黎黑：《心理学史——心理学思想的主要趋势》，刘恩久、宋月丽、骆大森等译，上海译文出版社1990年版，第337页。

证。他 1915 年留学美国，研究心理学和心理测验。他说各国用智力测量定愚智的不少，而采用最多的要算美国了。

甄别班次：美国利用智力测量去甄别班次的学校很多。我们不妨举一个例子以供读者参考。米西葛省（Michigan）之极克圣城（Jackson）大约有 7000 学生，该城之测验部（department for measurements）在 1921 年把全城的小学生测验了一下。组成以下特别的班次……

入学考试：哥伦比亚大学在 1919 年于入学实验时，正式采用智力测量以定学生的去留。统计前后试用测验的大学到今日共有 29 所之多。

在 1916—1917 年，辟劳德尔（proctor）用皮奈西蒙智力测量测验了 107 名中学生。两年半后，66 人仍在读书，20 人转学他校，21 人辍学改业了。辍学的平均智商是 94，继续读书的平均智商是 110。两年半后仍在校继续读书的人在智商的 110 以上的中间竟占百分之百，在智商 90 以下的中间只占百分之二十五。①

桑代克和他的同事在哥伦比亚大学教育学院设计测量数学、书法、拼写、图画、阅读和语言能力的各种分级表，作为分班、分组和分类的依据。1918 年，"全国教育研究协会"的年鉴《教育成绩测量》记录了一百多种测量初等和中等学校主课成绩的标准化测试。他说：

只要是存在都以一定的数量存在。完全的了解意味着了解其数量和质量。教育关注的是人的变化，而变化是两种条件作用下的差异，我们只有通过事情、言语、动作等所产生的最后产品才能了解这些条件。而要测量其中任何一种产品则意味着通过某一方式确定其数量，专业人士才能较为准确地判断其大小，其结果才能被记录和利用。这就是十几年来寻求扩展与改进教育产品测评人士所坚信的。

---

① 唐才伯主编：《廖世承教育论著选》，人民教育出版社 1992 年版，第 195—199 页。

廖世承回国后，开展实验，撰写文章，颇有用心理测量拯救教育的雄心和计划。① 首先，他力主通过智力测验、学历测验、学业成绩和教师评价等方式进行分班，以学科制为单位进行教学。他说："惟个人之差异，个人每不自知，故必考察真相，然后加以指导。或年岁已大或智能稍低，家况艰难者，在小学或初级中学时，即须施以纯粹之职业教育。所谓顾及儿童才力及智能，盖兼儿童身心发达之程序而言。增进教学法，似亦为新学制之特点。教学法增进后，学业成绩自可较前提高。"② 其次，他主张用测量来改进考试。他说："现时废止考试的论调时常在书报上看见，至于怎样改良考试，改进计分，讨论的人却比较地少些。我们觉得教育事业应该积极的研究；消极的非议，于学理上、事实上，贡献并不多。"③ 另外，他对道尔顿制坚持采取严格的教育实验方法——用智力测量测定差异进行分组，控制教学过程，学期末和控制组接受同样的考试进行比较，以评判其可行性。

以智力测验的结果主导教育活动也一度在前苏联流行。其代表人物布隆斯基等人深受桑代克的影响，通过"问卷""测验"等调查工作把儿童的大部分划归"智力落后的""有缺陷的""有神经病的""难以教育的"范畴中去，许多关键性的工作，如给学生编班、建立学校的生活制度、指导一切教学过程、规定毕业生的职业等都由儿童学决定。④

（2）智力不变之信仰在教育中的动摇

教育心理学中的智力理论为因材施教提供了科学的证据。美国的测验理论具有典型的美国气质，即强调差异能力。20世纪初的桑代克提出特殊因素理论，认为智力由许多特殊能力构成，特别是，他设想了智力由填句（C）、算术推理（A）、词（V）和领会指示（D）所组成。美国心理学家瑟斯顿

---

① 《应用科学原理改良入学考试的方法——一个入学标准》（《教育杂志》1923年第15卷第10号）；《经济的学习法》《个别差异的三大原因——环境，遗传，和训练》《中等学校的学籍编制》（《中等教育》1923年第2卷第3期），见唐才伯主编：《廖世承教育论著选》，人民教育出版社1992年版，第56、96—98、161—171页。

② 廖世承：《新学制与中等教育》，载《新教育》，1922年第4卷第2期。

③ 廖世承：《东大附中实施道尔顿制概况》，见唐才伯主编：《廖世承教育论著选》，人民教育出版社1992年版，第113页。

④ 吴杰主编：《外国现代主要教育流派》，吉林教育出版社1989年版，第28页。

(L. L. Thurstone)利用因素分析技术,第一次离析了智力的特殊因素,认为智力是由一个个特殊因素组成的,它导致美国的智力测量强调差异能力的测验。加德纳(H. Gardner)的多元智能理论也具有这个特点,力主不同的人具有不同的认知能力和认知方式。而英国的智力测验则强调一般能力的测试。例如,英国的斯皮尔曼(C. E. Spearman)强调,智力包含不同的心理活动,它们可以被抽取出来分别地加以测验,所得结果综合起来的评分就是人的一般能力,也就是智力。它们都为因材施教提供了科学的证据。

智力不变的信仰之动摇起于对上述"科学证据"的误识与误用。在美国流行的观点是将其作为甄别、分班和分组的依据,作为实施因材施教的不变的依据,而不是仅仅当作一种起点。美国史学家就评论道,当时"合理的科学基础的形成反而产生的一系列假设结果却常常引发美国学校中的分化和区别,导致教育的不平等"①。所谓"合理的科学基础"反映了对儿童发展的一种静止的观点,将"假设结果"作为一种定论,去顺应,而没有将其看作只是一种可能的、动态的和可修正的起始点。其结果是导致与事实的不相符合,一方面并没有在智商高的人身上产生"皮格马利翁效应",另一方面,教育的力量必然使所谓"智力落后"的人群在思维和行为上的优秀表现令人刮目相看。

教育实践和民主追求在20世纪20年代开始修正智力不变的信仰。人们普遍认为,能力和智力是在文化内起作用的,天性和教养的对立在教育理论和实践中难以建立起来,所测的就是学习的结果。随后心理测量转化为标准化测验。它的假设是,考生应考可以被看作是学校学习结果的表现。在美国,接近20世纪30年代末时,智力测量,作为成绩测定被用于学习困难的诊断,成为系统而精心的设计和采取补救措施的基础。1937年美国大学入学考试委员会首次采用学术能力倾向测验(SAT),美国大多数学院和大学把此测量结果和高中的学习成绩作为接受新生入学的依据。许多有色人种的子女通过标准化测验上了大学,获得了与白人儿童同等的发展机会,比之过去按

---

① [美]劳伦斯·A. 克雷明:《美国教育史——城市化时期的历程1876—1980》,朱训东等译,北京师范大学出版社2002年版,第270页。

血统和门第等因素进入上等社会是一个极大的进步。

（3）智力内涵变化之对时代的回应及其对教育的影响

智力是一种强假设理论。由于它的人为假设和约定性，它必然受到约定人或者人群所处的时代主题、文化背景和科技水平以及个人的知识背景和兴趣取向的影响。当今以及未来的知识经济时代，唯有创新方能取得竞争优势，同时由于传统智力测验主要指向人的认知能力，在学校教育中体现为学业成绩，它与学生步入社会之后获得成功所需要的创造能力、人际交往能力、成功和幸福相关度较低，导致人们对教育的许多诟病。智力概念的"与时俱进"突出表现在斯腾伯格的"三元智力"（成功智力）以及加德纳的"多元智能"理论。

斯腾伯格的"三元"是指"情境亚理论""经验亚理论"和"成分亚理论"。"情境亚理论"揭示了人与环境之间的相互作用，强调人的主体性和能动性；"经验亚理论"说明人的何种行为在何种具体的情境中的智慧；"成分亚理论"明确了构成智力行为的结构和机制。它强调了智力的实践性、多元性和生态性，强调人和环境之间的和谐，这种和谐在于主体的满意。十余年后，即1998年，斯腾伯格在"成功智力"中提出，主体的满意就在于个体在现实世界里与环境互动过程中取得的成功，即达成自己的目标。既然是否满意、是否成功完全在于自己的主观感受，那么人人都可以发展成功智力，人人都可以获得成功。显然，它关注具体的个人，具有人本主义的气息，克服了科学主义的"刚度"，充满着哲学和伦理关怀。

当代美国心理学家加德纳认为，"智力是一种或一组个人解决问题的能力，或制造出在一种或多种文化背景中被认为是有价值的产品的能力"。智力并非只是学校重视的语言和数理逻辑能力，而是每个人都不同程度地拥有的表现在生活中各个不同方面的能力，即存在着许多不同的、相互独立的认知能力，不同的人具有不同的认知能力和认知方式。他很明确地提出要从测试和测试的数据中彻底解放出来。[①] 出乎作为心理学家的加德纳的意料，教

---

① [美]霍华德·加德纳：《多元智能》（第二版），沈致隆译，新华出版社2004年版，第6页。

育家而不是心理学家从该理论中找到了最大的兴趣所在。① 在美国，加德纳创建了称为"学校'实用智力课程'的中学课程体系"，开发出一套课程与评估工具，用来记录三种艺术形式的学习。教师们对"多元智力"的热情甚至令加德纳本人吃惊。他说："我是一个茫然的研究者，我为如此多的人声称他们希望用多元智力的眼光来改革教育实践而惊愕。"② 美国多元智力学校达到100多所。③

当然，也有学者既不动摇传统智力内涵，而又发现了某种对认知结果起作用的非认知因素，用以弥补传统的智力测验在预测人际关系、事业成就和学业成绩上的不足。在我国，首先使用并非常重视"非智力因素"研究的是燕国才、吴福元、王极盛等教授。非智力因素是指除智力以外同智力活动的效益有关的一切心理因素，包括动机、兴趣、情感、意志和性格等，在其他条件相等的情况下，一个人的成功＝智力因素×非智力因素。虽然这个概念尚存在着争论，但是在我国广大的教育理论和实践工作者心中已经具有一定的影响力，并且经受了实践和实验的检验。④

智力作为一个心理学上的概念，如何把它具体到教育中，用以描述处于学校教育这个特殊环境中的儿童呢？林崇德做了一定的尝试。他根据多年的理论和实践研究结果，以系统论为方法论，提出了智力（思维）结构的构成。其中，他提出知识与智力的关系问题其实就是学科能力（此处的学科指学校课程的组成部分），它通常有三个含义：一是学生掌握某学科的特殊能力；二是学生学习某学科的智力活动及其有关的智力成分，这种智力活动以概括能力为基础，并和思维的智力品质发生交互作用；三是学生学习某学科

---

① Howard Gardner. Multiple Intelligences after Twenty Years, Invited Address, American Educational Research Association, April 21st, 2003. http：//www.PZ.harvard.edu/PIs/HG.htm.（访问时间：2006年11月19日）.
② Howard Gardner. Multiple Intelligences after Twenty Years, Invited Address, American Educational Research Association, April 21st, 2003. http：//www.PZ.harvard.edu/PIs/HG.htm.（访问时间：2006年11月19日）.
③ 裴新宁、张桂春：《"多元智力"：教育学的关注与理解——华东师范大学课程与教学研究所"多元智力"博士论坛综述》，载《全球教育展望》，2001年第11期。
④ 燕国才：《七谈非智力因素的几个问题》，载《上海师范大学学报》（社会科学版），1998年第12期。

的学习能力、学习策略与学习方法。他认为"发展学生的智力，其中突出的一点，就是培养学生的学科能力，所以学科能力是学科教育与学生智力发展的结晶"①。这种智力观力图统一形式和内容，连接了教育学和心理学。他在中小学开展假设和验证研究 30 年。②

当前，随着研究性学习和建构主义学习理论的兴起，"培养学生解决问题的能力""探究能力""发现的能力""成功智力""多元智能"等概念出现频率非常高。对这些能力的培养和练就被新一轮基础教育课程改革赋予了自主、合作和探究的教学或学习方式。但是许多老师在教学实践中对这些学习方式存在着这样那样的误解，诸如将自主学习等同自己学习，将发现学习等同提出问题，忽视合作学习中的个性差异等。是教育学者所借鉴的心理学家的理论尚且是一种可错的和有待检验的假设，还是教师拘泥于"重知识、轻能力"的泥潭中而不能自拔？这种提问方式本身就说明了两者共存的现实，需要秉持教育研究理论和实践双向互动观彼此修正和完善。

能力作为一种内隐的心理结构，看不见，摸不着，它需要通过外显的行为测量。对于教育情境中的学习而言，这种外显的行为是依据教育目标的，被转化为教师的提问与学生的应答，被转化为一道道练习题、测验、标准化考试，是在主客体之间不断变换着的具体而丰富的思维内容。无怪乎人们感叹，教育学是内容之学。这在心理学上的假设是"通过测量一个人做某一类事即测定要求他做事情的能力就可推断他从事其他颇不相同事情的能力"③。社会根据其测量结果进行社会分层。对于普通中学的学生来说，无论是如何标榜"考查学生能力"的测试，其能力高低的最终分晓都是通过知识，通过被转化为解题的必备工具和思维载体的知识而显现的，知识教学在教师眼中无疑就具有绝对性的重要地位了。

对于心理学家来说，学习中的智能发展是自治的和持续性的，是价值中

---

① 林崇德：《智力结构与多重智力》，载《北京师范大学学报》（人文社会科学版），2002 年第 1 期。
② 林崇德：《基础教育改革心理学研究 30 年》，载《教育研究》，2009 年第 4 期。
③ ［澳］W. F. 康内尔：《21 世纪世界教育史》，张法琨、方能达、李乐天等译，人民教育出版社 1990 年版，第 227 页。

立的；对于学校来说，教育不仅仅是心理学家们关心的发展学生能力的问题，它还具有一系列的其他作用和功效，如社会分层和政治服务、文化传承和创新、情感的培养和态度的养成等。学习更是一个义务、责任和负载着多元价值的问题。这些作用、功效的实现，义务、责任和价值的承载以课程为媒介。在教育崇善，教学总是具有教育性这一不言自明的假设下，学生在对蕴含着人类发展普遍成果的课程个性化之解读和接受中，快速地缩短了个体与人类普遍发展水平之间的距离，智能获得了发展。也就是说，能力或智能总是在知识的学习中提升的。当我们在理论上论述"重知识传授、轻能力培养"的时候，我们首先假设了知识和能力是分离的了。我们很难想象，在教育活动中，某一项活动只是传授知识，而对学生的能力发展毫无作用。能力，其实质是建基于内容之上，而对形式的追求往往最终又必然抽象和超脱于其内容。追求形式，这是心理学研究传统的使然，但是教育学如若忘记其内容之学的特征，则无异于拓宽了理论和实践之间的沟壑。

（4）认知神经科学之提供关注智力过程和干预——以 PASS[①] 为例

认知—发展心理学和信息加工的观点改变了基于传统的计量心理学发展起来的智力理论。后者强调的是心理活动的结果，而前者强调的是导致这种结果的心理过程。认知神经科学的研究为这种心理过程找到了大脑的工作区域。

PASS 即计划（plan）、注意（attention）、同时性加工（simultaneous process）和继时性加工（successive process）的英文第一个字母的组合。计划位于额叶，推理被认为与背外侧前额叶皮层有关，而与社会性有关的决策则可能与额眶皮层的功能有关；注意—唤起部分被认为与脑干的唤起和丘脑的意志活动有关；同时性和继时性加工位于皮层后部。所有四个过程均在个体的知识基础背景中起作用。PASS 好像浮游于知识海洋，"水"即"知识基

---

① 由加拿大 Albert 大学发展障碍研究中心教授 J. P. 戴斯提出。本段内容以他于 2007 年 3 月 29 日下午在上海华东师范大学逸夫楼所做的报告《如何更好地看待智力》为蓝本整理而成。（也可参见：[加] J. P. 戴斯、J. A. 纳格利尔里、J. R. 柯尔比：《认知过程的评估——智力的 PASS 理论》，杨艳云、谭和平译，华东师范大学出版社 1999 年版，第 12—115 页。）

础"，是 PASS 系统运作的引擎。

PASS 对于研究者和临床医生发现学习困难、注意障碍或智力迟钝等特殊人群的各种认知功能变化极有帮助，因为单纯的 IQ 分数无以解释阅读有障碍但却智商分数并不低的情况，也就无以提供教学的建议。基于 PASS 理论，戴斯教授发展了认知评估系统，并用于诊断学习的优势和劣势、学习困难、注意缺陷、智力迟滞。他还发展了阅读促进方案用于补救阅读困难者。他不仅研究了智力是什么的问题，还提出了怎么办的问题，并着力解决。

确实，该模式可以更具有针对性地为教育教学提出建议。有研究者认为，"传统智力测验在诊断、预测和干预等方面还存在不足。因此，未来的智力测验应当对被试作出更为具体、准确以及有针对性的评价，并为有效的干预措施提供必要的信息"①。但是在更具体的水平上，它能否阐明单词阅读速度慢的阅读困难与语音出错率高为特征的阅读困难之间的差异？这分明是一个需要教育学配合才能解释的差异。

2. 环境决定论

环境决定论的代表人物是华生。1913 年，华生正式宣布行为主义成立。他提出，心理学的中心问题是学习，是要研究有机体如何适应环境。他相信"所有哺乳动物的行为都按同样的基本规律操作"，行为主义的目标是预测和控制行为。他是一个极端的环境决定论和教育万能论者，他呼吁世人要根据科学来形成和控制行为，摆脱虚构的神话、习惯和风俗。他的理论给予人以巨大的希望，尤其是在教育中。正如美国公立学校之父霍瑞思·曼（Horace Mann）所言，教育是推动社会进步的滑轮，如果接受了华生的"一打健康没有缺陷的婴儿可以训练成为任意目标婴儿"的理论，那么不就会有更好的生活方式和思维方式的子女，他们又转过来用更科学的方法去教育他们的子女，直到世界成为适合人类居住的世界吗？这种见解是从当时人们的热情和

---

① 陈英和、赵笑梅：《智力测验的演变和展望》，载《北京师范大学学报》（社会科学版），2007 年第 3 期。

信仰方面来看的,它具有宗教的许多特点。①

新行为主义心理学家斯金纳继承了华生的环境决定论观点,认为人的任何行为都可以通过外在的强化或惩罚手段来加以塑造、改变、控制或矫正。它的逻辑延伸就是要形成塑造或校正行为的方法,教师的职责就是要创设一种环境,尽可能在最大的程度上强化学生的合适行为。通过各种强化安排来塑造行为,就像雕塑家可以用泥巴塑造任何东西一样。他的行为矫正理论用于在诸如对残疾儿童的教育、对住院治疗的成年患者精神诊断的分析和治疗中,对我国教育学产生较大影响的是他的程序教学理论。这将在稍后论述。

环境决定论表明了追求个人的努力,通过自由和奋斗来改变命运的精神,但是其根本错误在于否认心理反应的主观能动性,否认心理发展的内因作用,片面强调和夸大环境和教育在儿童心理发展中的作用,是一种机械主义的发展观。

3. 天赋论在脑科学研究背景下的当代复兴

天赋论(nativism)在脑科学研究背景下的当代复兴与"智力是天赋的,因而也是不可改变的"传统天赋论不同,他们试图寻找到人类认知心理特质上的"人性的普遍性"。

20多年的发展心理学理论进入了"后皮亚杰时代"。随着生理和心理等实验技术的变革,神经科学、认知神经科学、发展的认知神经科学、婴儿实时脑激活研究、神经语言学等脑科学研究获得了突飞猛进的发展,皮亚杰的建构论受到近期婴儿实验新技术的严重挑战,使得人类对自身的"天赋"问题有了新的认识,并导致古老的"天赋论"在当代新实验背景下再次复兴。最典型的形态是心理模块论,主要代表人物是哲学家福多(J. Fodor)、语言学家乔姆斯基(Chomsky)、"进化心理学家"科斯米德斯(Cosmedies)和托比(Tooby)等人。

一般认为,心理模块论的前身是"官能心理学",可追溯到高尔(F. J. Gall)和康德的"官能"(faculty)理论。它假设人的心理(或认知)实质上

---

① [美]杜·舒尔茨:《现代心理学史》,杨立能、陈大柔等译,人民教育出版社1981年版,第233页。

是许多功能上独立的单元（即模块）相互作用的产物。一个模块就是一种心理的机制，而构成心理的各个不同系统都是非常自主的机制，它们自上而下，或者自下而上地协同运作就构成了心理现象。它的目标是要探究全人类所共有的心理机制，或者说要寻找"人性的普遍性"，即人类所有种族都具有的共同心理特质。

根据福多的观点，模块可比作身体的器官，是受遗传控制的，并不遍布整个大脑，只在某个特定的神经结构或大脑皮质中存在。模块性显然意味着"天赋性"，所专有的信息和操作都是"在遗传上预先编程的"，是"硬件化"固定的神经结构，具有"封闭性""不可通达性""领域特殊性"和"天赋性"这四个特性。

神经科学、认知神经科学（脑功能成像）、认知神经心理学（脑损伤患者的认知模式）的发展现已确认脑功能状态与心理状态具有内在的相互作用，不存在与脑功能状态无关的"纯粹的心理状态"。脑科学研究提供的这些事实证明了乔姆斯基对"语言能力"研究方法的合理性。乔姆斯基认为，作为心理研究的出发点，心理的研究可以用"与人体的物质结构研究相似的方式"来进行。心理能力的研究实际上是在某一种抽象的层次上进行的身体研究——特别是大脑的研究。按照乔姆斯基的论证思路，人是以某种生物禀赋为特征的，生物属性对人的约束性是决定性的。像身体的物质结构一样，人的心理结构或认知结构也是在环境触发作用和形成作用之下按照一种生物禀赋决定或引导的过程生长着的。语言模块决定了在全世界的语言下面都有一个共同的心理机制，即大脑设定的语言蓝图或"普遍语法"。正是它使得表面上的文化差异下面存在着普遍性，或"人性普遍性"（Human Universals）。现已证明一个学前儿童内隐的语法知识比目前最好的计算机语言系统的水准还要高。

进化心理学家科斯米德斯和托比等提出了"达尔文模块"的概念。这种模块是"天赋的"认知结构——其独特特性主要或完全由遗传因素所决定。它们是在物种进化史期间由自然选择所促生的类型，以便在该物种的自然环境中产生适应目的。进化心理学家本身偏爱模块是天赋的这一观点，而且也偏爱模块是经由自然选择而成为天赋的。①

模块论者认为，基本模块有"语言模块""生物模块""心理理解模块""物理模块""数字模块""知觉模块""动作模块""自我模块""记忆模块""实用推理模块"等，它们都是全人类共有的内在表征系统。这与当今流行的"文化心理观""文化心理学"或者"本土心理学"所表达的心理观念——人的心理本质上是社会文化塑造的产物——不一致。如果说用"简单的""文化心理观"不能把这些内在表征系统解释清楚的话②，那么用"标志着人性的普遍性的模块"也解释不清楚。

如果没有普遍性的模块，为什么夸美纽斯三个多世纪前基于他在西方的教学实践、自然哲学和心理学基础上阐释的"直观性教学原则"至今还是全世界的一条通用教学原则？如果有普遍性的模块，那么为什么强调个性和创造力培养以及自主探究的建构主义学习理论③在日本、中国台湾以及大陆的课程改革中引发了教育观念的震荡和基于文化以及教育传统的可行性和调适性的广泛讨论呢？以下的天赋和后成相互建构论可能会给我们答案。

4. 基于脑科学研究的天赋与后成相互建构论及其对美、日教育的些许影响

当今，文化心理学的观念深入人心，天赋与后天之争在心理学理论上表现为模块心理学与文化心理学④之争。"社会文化决定论"强调文化或社会的制度、规范、规则、习俗和信仰等支配着人的心理与行为。这就意味着，

---

① 本部分以上内容综述了以下文章：熊哲宏、李其维：《模拟论、模块论与理论论：儿童"心理理论"发展的三大解释理论》，载《华东师范大学学报》（教育科学版），2001年第2期；熊哲宏、匡春英：《论当代"天赋论"对儿童研究方法学的挑战》，载《齐齐哈尔大学学报》（哲学社会科学版），2002年第5期；熊哲宏：《模块心理学的理论建构论纲》，载《心理科学》，2005年第28卷第3期。
② 熊哲宏：《"模块心理学"的挑战：反"文化心理观"》，载《华中师范大学学报》（人文社会科学版），2005年第7期。
③ 有学者分析了建构主义的脑神经生理学基础和认知生物学基础。（张桂春：《激进建构主义教学思想研究》，华东师范大学博士论文，2002年。）
④ 这里对"文化心理学"之"文化"的界定来自叶浩生的观点，即文化是价值观和意义系统。（叶浩生：《试析现代西方心理学的文化转向》，载《心理学报》，2001年第3期。）

只要人是被"文化"决定了的,那么就不可能存在着人类所共有的心理特质。① 但是如果我们追问一句,文化或社会的制度、规范等支配人的什么心理与行为的话,那么,就可能发现模块心理学和文化心理学之争根本就是两种不同层次的争论。前者是功能性的心理机制,后者涉及的是形而上的信念和价值取向。

模块心理学的主张者对模块进行了分类。② 从"共时—历时"的角度来划分,有"共时性模块"(synchronic module)和"历时性模块"(diachronic module):共时的模块性概念涉及的是在既定时刻主体的能力,如正常人能看、能使用语言等;而历时的模块性概念则关系到人从出生(或出生前)直到模块化的能力之发展过程。从解释层次的角度来看,可划分为"意向模块""计算模块"和"神经模块":"意向模块"(intentional module)是通过假定构成能力之基础的特定"心理状态"来解释一种能力;"计算模块"(computational module)是一种计算装置或计算单元;"神经模块"(neural module)是人脑的一种功能性组成部分,对主体实际采用的表征和算法进行约束。这些模块涉及人类所共同的心理特质,诸如知觉、言语、能力、逻辑、数量等一些用于适应外在环境的功能性心理机制,外在的经验输入也许可以加速它们发展的速度,丰富它们的内容,但是难以改变其初始的条件、起作用的方式和发展的阶段性与连续性。

文化心理学恰恰是以价值观和意义系统关注上述功能性心理机制在生物性上的展开过程并与之发生互动。苛氏玛(Kashima)在《文化与人的概念》一文中指出:"文化提供了物质与符号工具,人类正是通过文化去适应他们所处的生态环境与社会环境并建构关于世界与自我的观念。也就是说,遗传信息与文化信息交织在一起共同形成人的心理发展过程。"③ "文化作为选择

---

① 熊哲宏:《"模块心理学"的挑战:反"文化心理观"》,载《华中师范大学学报》(人文社会科学版),2005 年第 7 期。
② 熊哲宏:《"模块心理学"的挑战:反"文化心理观"》,载《华中师范大学学报》(人文社会科学版),2005 年第 7 期。
③ Kashima, Y., "Culture as meaning system versus culture as signification process", *Journal of Cross-Cultural Psychology*, Vol. 31, No. 1, 2000.

力量对人性的生物学基础有着影响，也就是意味着文化对生物基础的诱导，使生物基础进化的方向与文化发展的方向一致。"① 那么，也可以说，人的生物本性本身就蕴涵着社会性，人性的生物学基础不再是纯自然的东西，而是以自然的物化状态存在的社会性的东西。心理学作为一门以实证科学为发展目标的学科，一直希望其理论得到经验的证实和检验，更多的心理学家，如皮亚杰等人，已经就更为复杂的人类社会行为寻找其生物遗传上的实质，脑科学的研究成果无疑为其提供了新的实证资源。

神经科学家高德伯（Elkhonon Goldberg）基于临床实证资源指出，模组②最适用于在演化上的古老结构。从演化来看，哺乳动物的大脑需要弹性，综合各种不同的信息，需要各种不同层次、不同强度的特定的连接，才能成功地进行转换和适应，而不同模组虽然可以互送信息、相互输入和输出，但是"对彼此内部的工作并没有干涉权"，因为模组原则只可以"处理某一程度的复杂，再往上去就无能为力"。大脑的交互作用需要新的皮质，"交互作用原则最适合用在演化上的新结构，也就是'新皮质'，而此组织的交互作用原则特别是用新皮质中最新演化出来的部分，即所谓的'联结皮质'，这是处理高层次心智运作历程的地方"③。由此，高德伯提出了不同于模组论的新的假设，即递变理论——"相邻区域的新皮质是负责相同的认知功能，而且是慢慢地过渡到另一个功能。认知功能在大脑上的分布是连续、递变的，不是像胶囊似的包封起来的模组，我将这种组织形态称为'递变'"④。其生理上的对应部位是额叶，它是大脑的总指挥，是大脑中最人性化的地方，是意志、判断力、想象力、同理心、灵魂的所在地。人类是有意识的主体，"人类，具有意识、语言和文化，……是运算/认识的个

---

① 江光荣：《对人性生物学基础的思考》，载《教育研究》，1993年第6期。
② 模组即模块，名词翻译上的不同。——作者注
③ ［美］高德伯：《大脑总指挥——一位神经科学家的大脑之旅》，洪兰译，远流出版事业股份有限公司2004年版，第293页。
④ ［美］高德伯：《大脑总指挥——一位神经科学家的大脑之旅》，洪兰译，远流出版事业股份有限公司2004年版，第98页。

体——主体，能够做出决定、进行选择、制定策略、享有自由、进行发明创造"①。这样的大脑功能岂是彼此之间处于"强分离"状态的"模组"所能承担得起的？但是"模组论并非完全不对，它可能正确地抓住了古老神经组织原则，只是在演化后期被递变理论取代了。……脑的演化与我们对脑理论的演化都有共同的性质，都是从模组到互动的典范移转"②。这是范式转换中的"超越与包容"，而不是非此即彼的替代。

模块论者的研究路径一般是先证明先天模块的存在，然后再试图研究它在人类社会和文化背景下的发展。英国著名认知神经科学家巴特沃斯（B. Butterworth）基于认知神经科学的证据并从模块理论的假设出发，提出了人类大脑中存在普遍的"数字模块"。他采用跨文化的研究方法证明该模块功能的拓展在于后天概念工具的利用，无论是具体符号还是计算工具。此外，他在进行各国儿童学习数学的差异比较时，也力图从跨文化的视角揭示出文化背景对于儿童数字能力的影响。③ 本克（S. Pinker）主张语言是一个进化而来的天赋模块。他采用语言的生物学研究方法，通过对语言的宏观研究和微观剖析，对正常儿童和特殊儿童语言习得的考察，对语言异常现象的神经生理学研究，证实了语言在各个层面上的普遍性及共同的进化根源，从而论证了语言是人类的一种本能。④

天赋假设的一种优势是能阐明外界的"信息"是如何变成人类头脑中的"知识"的，它使我们有可能重新探讨人类心智是如何在内部组织建构起来的。脑科学家认为，神经细胞是人类大脑的基础，这些细胞通过突触与其他细胞连接，在这种连接中，神经冲动从一个细胞传递到另一个细胞，以促进技能的发展，提高学习能力，发展智力。如果在"大脑突触的数量和脑力（brain-power）

---

① ［法］埃德加·莫兰：《复杂思想：自觉的科学》，陈一状译，北京大学出版社2001年版，第263页。
② ［美］高德伯：《大脑总指挥——一位神经科学家的大脑之旅》，洪兰译，远流出版事业股份有限公司2004年版，第102页。
③ 晏倩、熊哲宏：《先天模块与后天文化资源的相互作用论——B. Butterworth 的"数字模块"理论述评》，载《心理科学》，2006年第5期。
④ 罗贤、熊哲宏：《语言的天赋性与模块性——S. Pinker 的"语言本能"理论述评》，载《襄樊学院学报》，2006年第1期。

或智力之间存在着一种线性的关系"①，也就是说大脑是可塑的，那么提供什么样丰富而复杂的助其发展的环境则就是由文化所蕴含着的价值观和意义系统所决定的了。在这个意义上，正如皮亚杰所言，后天获得的认识累积的结果是大脑皮层有了一种有效的生长，这种生物上的生长结果是内化的条件，又是进一步外化的基础，天赋和后成是相互建构的。这在同时也应验了行为主义者的基本观点，即如果一个儿童在有许多刺激物的环境中成长，而这些刺激物能够发展其做出适当反应的能力，那么这个儿童将会有更高的智力发展。

基于"教育实际上就是培养脑"的教育本质观，日本在2003年开始的"脑科学与教育"项目对教育改革产生了重要的影响。主要表现在从2005年4月开始，将日本中小学2001年刚开始使用的新教材统一更换，使用修改后的新教材。其原因要追溯到日本1998年开始的新一轮课程改革所提出的新教育目标和措施。日本新一轮课程改革按照西方建构主义教育理论和成功智力理论等，在强调个性和创造力培养的同时，设置了综合学习时间，减少了学科课程教学时间，并较大幅度地降低了教材难度，削减了教学内容。这引起了教育界以及社会各界的普遍关注和担忧，很多强调基础学力的学者和家长对此表示反对，但是他们又苦于缺乏有效的论证。这时候川岛隆太在"读、写、算与儿童大脑发育和脑功能发展"研究中的发现提供了实证的资源。他发现，读、写、算这些基础学力的培养和提高过程，本身就是对作为人脑司令部的以前额叶为主的脑功能的提高和开发过程，对思考力、交流能力和创造力等都有很大的促进作用。由于人脑前额叶要到20多岁才能成熟，因此至少在基础教育阶段是不能削弱基础学力的，否则将导致孩子的脑发展得很慢，这样的教育使人得不到正常的发展。②

美国自1990年开始的"脑十年的研究"诞生了一种新的交叉专业。"一种新的专业，教育神经科学（educational neuroscience）或者教育神经心理学

---

① Bruer, J., *The Myth of the First Three Years: A New Understanding of Early Brain Development and Lifelong Learning*, New York, NY The Free Press, 1999, p. 84.
② 该段综述了蒋志峰:《日本21世纪教育战略：直面脑科学的挑战》，载《中国教育报》，2004年9月17日第6版。

(educational neuropsychology)将两个专业领域综合起来。"① 学校体系中的每一个有特殊需要的孩子都可以得到这一新型专家的指导与帮助。教育神经学专家或者教育神经心理学专家将运用脑功能成像等技术来确定大脑的活动以及相关的心理、生理能力,运用电位记录器(electrographic)或者感觉测验记录信息加工的相对成熟性和有效性的数据,并进行分析。教育神经科学家运用电脑对这些用各种不同的技术获得的数据进行分析处理,精确地评估学生的发展阶段、他的特长与弱点、他擅长学习的教学内容、他的教育生涯中有可能出现的问题,将这些信息提供给孩子的教师,并及时进行更新。这一专业不仅能够早期鉴别、预测和矫正教育中所遇到的困难,尤为重要的是,它有助于根据每一个孩子成长与成熟的状况、根据每一个孩子的能力与弱点设计教育计划,而不是根据普遍适用的、针对性不强的、平均的、标准化的价值观来教育学生。②

如果说先天的模块提供了发展的生物性结构的话,那么这些模块后天的发展以及心理功能如何从简单的、具体的、内隐的外部感知动作过渡到复杂的、抽象的和外显的内部表征过程则是一个与后天的社会和文化相互建构的过程,由此,天赋论和环境论得到了统一。学校教育是传承与创新文化,引导儿童逐步社会化的场所。那么,如何在学校的教育和教学实践活动中研究儿童的生理、心理和社会化的发展就举足轻重了。

5. 教育学的综合和方法论的突破

当代少有教育学者持单因素决定论的。受生物学和生理学研究的影响,教育学者基本上认为,遗传、环境和教育等是影响发展的因素。但是在具体的表述上,他们由于立场的不同而卓然有别。

---

① Chall, J. & Mirsky, A., *Education and the Brain*, Chicago, Illinois: The University of Chicago. 1978, p. 377.
② 该段资料来自对周加仙博士论文中相关内容的综述。(周加仙:《基于脑的教育研究:反思与对策》,华东师范大学博士论文,2004年。)

(1) 多因素论①

对于影响儿童发展的因素，本书在导论中选取了具有代表性的南京师范大学主编的两个版本的教育学教材进行了分析。这里只是作个概述。

三因素论可以说是对新中国成立后中国教育学理论有深刻影响的一个基本观点。其主要论点是：个体发展受到来自遗传、环境与教育三方面的影响。……遗传是个体发展的基础，它为个体发展提供了可能，但是遗传对个体发展不具决定性意义……使人发展成为人的决定性因素是环境。其中作为特殊环境的学校教育，对人的发展具有主导作用。苏联提出的三因素论是对布隆斯基等人的儿童学的纠偏，后者认为儿童的发展决定于先天的生物遗传。

华中师范大学新版本一改1980年版本的三因素论，提出了四因素论，即遗传、环境、教育和个体的主观能动性。在论述环境和教育对人的作用中，作者一再强调"学校教育主导作用的实现必须通过学生自身的积极活动"。作者从马克思主义的需求论和矛盾论出发论述了"这种内部矛盾的运动，就是推动人们心理向前发展的内因或动力"。提出"应以系统论的观点，从动态上来研究和把握各因素与人的发展的关系"。这是教育学者逐渐意识到了教育活动的特殊性，善于吸收多学科的新理论提高理论说服力的表现。

后有两位学者提出了五因素论。一个在四因素的基础上加上了"反馈调节"因素，这可能受到了皮亚杰思想的启发；一个提出了生理因素、心理因素、自然因素、社会因素和实践活动论。② 综合因素论则认为影响人发展的因素是多系统、多层次的，它们密切相互作用，因此，很难对因素进行分类和描述，关键是应该研究因素的综合作用。③ 这反映了人们开始更加注意受教育者对自身发展的影响，而不是完全地把心理学和生理学的结论代替教育

---

① 本书把影响儿童发展的三因素论、二因素论、多因素论、综合因素论统称为多因素论。导论中进行了分析的南京师范大学主编的《教育学》中提出的是二因素论：生物因素和社会因素。这里就不再进行分析了。
② 全德：《影响人身心发展的一些因素》，载《教育理论与实践》，1986年第1期。
③ 汪幼芳、朱本：《关于儿童身心发展因素问题的探讨》，载《教育研究》，1983年第7期。

学对人的发展研究。然而这些因素还只是列举性的，作者尚未"进入"到特殊的教育研究活动中，把生理学上、心理学上和社会学上的普遍的人转化为教育活动中的可待发展的具体个人。

（2）二层次三因素论

二层次三因素论①提出于1986年。它"突破了静态的、形而上学的思维模式，抓住人的发展的特殊性，用动态的、系统的、辩证的思维方式重新认识因素的结构及其在人发展的全过程中的变化模式"②。

二层次是指"可能性"和"现实性"层次，前者是对个体发展的潜在可能产生影响的因素，后者是对个体发展从潜在可能转化为现实产生影响的因素。在可能性层次中，它包括个体自身条件与环境条件。个体自身条件又包括先天和后天，后天指每一阶段发展主体已达到的身心发展水平。现实性因素是指发展主体所进行的各种类型的实践活动，它指的是个体不同性质、不同水平的生命实践意义上的活动。这是个体发展从潜在的多种可能状态向现实发展的转化中介，个体与环境的互动、个体对外界物质和精神性存在的吸纳的中介。

显然这摆脱了多因素论中按照因素本身的性质划分因素的传统，而以对人的发展产生影响的性质为依据。这是方法论上的第一个突破。因为分类的框架不再是来自其他学科话语的各种因素，而是对教育活动中的儿童发展产生特殊影响的因素。这是一种教育内立场。它站在教育内部，基于教育研究对象的特殊性寻找解决问题的外在资源。每当我们求助于其他学科的资源解释教育问题的时候，这种内立场提醒我们自问"该理论的合理性和必要性何在"。

方法论上的第二个突破在于提出发展的现实性因素，即生命实践活动，它昭示着教育学学科发展的事理性特点。因为个体生命实践活动对人发展的决定性影响以及高度综合性，使我们有必要深入研究怎样组织这些活动才能有效地促进个体的发展。促进个体的发展需要教育学思考的问题不仅仅是教

---

① 叶澜：《论影响人身心发展的诸因素及其与发展主体的动态关系》，载《中国社会科学》，1986年第3期。

② 叶澜：《教育概论》，人民教育出版社2006年版，第196页。

育是什么,为什么要教育,还有如何教育的问题。当我们把最后一个问题转向课堂中的具体个人时,高效地促进个体的发展必定面对着心理学中的"最近发展区"问题,将其转换到教学中,问题就变成了"教学多少"。由谁来判断"已经达到的水平"和"可能完成的水平"?由谁来判断"教学多少"?当前西方心理学界基于"最近发展区"思想产生了两种不同的动态评估观,把"最近发展区"作为一种个体特质进行测量。[①] 即使当心理学将知识纳入研究领域中的时候,这个知识也是形式上的和逻辑上的知识,而非教师所面对的具体群类和个体所具有的具体内容的知识。它们等待着在具体的情境中被解释和转换。

马克思说:"哲学家们只是用不同方式解释世界,问题在于改变世界。"对于教育家和教育学家来说,他们不仅要解释世界,还要改变世界。教育学是实践之学,是把"具体内容"做出来的实践之学,心理学的形式只是为其提供了一种可能性,这种可能性需要到丰富的教育教学现实中具体化为现实性。

(四)发展机制:心理学的经典研究及其在教育领域中的应用

教育学者和心理学者从不同的角度研究个体发展机制,其研究结论有趋同之处。心理学者将发展机制作为研究的事实进行具体的分析和解剖,回答儿童的认知在不同年龄阶段是怎样发展的,其结论为课程编制、教学方法的选择提供理论依据,为教育改革与发展提供理论基础。教育学者往往从教育哲学的角度,综合哲学、心理学和教育实践等的研究成果推衍出来较为宏观的结论。唯其宏观,所以心理学对发展机制的具体研究总是能引发课程与教学的理论创新和实践变革。

1. 皮亚杰生物主义取向的认知建构论

皮亚杰是心理学构造主义的领袖,是建构主义的结构主义者。他的兴趣在于从生物学的角度探讨人类知识的普遍起源,把智力的不同种类或理解世界的方式追溯到儿童心理逻辑结构的变化方面。"发生认识论是一门跨学科

---

① 麻彦坤:《维果茨基对现代西方心理学的影响》,南京师范大学博士论文,2005年。

的科学,它研究认识(知识)——包括动物的和人类(从新生儿到科学家)的知识——成为可能的必要的和充分的条件,以及知识从较少的确定性向较高确定性的历史发展。"① 他说,儿童对自己观念是发明而不是发现,观念不是预存于内部而是逐步显现的,也不是预存于外界,等待儿童去发现的,儿童必须自己去发明它,这就是"儿童对现实的建构"。儿童心理学是联结生物学和发生认识论的桥梁,它在教育中的应用是水到渠成之事,它不能完全解释学校中的儿童发展也是很自然之事。

(1)理性主义、经验主义和生物主义的研究取向

皮亚杰继承了柏拉图—笛卡尔式的理性主义和经验主义。对皮亚杰理论产生影响的是康德、杜威和生物学中沃丁顿(Woddington)的渐成进化论。皮亚杰说:"我把康德范畴的全部问题加以重新审查,从而形成了一门新学科,就是发生认识论。"② 康德提出先验范畴论,强调认识形成中人的主动性,但是并没有以一种发展的、渐成的眼光看待范畴。皮亚杰的图式概念来自康德的"先验图式",但是他认为发生认识论强调主客体之间的相互作用,强调认识的不断"发生发展"。他通过临床观察儿童的活动,从儿童的活动中追溯认识的起源,又具有经验主义的特性。

皮亚杰发生认识论的整个理论建立在生物学的基础之上。英海尔德(Inhelder)曾说:"皮亚杰从青少年起,就一直在寻找一种能够说明生物适应和心理适应之间连续性的模式。他的这种努力可追溯到他的早期研究,并且成为贯穿他全部研究工作的'红线'。"③ 他的核心概念"同化""顺应""自我协调"等来自生物学,他将胚胎学中的关于胚胎发育的理论引入发生认识论,说:"表现型是染色体组在生长期间的综合活动跟外界影响之间不断相互作用的结果。"而"认识是属于表现型的"④。儿童认知结构的内化就是认知中的表型复制。"在器官水平上表型复制的过程,多么类似于前面描述的

---

① 李其维:《皮亚杰发生认识论原理》,见高觉敷主编:《西方心理学的新发展》,人民教育出版社1987年版,第94页。
② 高觉敷:《西方心理学新发展》,人民教育出版社1987年版,第97页。
③ 高觉敷:《西方心理学新发展》,人民教育出版社1987年版,第100页。
④ [瑞士]皮亚杰:《发生认识论》,王宪钿译,商务印书馆1981年版,第59页。

认知水平上的内源性取代外源性的情况。"① 总体上而言，皮亚杰是站在"同构论"的立场上把理论生物学中许多观点全面类比于认知发展领域。②

（2）与杜威的异同

皮亚杰的机能主义气质和理性主义传统为美国学术界在未来接受皮亚杰理论，并对此进行美国式的改造奠定了基础。

皮亚杰和杜威同为机能主义者，强调适应和生存。皮亚杰并不讳言："在某种意义上，说发生认识论本身是经验论创始人的工作的一种发展仍然是正确的。"③ 首先，皮亚杰继承了杜威的活动观。他们都认为智慧的目的是为了更好地适应和生存，而不是主动去改造环境，都具有生物进化论的思想。其次，他们都反对二元对立。杜威反对二元分立，主张主客体本质上的一体论。皮亚杰提出主客体相互建构论，他说："认识既不能看作是在主体内部结构中预先决定了的，他们起因于有效地和不断地建构；也不能看作是客体的预先决定的，因为客体只是通过这些内部结构的中介作用才被认识的。"④ 再次，他们都认为，疑难情景是推动儿童思维的动力。杜威认为新的情境是面对和要解决的疑难，是操作的目的，而每一个解决了问题的情境，都成为人们通过实验检验了的新的经验，成为解决下一个疑难情境的手段，如此，手段目的互动，成为连续一体的、相互作用的、不断增长的智慧。皮亚杰认为，当儿童面对着"顺应于外"和"同化于内"的认知困境时，他就会作出内部调节，推动认知结构的发展。认知结构的发生是与一个阶梯形结构体系，甚至是与一个天然的相互依赖型结构体系相对应的。感知运动结构对它们所调整的简单运动而言是形式，但对于下一水平内化了的和概念化了的活动而言则是内容。形式和内容相互作用，不断地整合、适应，促进智慧的发生。

---

① ［瑞士］皮亚杰：《生物学中的表型复制与知识的心理发展》，李其维译，见瞿葆奎主编：《教育学文集·教育与人的发展》，人民教育出版社1989年版，第377页。
② 李其维、［瑞士］弗内歇：《皮亚杰发生认识论问题再思考》，载《华东师范大学学报》（教育科学版），2000年第9期。
③ ［瑞士］皮亚杰：《发生认识论》，王宪钿译，商务印书馆1981年版，第12—13页。
④ ［瑞士］皮亚杰：《发生认识论》，王宪钿译，商务印书馆1981年版，第12页。

"社会因素在儿童心理发展中的作用"是杜威和皮亚杰的主要区别。皮亚杰认为社会环境,如学校教育、社会传递、语言等只有在遵循儿童的心理发展阶段的情况下才是有效的,也就是说,它们对儿童心理发展并不起很大的作用;杜威提出了学校即社会的口号,以为人的活动与社会是一个整体,个人与集体不能相互脱离,心理学不能脱离社会进行研究。该区别的深层原因在于皮亚杰的发生认识论秉承了康德的理性主义特征,重点分析了儿童的心理发展阶段和认知结构从天赋图式的渐次演化,发展遵循着儿童的心理发展阶段;而杜威作为一个经验主义者,不关心他认为经验不到的心理结构和发展阶段的问题。

(3) 儿童发展的内在机制

皮亚杰发生认识论的核心概念是图式、同化、顺应和平衡。它们是儿童发展的内在机制,它们之间的关系如图 2-1 所示①。图式是人类认识事物的基础,是个体对世界的知觉、理解和思考的方式。人类所有的图式都是在遗传性图式的基础上,通过主体和客体的相互作用而建构的;同化是把客体纳入主体的图式之中,引起图式量的变化,即"同化于己";当同化失败时,内部图式的改变以适应现实,称为顺应,即"顺应于外";平衡是同化作用和顺应作用两种机能的平衡。当儿童遇到新事物时,在认识过程中总是试图用原有图式去同化,如果获得成功,便得到认识上的暂时的平衡。心理发展的实质就是不断地从低级阶段的平衡到高级阶段平衡的发展过程,也就是皮亚杰的四个认知发展阶段的平衡。

那么引起同化和顺应产生的因素有哪些呢?皮亚杰认为,成熟、物理环境、社会传递和平衡化是影响和制约心理发展的因素。物理环境包括物理经验和逻辑数理经验。前者由个体通过对物体的抽象所获得的有关物体的一些知识所组成。例如,通过感觉和知觉的动作,如看、摸等获知物体的大小和轻重。它不具有解释因素的充分性,因为对某种东西的守恒和可逆有着一种逻辑的需要。后者则指知识不是来自物体本身,而是来自作用于物体的动作,是儿童通过摆弄物体时由动作间的协调配合而引起的经验,是由主体作

---

① 此图根据皮亚杰的儿童发展机制理论综合而成。

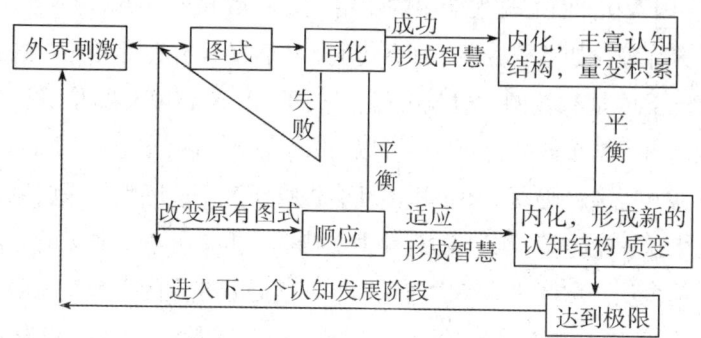

图 2-1 皮亚杰的儿童发展的内在机制

用于客体（物体自己的已有图式，不包括社会环境）的动作引起的。它是数学演绎的起始点，以后它渐渐摆脱具体物体的支持，导向逻辑数学结构。因此，"知识来源于动作，而不是来源于物体"。社会传递，也就是语言或者教育传递，指社会上的相互作用和社会传递。这个因素是不充足的，因为如果儿童缺乏主动的同化作用，社会化作用将无效，而儿童的主动同化作用则是以儿童已具有适当的运算结构作为前提的。例如，你不能把高等数学教给5岁的儿童。对儿童发展的任何解释都必须考虑个体的方面和社会的方面（即指种系世代的连续传递过程）。平衡过程在儿童的发展中起着关键作用。首先，它平衡前面三个因素；其次，它是儿童面临认知困境时趋向于平衡的反应。它是儿童不断自我调节内部组织和外部环境的相互作用，也就是对同化和顺应的调解，实现儿童认识结构的不断变化和发展。平衡之间有着水平上的连续性，当平衡没有达到第一水平时，就不可能达到第二水平。每一水平由已经达到了的前一水平给予最大可能。①

（4）皮亚杰的教育思想及其对教育改革和发展的影响

皮亚杰低估了社会因素对儿童发展的作用，这是其教育理论的一个重大缺陷。皮亚杰认为成熟是发展的基础，在此基础上儿童通过"孤胆英雄式"

---

① 该段综述了［瑞士］皮亚杰、B. 英海尔德：《儿童心理学》，吴福元译，商务印书馆1980年版，第115—119页；［瑞士］皮亚杰：《发展与学习》，见卢濬选译：《皮亚杰教育论著选》，人民教育出版社1990年版，第18—28页。

地在思维和动作的互动中独立操作客体获得知识，求得平衡和打破平衡，而社会传递，无论是儿童被动的接受还是主动的同化，都要以儿童是否具有相应的同化结构为基础。这表明他对认识发展的社会机制重视不够，低估了社会因素对儿童认识发展的作用。① 此外，皮亚杰窄化了儿童的社会环境②，对儿童客体的范围解释得很单薄。对处于社会中的儿童而言，儿童的客体包括所有的社会环境，教师和父母等成年人、同伴、家庭和学校等社会机构、学科知识和社会经验等，而不仅仅是儿童思维和对物体的动手操作。简而言之，他把儿童放置于一个较为孤立的和独立的环境中，使他们处于不受他人干扰的原生态和本真的环境中研究他们智慧的心理发展，进而推导出人类概念的历史发展。有心理学史家评论道："宁可说，我们有的是一位生物学家和历史学家……所达到的自我实现。"③ 这是忠实于皮亚杰思想的。他的教育思想无疑也就需要进行从生物学到心理学，再到教育学的二道转换。

我们似乎还可以说，皮亚杰将生物意义上的研究结论推行到复杂行为和认知上，忽视了人的社会属性，"是另一种还原主义"④，这是他的教育理论的另一大缺陷。首先，他认为智慧的本能就是适应和生存，儿童自己能主动建构，能主动发展。他混淆了生物意义上的为了生存的发展和复杂的符号学习上的发展。前者显然是人的本能，后者是人的精神追求。其次，主动建构发展观使得他忽视教育和教师的作用，反对教师的教授。他认为，儿童的认知发展有他自己的规律，只能让儿童自己去探索，自然而然地发展。皮亚杰的理论没有赋予文化以足够重要的作用。⑤ 许多生理学家和人类学家一再告诉我们，我们的大脑正是在人类处于狩猎采集的时期大大发展起来的，从本

---

① 王玉梁：《评皮亚杰对认识主客体的研究》，载《中国社会科学》，1986年第6期。
② 施良方：《学习论——学习心理学的理论与原理》，人民教育出版社1992年版，第199页。
③ [美]加德纳·墨菲、约瑟夫·柯瓦奇：《近代心理学历史导引》，林方、王景和译，商务印书馆1980年版，第566页。
④ 李其维：《皮亚杰发生认识论原理》，见高觉敷主编：《西方心理学的新发展》，人民教育出版社1987年版，第138页。
⑤ [加]罗比·凯斯：《智慧的发展：一种新皮亚杰主义理论·中译本序》，吴庆麟、朱尚忠、袁军等译，上海教育出版社1994年版，第2页。

能上讲，大脑仅能使我们足够机敏地生存和繁衍后代，它不是为了发现科学事实而不断进化的。当然，虽然皮亚杰认为主客体相互作用建构图式是儿童"孤独地"通过自我行动、自我感知的结果，但是他也主张在必要时开展同伴学习，因为与教师相比，儿童与同伴属于同类，以相同的方式感知世界，它们之间的不一致比与教师的不一致更能导致认知冲突与不平衡。然而，群体之间相互作用的"形式"是如何贡献于个体动作协调和个体智慧的，这始终是他理论的薄弱环节。①

他的理论长时期为教育改革提供了理论辩护，如进步教育、开放教育和发现教学法，突出表现在课程顺序的选择和教学方法上。② 儿童认知发展阶段理论现已成为皮亚杰完整的心理学体系的核心。③ 这对中外教育都产生了非常大的影响。他是心理学历史上第一个具体分析和详细描述了不同年龄阶段儿童思维发展水平的人。尤其是在美国，他的理论是心理学家们进行教学建议和编制适合学生思维发展的教材的理论依据。④ 皮亚杰说："儿童的智慧和道德结构同我们成人不一样。因而新的教育方法应尽一切努力按照儿童的心理结构和他们不同的发展阶段，将要教的材料以适合不同年龄儿童的形式进行教学。"⑤ 来自皮亚杰理论的唯一确实的建议是，学校应该模拟"自然人"的发展，建立在智力发展的自然机制的基础上的教育是最能促进智力成长的教育。⑥ "在关于智力和行动的观点上，皮亚杰接近于杜威以及他全

---

① 李其维、[瑞士] 弗内歇：《皮亚杰发生认识论问题再思考》，载《华东师范大学学报》（教育科学版），2000 年第 9 期。
② [瑞典] 胡森：《简明国际教育百科全书·人的发展》，教育科学出版社 1989 年版，第 231 页。
③ [美] 加德纳·墨非、约瑟夫·柯瓦奇：《近代心理学历史导引》，林方、王景和译，商务印书馆 1980 年版，第 566 页。
④ 这一点在美国诸多的教育心理学书中可见。如 [美] 戴尔·H. 申克：《学习理论：教育的视角》（第三版），韦小满等译，江苏教育出版社 2003 年版；Noel Entwistle, *New Directions in Educational Psychology of Learning and Teaching*, London: The Falmer Press, 1985.
⑤ 施良方：《学习论——学习心理学的理论与原理》，人民教育出版社 1992 年版，第 198 页。
⑥ [瑞典] 胡森：《简明国际教育百科全书·人的发展》，教育科学出版社 1989 年版，第 234 页。

力予以支持的活动学校运动的教育家们。"① 如满足儿童需要和兴趣的活动是学生智力成长和发展的基础，"由儿童的主动性和创造性代替被动的服从"，等等，这些都主张以学生为中心。

皮亚杰长期担任联合国教科文组织的教育局长，亲自参与了当代许多重大教育问题的研究，他的许多教育观点已写入国际公共教育会议的文献中，对许多国家的教育改革和发展产生了重要的影响。第二次世界大战后，皮亚杰和瓦隆（Wallon）的"发生心理学"受到了推崇，出现了"心理—教育学"（psycho-pedagogy）一词，教育学变得本身不起作用而只是心理学的"实践"和"应用"的科学，教育目的和原理的研究建立在发生心理学的研究基础上，教育目标、受教育者的知识、教育手段等听命于发生心理学，心理学被看作教师应该怎样行动的规范，是对所有教育现象所作的恰当解释。② 在美国，布鲁纳的结构主义课程理论就广泛地吸收了皮亚杰理论。我国台湾地区 1975 年公布的小学数学与自然课程标准和 1978 学年正式付诸实施的新教材也充分反映了皮亚杰认知发展的思想。③ 日本新一轮课程改革采纳了西方建构主义教育理论。在我国当前开展的新一轮基础教育课程改革也提出了以"统整的建构主义是研究与实施素质教育的重要理论依据"。当今人们对这些改革的反思与皮亚杰的心理学研究取向以及它所形成的教育思想的偏宕有关。

在美国，从 1930—1960 年间，皮亚杰的思想明显地与行为主义不合拍。因为美国人以完全实用主义的风格想知道如何能更快和更有效地获得知识，而皮亚杰的发生认识论是欧洲理性主义推衍出来的对普遍知识发生学的哲学追问。自 20 世纪 60 年代以来，很少有美国心理学家采用他的结构主义，除了把他介绍给美国的布鲁纳以外，留在美国更多的是他的儿童发展阶段理

---

① ［澳］W. F. 康内尔：《二十世纪世界教育史》，张法琨、方能达、李乐天等译，人民教育出版社 1990 年版，第 820 页。
② ［法］贝斯特：《"教育学"一词的演变》，见瞿葆奎：《教育学文集·教育和教育学》，人民教育出版社 1993 年版，第 336—337 页。
③ ［瑞士］皮亚杰：《皮亚杰教育论著选·前言》，载卢濬选译，人民教育出版社 1990 年版，第 3 页。

论,以及与杜威为一脉的新教学方法——应用儿童其固有的倾向以及心理发展必然具有的自发活动,力图促进儿童适应周围的社会。① 它在心理学理论上所固有的视角所导致的教育思想上的偏宕使它急需另一种理论助其调整和与之融合。随着美国心理学界对维果茨基文化历史学派研究热的兴起,皮亚杰理论获得了与其相辅相成的发展。

2. 维果茨基的文化历史理论

心理学界没有人否认人的心理是从动物的心理长期进化而来的。然而人的心理本身又是怎样发展起来的呢?心理学家的回答各不相同。达尔文认为是动物心理的延伸,皮亚杰认为是同化和顺应之间的不断平衡,维果茨基认为是在人的活动过程中,随着以语言和思维为代表的高级心理机能的发展而形成的。

(1) 人的高级心理机能起源于文化历史

维果茨基认为,心理发展有两种截然不同的过程:一个是自然的发展过程,一个是文化历史的发展过程,即心理的"人化"过程。文化历史发展论就是关于人的高级心理机能的学说。自然的发展过程是从最简单的单细胞的动物到最高级的哺乳动物的长期的生物进化过程,是心理的种系发展过程,是完全受生物进化规律所制约的自然发展过程。人化的过程是一种新质的阶段,逐步产生了各种高级的心理机能,如随意注意、逻辑记忆以及抽象思维等,它基本上不受生物进化规律所制约,而是受社会文化历史发展的规律所制约。从低级心理机能到高级心理机能的转化是以工具为中介的,它包括物质生产工具和精神生产(心理)工具。前者是指从事劳动和生产的工具,诸如,古代的棍、锹、刀和现代的计算机等,它们凝结着人类的间接经验,使人类不仅仅受生物进化规律制约,还具有改造世界的能动性,后者指人类社会所特有的语言和符号,它是在人类物质生产过程中所发生的人与人之间的关系和社会文化历史发展的产物。这是人的心理之所以成为高级的原因。

---

① [瑞士]皮亚杰:《新方法,它们的心理学基础》,见卢濬选译:《皮亚杰教育论著选》,人民教育出版社1990年版,第43页。

维果茨基的"文化理论提出的抽象社会学观点"① 在客观上导致了他轻视人脑的生物性在高级心理机能的形成与发展中的重要作用。他把心理发展的自然过程和"人化"过程过分地对立起来，从而使得他过于强调了它们是"完全不同""截然分开"且"各自独立"的，"高级心理机能的发展没有伴随人的生物型的变化，而生物型的变化则是发展的进化型的基础"②。"低级的或初级的心理机能在起源、机能和结构关系上是那些较原始的、早期的、简单的、不依赖于概念的那些过程，它们接受了概念思维的影响后会在新的基础上进行重组。"③"概念不仅仅是内部连接起来的联想，它是一种崭新的形式，不能被还原为标志着早期阶段智力发展的初级过程。""如果一个人认为出现在青少年身上的智力变化过程可以还原为已经储存在三岁儿童思维中的那些特征的量的积累……就无须再用发展这个词了。"④ 换言之，低级中心和组织作为一种附属单位是被高级中心和组织所控制的，它们不再保持原始的存在和性能。这种分立导致他忽视了人的高级心理机能的生理机制，似乎人类活动成果只是通过物质的与思想的客观产品而固定下来。

（2）维果茨基的教育思想及其对教育改革和发展的影响

高级心理机能的生理机制被忽视，它的发展主要由人类文化所推动，在心理上它以思维和言语为代表，依赖于概念性思维，是在学校环境中以有目的的方式被掌握的，对其进行阐述是文化历史理论的核心内容。由此维果茨基的心理学和教育紧密地联系在一起，论述儿童如何在教育活动中形成高级心理机能。

最近发展区是维果茨基的核心概念。他把儿童的心理发展分为"最低阈限"和"最高阈限"两种。第一种是指现有水平，由已经成熟的生理机能和业已达到的心理素质组成，表现为儿童可以独立地完成相应的智力任务。第

---

① ［苏联］A. A. 斯米尔诺夫编：《苏联心理科学的发展与现状》，李沂等译，人民教育出版社1984年版，第339页。此处转引自黄甫全：《人发展的能动原理与教育的基本职能》，载《现代教育论丛》，1997年第1期。
② 龚浩然：《试论维果茨基的文化历史发展观》，见瞿葆奎主编：《教育学文集·教育与人的发展》，人民教育出版社1989年版，第331页。
③ 麻彦坤：《维果茨基与现代西方心理学》，黑龙江出版社2005年版，第36页。
④ 麻彦坤：《维果茨基与现代西方心理学》，黑龙江出版社2005年版，第35页。

二种是指潜在的水平,由那些尚未成熟,但正在走向成熟的生理机能和心理素质组成,表现为儿童还不能独立地解决任务,但在成人的帮助下,在集体活动中,通过模仿,能够解决一定的智力任务。他把第二种水平称为"最近发展区",并强调要把教学建立在"最近发展区"上,不断推动儿童的潜在水平向现实水平转化,加快儿童心理发展进程。这是一种动态的和发展的观点。

否认高级心理机能形成的生物性因素是维果茨基理论的主要缺陷,这导致了苏联国内对"最近发展区"的理论异议以及对以此为指导的教育实验的激烈争论。虽然他承认,儿童个体在发展中融合和交织了低级心理机能和高级心理机能,这种特点很容易使儿童心理学的研究不是走上自然成熟的生物学化的道路,就是走上庸俗的社会学化的道路。虽然他认为人的心理是在人的活动中发展起来的,是在人与人之间的相互交往的过程中发展起来的,人的各种高级心理机能都是这些活动与交往形式不断内化的结果,不能说他陷入了庸俗的社会观,但是他在批评之中,又否认人的生物性,漠视儿童心理发展的年龄特征。

在苏联国内,人们认为"最近发展区"过于强调教学的指导作用,是外部原因单方决定论,在一定程度上忽视了学生主体的积极性。① 维果茨基学派也强调"最近发展区"中学生的主体性和学习的内部条件,但不足以丰富到包括一些非智力方面的因素。他们认为内部条件主要表现在智力发展水平上,即学生的思维水平、记忆水平,教学所要求的相应知识经验储备等。他说:"教育过程中的一切来自学生的个人经验","受教育者个人的经验乃是教育工作的主要基础,这就是为什么学生不是教师应该灌输些什么就只能被动地接收些什么的客观的原因"②。关于主体性,他也谈到了动机的重要性:"心理学的规律宣称,在你打算吸引儿童参加你的活动之前,必须是儿童对该活动发生了兴趣并积累为活动所需的全部力量。而且儿童将自己进行活

---

① 王光荣:《维果茨基与现代心理科学》,载《西北师大学报》(社会科学版),2003年第9期;冯相如:《维果茨基教学与发展思想试探——从"最近发展区"的视角》,北京师范大学硕士论文,2004年。
② 冯相如:《维果茨基教学与发展思想试探——从"最近发展区"的视角》,北京师范大学硕士论文,2004年。

动，教师仅仅对活动给予指导和引导。"① 但可能是由于维果茨基本人是一个心理学家，对于教育问题的解释只能是一些原理性东西，并没有从教育学的角度对动机问题进行更加详细的阐述。把学生的内部条件狭窄到智力发展水平上，对包括动机、兴趣和整个个性在内的非智力因素相对地忽视，或者说一笔带过，从一定的程度上可以说，维果茨基忽视了学生的主体性和创造性，把儿童的发展推到了被动的位置上。20世纪80年代兴起的"合作教育学"不能不说就是一场对"最近发展区"在学生的主动性和创造性上的开拓，儿童的主体性、个性等成为心理学家的研究中心。②

维果茨基的学生赞可夫根据"最近发展区"理论进行的实验在苏联引起了旷日持久的激烈论争。人们认为因其设计的教学大纲失去了"年龄分寸"，"太深""太广""太繁杂"，小学生远远不能接受。比如，一年级的学生就要了解"和与差"在一般形式与抽象形式中的"变化"，掌握数量和不等式的概念，其之难和其之深令人"不可思议"。③ 这是因为否认儿童心理发展的生物性和漠视儿童智力发展的年龄特征导致了教学内容过难和负担过重，支持一派主要来自官方。如1973年凯洛夫（N. A. Kaiipob）认为赞可夫的实验做到了"四年的教学大纲可以在不加重学生负担的情况下用三年时间完成"，可以载入俄罗斯联邦教育科学院的史册；1978年，实验首次向国外作了肯定性的介绍，报告给联合国教科文组织。④ 从学者的几度被批判和否认，再到被官方人士和教育理论界权威专家们的认可，这番命运的多舛既不是最

---

① 冯相如：《维果茨基教学与发展思想试探——从"最近发展区"的视角》，北京师范大学硕士论文，2004年。
② 杜殿坤：《苏联"合作教育学"派的教育新思维》，载《教育研究与实验》，1988年第4期；陈建翔：《把"人的世界和人的关系"还给教育——苏联"合作教育学"评述》，载《教育研究与实验》，1988年第3期。
③ 余立森：《赞科夫的"实验教学论"》，见毕淑芝、唐其慈、王高义等编：《当代苏联教育家的新思想》，上海教育出版社1990年版，第152页。
④ 顾明远：《苏联普通教育的几次改革》《再论苏联普通教育的改革》，见华东师大教育系外国教育史教研室编：《外国教育史教学参考资料》，华东师范大学出版社1988年版，第572—602页；余立森：《赞科夫的"实验教学论"》，见毕淑芝、唐其慈、王高义等编：《当代苏联教育家的新思想》，上海教育出版社1990年版，第218—230页。

近发展区概念和赞可夫的教育实验得到了修正,也不是儿童的年龄发展阶段有了生理和心理上跨越式的发展,而是随着苏联教育改革任务而颠簸起伏。①

维果茨基理论本身具有的局限性、美国人强调个性和自由及其创造力发展的特点使它在美国与皮亚杰理论走向了融合。这种融合的实质是克服彼此片面的一极,走向发展的内因和外因的综合与互动,但是这种综合与互动依旧蕴含着某种主导的价值方向,因为教育活动就是价值活动。这将在"教育和发展的关系"中进行说明。

3. 教育学研究者归纳的三种发展机制②

概而言之,主张性善论者、遗传决定论者持"内发论"或"潜能自然展开观";主张人的发展主要是由外在的力量决定的人持"外铄论"或"思想行为的外力形成观";当今人们更多地强调内、外因相互关系与转化,持"相互作用观"。

持"潜能自然展开"的儿童发展方式观来自"善而能动"的人性观,力主儿童的发展是由善的本性、先天内在的智慧、美德的和谐"种子"或者潜在的能力倾向在后天自然环境中自主能动地找回或在一定的训练条件下积极能动地自然展开的过程。中国的孟子,西方的卢梭、福禄贝尔(F. FRöbel),以及现当代的进步教育派、"新教育"派、人本主义教育派等是"潜能自然展开论"的代表。践行这种理论的实验学校有19世纪末的雷迪(英国)、利茨(德国)、穆尔(法国)和20世纪的德可乐利(比利时)和蒙台梭利(意大利)的"新学校",第一次世界大战后的萨默希尔学校、罗素的皮肯希尔学校和20世纪的开放课堂、开放教育等。确定教育对象即学生的主体地位是这一派的基本前提,但我们认为,这并不意味着可以超越一定年龄段学

---

① 顾明远:《苏联普通教育的几次改革》《再论苏联普通教育的改革》,见华东师大教育系外国教育史教研室编:《外国教育史教学参考资料》,华东师范大学出版社1988年版,第572—602页;余立森:《赞科夫的"实验教学论"》,见毕淑芝、唐其慈、王高义等编:《当代苏联教育家的新思想》,上海教育出版社1990年版,第218—230页。

② 本部分是对以下论著中相关内容的综述:杨小微、翟天山、龙立荣编著:《教育优化论——九年义务教育学校整体改革的区域性实验研究》,华中师范大学出版社2003年版,第33—48页。

生身心特征对人的主体性进程的制约而任意夸大学生的自觉能动性，即错误地估计了客体的性状，使他们陷于主体意识高扬而主体能力低下所导致的"浮躁"之中。事实是，它们在强调引导儿童通过直接与自然环境和人际环境打交道，获得内心的深刻体验和自动接受，倾向于个性、直接经验、自由、能动、自主、创造和发展过程等一极的同时，与传统的"思想行为的外力形成观"截然对立。

思想行为由外力形成的儿童发展方式的主张者有力主心理训练的荀子和奥古斯汀，以"五步教学法模式"扬名的赫尔巴特及其学派和主张以"刺激—反应—强化"一类程序化手段来形成学习者被期望做出的行为反应的新旧行为主义者，在当代则以永恒主义教育学派赫钦斯（R. M. Hutchins）、艾德勒（M. J. Adler）等为代表的内在心理能力训练模式的支持者。他们夸大环境和教育等后天的外力塑造和影响，注重发展群性，强调的是间接经验的系统传授，主张严格的纪律和训练，无视先天的、内在的因素在人的发展中的作用。虽然它保证了学生的社会化发展，但是它压抑或阻滞学生这一主体的自主性、能动性和独特个性的发挥与发展，走向了与"潜能自然展开观"反方向的另一个极端。它们都是两极的线性思维模式的表现。

第三种儿童发展方式观对前两种观点都有所扬弃，而且，把关注（或强调）的重心，从先天与后天、儿童与环境的两极移到了中间，即二者的相互作用。这种发展观认为：儿童发展是通过自发或自觉地参与活动，与环境发生相互作用而积极地发现和获得知识经验并不断地将知识经验用于解决问题，同时不断地改组经验或认知结构，发展独立性、自主性和创造精神的过程。他们承认儿童发展的天性，但反对把发展的预兆当作发展的结局，更反对无视、排斥和压抑儿童天性；他们也承认教育的作用，但认为教育不在于成为强迫灌输观念或强制形成习惯的外在压力，而在于组织起适宜儿童经验和能力增长的活动过程，使儿童参与其间。换言之，使儿童在活动中，在自然、人与社会的交互作用中，逐渐把人类文化转化为个体精神财富，又通过活动来表现自己的见识和能力，即外化出来。它在教育中表现为"活动转化"模式，其典型代表是杜威的经验改组模式，蒙台梭利的幼儿教育模式，布鲁纳的结构—发现模式，当代西方一些着眼于人际关系的教学模式如T小组模式、法理学模式,以及苏联合作教育学派实验教师的合作教育模式。

从非此即彼的两极思维到动态互动的相互作用观,我们可以看到对这一问题研究的发展趋向:从重视单一的因素发展到将各因素作为统一体和相互作用体进行分析;从对人的不能自主的天赋因素和外在的环境力量到在实践活动中发展个体的社会性和自主性。研究结论与心理研究的趋势一致。

(五)教育和发展的关系:教育改革的风起和教育理念的震荡

发展理论在教育理论和实践领域集中表现在"教育和发展之间的关系",大致形成了"教育适应发展""教育促进发展"和"教育与发展相互建构"等三种关系。对教育学来说,其实质性的影响是构成了"以学生为中心"和"以教师为中心"的教育理念、"尊重差异"和"追求统一"的紧张关系以及对"知识和能力之间关系"的再认识。当然这三对关系本身也是相互关联的。

1. 教育适应发展的取向和以学生为中心

大致可以说,具有生物进化论倾向的机能主义心理学家持"教育适应发展"观,其代表性人物是霍尔、桑代克、布隆斯基、杜威和皮亚杰。他们所持的儿童中心论主张以"本能"为中心,是一种强调人的自然本性的教育和心理观。

在西方,美国心理学家霍尔首次从进化心理学的角度提出教育要适应儿童的发展。这不亚于一场哥白尼式的革命。他提出要通过儿童生长的过程去评判一种文明,通过适应个人自然生长的方法去评判一种学校制度①,呼吁学校课程应更广泛地迎合儿童的天性、生长和发展的特点,而不是儿童应该怎么样做来达到外部的教育目的和内容的标准。

霍尔只是提出了教育适应发展的观点,桑代克的努力则构成了当时"教育适应发展"的理论和实践。他说:"在实际的生活竞争中,主要的决定因

---

① [美]劳伦斯·阿瑟·克雷明:《学校的变革》,单中慧、马晓明译,上海教育出版社1994年版,第115页。

素是遗传。"① 既然遗传决定了竞争，那么用科学的方法找出个体的遗传特征，才能实施对他有效的教育。他全面地开始在教育中应用"真正的科学方法"——卡尔·皮尔逊的统计方法，探讨人之本性，研究学习活动的基本规律，进行个别差异研究。②

苏联的布隆斯基等人也持"教育适应发展"观，在20世纪30年代成为苏联教育界的主导理论。他深受桑代克的影响，倾向于研究现有兴趣的性质，而不研究训练和改变兴趣的方法，认为儿童的发展决定于先天的生物遗传，许多关键性的工作，如给学生编班、建立学校的生活制度、指导一切教学过程、规定毕业生的职业等都由儿童学决定。1936年，苏联中共中央委员会以法律的形式宣布取消心理测验，因为它的最大危害在于通过"问卷""测验"等调查工作把儿童的大部分划归"智力落后的""有缺陷的""有神经病的""难以教育的"范畴中去。③

杜威的"教育适应发展"观主要体现在他的以儿童的本能为中心的活动课程编制理论中。这种理论认为，人的心理活动的基本内容是诸如情绪、习惯、冲动等生物性的本能，它们在儿童不同的阶段有不同的表现，实验学校的任务就是要设计一种与这些冲动的发展和儿童正在增长的经验相协调的活动课程，其方法是做中学。在教材编制上，杜威提出了教材的展开必须以儿童的心理发展为依据的观点，教材必须利用学习者本能的各种需要或兴趣，以学习者已经具有的经验准备作为起点。以"食物"为例，他认为这种课程可以衍生出研究吃和消化的初等生理学、研究吃和消化的初等卫生学、研究食物成分的入门化学、对诸如热、光和机械等力的应用的物理学，等等。④这种以儿童的本能为中心的课程打破了赫尔巴特学派由基于兴趣理论发展起

---

① ［美］T. H. 黎黑：《心理学史——心理学思想的主要趋势》，刘恩久、宋月丽、骆大森等译，上海译文出版社1990年版，第337页。
② ［澳］W. F. 康内尔：《二十世纪世界教育史》，张法琨、方能达、李乐天等译，人民教育出版社1990年版，第205—206页。
③ 吴杰主编：《外国现代主要教育流派》，吉林教育出版社1989年版，第28页。
④ John Dewey, "Plan of organization of the university primary school", in Jo Ann Boydston (ed), *The Early Works of John Dewey*, 1882–1889 V, Carbondale and Edwardsville. Southern Illinois University Press, 1972, p. 237.

来的"相关集中"课程体系，使得后者知识的系统性和连贯性受到破坏。

皮亚杰认为智力最终来自本能，由此提出"发展解释着学习"，这是他教育理论的基本原则。他认为，智力的发展路径是内化于结构，外化于学习与经验，内化与外化虽然方向不同，但是相互联系，以循环通路的方式发展。内化的发展方向是朝向逻辑数学方面，就是形成个体发展的四个等级不同的阶段，即感知运动阶段、前运演阶段、具体运演阶段和形式运演阶段。内部变异就是儿童发展的阶段从初级到高级的变化；外化的发展方向是朝向学习与经验，就是在内化的基础上通过社会环境的作用不断地建构自己对世界的认识；所谓循环通路就是内部变异和环境之间存在着循环往复的通路，也就是说，由于后天获得的认识累积的结果，大脑皮层有了一种有效的生长，这种生物上的生长结果是内化的条件，又是进一步外化的基础。可见，智力或者智慧最终来自本能，本能的最高阶段是对多种多样环境的适应，就是进行同化和顺应两种机制的能力。教学的结果就是这种智慧。皮亚杰说："心理学丝毫不忽视教育传授知识的工作，不过，这种传递工作事先还要承认儿童已经具备了一种接受事物的工具，如果没有这种工具，就会妨碍儿童去理解一切事物。"因为"学习基本上是依靠'能耐'的演化"。他曾幽默地说过，如何通过训练加速智力发展阶段的问题在欧洲人那里从来没有人提出过，最好不要这样尝试，宁可让智力自然地发展。[①] 皮亚杰的这种思想在科学和数学教学中表现得特别明显。在数学教学中，他提出重新组织数学教学的原则，要求近代数学必须用相应的近代方法来教，即从儿童的思维，从儿童已具备的拓扑学、群论及结构运算的基础开始，而不是采用形式化和公理化的教法，后者是教师强加于学生的，是硬塞给学生的。他甚至表示，从出生到18个月之间是最有创造力的时间。[②]

"教育适应发展"的教育是以儿童发展的昨天，而不是以儿童发展的明天作为方向的心理学观，是并非以直接影响人未来发展为目的的教学观。它

---

① ［美］T. H. 黎黑：《心理学史——心理学思想的主要趋势》，刘恩久、宋月丽、骆大森等译，上海译文出版社1990年版，第474页。
② ［瑞士］皮亚杰：《皮亚杰谈创造力及教育改革》，见卢濬选译：《皮亚杰教育论著选》，人民教育出版社1990年版，第251—252页。

对教育理论具有永恒的价值。它强调儿童有与众不同的特殊的本能和冲动以及生理的能力，反对直接强使儿童符合成人标准的模型的企图，它有说服力地引起人们注意那些不顾受教育者禀赋的许多教学方法和教育目的上的错误。

2. 教育促进发展的取向和以教师为中心

教育促进发展取向的教育观把儿童发展的立足点放在了学校教学上。他们所持的教师中心论主张的是教师主导课堂，推动儿童的智能发展，是一种强调以社会文化塑造儿童心理的教育和心理观。

维果茨基用"最近发展区"的概念诠释了他的"教育促进发展"观。"最近发展区比儿童的现有发展水平对智力发展和学习成绩的变化具有更为直接的意义。"① "只有当教学走在发展的前面时，这种教学才是好的教学。这种教学引起了处于成熟阶段，位于最近发展区的一系列机能。……如果教学只能利用发展中已经成熟的东西，如果教学本身不是发展的源泉，不是新的形成物产生的源泉，那么这种教学完全是不必要的。"② "教学的最重要特征便是教学创造着最近发展区这一事实，也就是教学引起和推动儿童一系列内部的发展过程。"③ 教学应着眼于最近发展区，始终并应当走在发展的前面，而不要落在发展的后面。教学的本质特征就在于激发、形成正处于成熟过程中而又不完全成熟的心理机能。

"最近发展区"理论给了赞可夫等人极大的启示，赞可夫以此为基础开展教学实验，提出"一般发展"理论，带动了促进儿童智能发展的教育实验。他合乎逻辑地把"最近发展区"进一步引申为："教学创造最近发展区，然后最近发展区则转化到现在发展水平的范围之内。"④ 他从中洞察出传统教学论思想的致命缺陷是把教学仅仅建立在学生已有水平的"最低阈限"

---

① 高文：《维果茨基论教学与发展问题》，载《外国教育资料》，1982年第1期。
② 高文：《维果茨基论教学与发展问题》，载《外国教育资料》，1982年第1期。
③ [苏联] 维果茨基：《学龄期的教学与智力发展问题》，见瞿葆奎主编：《教育学文集·教育与人的发展》，人民教育出版社1989年版，第326—327页。
④ [苏联] 赞可夫编：《教学与发展》，杜殿坤译，文化科学出版社1980年版，第14页。

上。他的教学论体系的核心思想就是提高教学过程的效果，促进学生的一般发展。"我们所理解的一般发展，是指儿童个性的发展，他的所有方面的发展。"① "所谓一般发展，就是不仅发展学生的智力，而且发展情感、意志品质、性格、集体主义思想。"② 提出一般发展概念的目的是为了纠正传统教学论思想认为的教学就是传授知识、训练技能、形成技巧的片面观点。一般发展比全面发展的含义要小一些，但是比智力发展的含义要大一些。从他所提出的高难度、高速度、理论知识在课程中的主导作用、要使学生理解学习过程、面向全体学生特别要促进差生发展的五条原则来看，他主要是为了促进学生的智力发展。当时，还有苏联心理学家艾里康宁和达维多夫（V. V. Davydov）等人亦主张通过改进课程内容促进学生的智力发展。达维多夫编制的课程被视为直接促进了学生的智力发展，因而被称为"智力加速器计划"，加里培林提出了智力发展的五阶段说。

美国和苏联的教育促进发展的观点和提高智力的教育实验也是影响我国20世纪八九十年代教育实验以追求提高教学质量为主要目标的原因之一。这里仅举我国教育改革家赵宋光首创的"综合构建法数学教学新体制"为例，从教育学和心理学的关系角度加以简单的介绍。③

该实验的"构建"是指构筑建造良好的心理结构，综合构建智能、意志、情感三类结构，教学目标是一层层心理结构的构建生成。从具体的教学手段上来讲，它包括以下三方面。①通过操作完形对学生进行加减数量关系的思维训练，包括"代数水平的感性操作""尝试水平的理性操作"和"熟悉水平的理性操作"；由三句歌谣（头尾对调，加减改号；加号前后，可以对调；减号后，等号后，可以对调）统率四个算式（左边：$2+1=3$，$1+2=3$；右边：$3-1=2$，$3-2=1$）。②运用"二岸阵""四方阵"这种理性直观解应用题。所谓"二岸阵"和"四方阵"就是按照数量关系和比例关系处理应用

---

① ［苏联］赞科夫：《论小学教学》，俞翔辉译，教育科学出版社1982年版，第20页。
② ［苏联］赞科夫：《和教师的谈话》，杜殿坤译，教育科学出版社1980年版，第148页。
③ 冯国文、饶惠椿：《一项崭新的教学改革实验对理论的挑战——关于"综合构建法数学教学新体制"的调查报告》，载《中国社会科学》，1988年第4期。

题中的逻辑关系。③运用质因积形式这种计数的结构模式以沟通不同领域的数学信息。这一点不展开介绍。

该体制提出了一些心理学的新名词。如"操作完形"指的是一套心理活动，它是在吸收了格式塔心理学①和皮亚杰的儿童心理发展阶段②的理论基础上加以改造的。"理性直观"是一种心理结构，它使主体有能力在对象外观的形式中看到自己操作的形式，在对于对象外观的直观知觉中加进自己的理性行为，具有培养学生生动活泼的发散式思维的功能。他们还提出了一种新的名为"构建生成"的学习理论，包括以下五个阶段：有言语伴随的实物操作活动；面对符号序列进行有手势表演伴随的阅读讲话；对符号序列加以变换，寻找变换规律；面对图像在理性操作统率下用语言组织起想象中的一整套实物操作；从规范化的符号结构中看出合乎当前目的的转换方式。值得一提的是，具有这种较为深厚的心理学素养的教育实验者着实不多。

实验结果表明，新体制在开放儿童智力潜能方面是相当成功的，小学一年级上学期学生就能解加减的六种应用题和含负数的加减应用题，教学极大地促进了儿童智力的发展。按照皮亚杰的儿童认知发展阶段理论，小学一年级的学生处于前运算阶段的第二水平，不能进行抽象的计算，直到形式运演阶段，即初中一年级的学生才能达到像赵宋光实验中的小学一年级的水平。

就发展学生的智能而言，该实验有选择地吸收和批判了格式塔心理学和皮亚杰的儿童心理发展阶段理论，发扬了维果茨基的"最近发展区"和加里培林的智力发展阶段理论。心理学、教育学、美学和音乐等理论在实验中产生了较好的互补效果。在该实验中，教育学者综合了各学科理论开展教育实

---

① 就"完形"二字而言，格式塔心理学强调对整体的感知之后的顿悟，但是格式塔心理学认为这种能力是先验的，他们和人本主义心理学一样对学习论始终是不耐烦的，因为学习论着重于细节，与人类探讨的存在方式是根本不相干的。（[美] 加德纳·墨菲、约瑟夫·柯瓦奇：《近代心理学历史导引》，林方、王景和译，商务印书馆1980年版，第431页。）该实验放弃了先验论，认为对整体的感知能力必须通过有组织的操作建构生成。所谓有组织，即教师的课堂教学组织。

② 就"操作"二字而言，皮亚杰的操作是指儿童通过摆弄实物，自我理解实物之间的关系，而该实验的操作是指"符号操作统率下的工具操作"，即强调教师的指导和帮助作用。意指批评皮亚杰忽视心理结构的人类学水平与生物学水平之间的分界线，忽视认知结构形成过程中学校教育的作用。

验，具有一定的开创性。

3. 教育适应发展观与教育促进发展观之间的互补

前文的分析表明，心理学在研究影响个体发展的因素和发展机制这两个方面已然摆脱了单因素论，相应地教育和发展之间的关系也逐渐地走出了非此即彼的简单思维，"适应"和"促进"开始以某些方式走向了中庸和相互建构。

（1）布鲁纳结构主义课程改革对理性主义和经验主义中庸

布鲁纳的"中庸性"表现在以经验主义的发现教学法学习理性主义取向的精英教育的课程。苏联人注重学生智力发展的思想和实验被认为是"卫星事件"的重要原因。美国1958年颁布《国防教育法》，确定了"精英教育"的国策。教育如何尽快地培育精英？教育如何促进发展？布鲁纳敏锐及时地将他所擅长的心理学理论运用于课程改革，其宗旨就是要加速智力的发展。①

精英教育的课程内容和课程编制秉承的是一种理性主义传统。布鲁纳对皮亚杰精神的继承表现在儿童认知发展阶段和学科结构课程上。前者前文已经作了简要介绍，这里不再赘述。所谓"'基本'就是一个观念具有既广泛而又强有力的适应性。'结构'就是指学科中的基本概念、原理、法则之间的内在联系。学科的基本结构就是每门学科中那些广泛起作用的概念、原则和法则的体系"②。大批的物理学家、化学家、生物学家根据布鲁纳的理论，结合他们对本学科知识结构的专业理解，开发了具有学术性、专业化和结构性的科学课程包。布鲁纳的假设是"任何学科都能够用在智育上是诚实的方式，有效地教给任何发展阶段的任何儿童"③。

结构主义课程的教育方法秉承的是一种苏格拉底的归纳法和杜威的经验主义。发现学习法采取"发现"（discovering）和"探究"（inquiry）及归

---

① 结构主义课程改革的这个意图和实验曾遭到皮亚杰的嘲笑。皮亚杰说，这种"美国问题"，即如何通过训练加速智力发展阶段的问题在欧洲人那里从来没有人提出过，最好不要这样尝试，宁可让智力自然地发展。（[美] T. H. 黎黑：《心理学史——心理学思想的主要趋势》，刘恩久、宋月丽、骆大森译，上海译文出版社1990年版，第474页。）
② 李殿森：《布鲁纳直觉思维论及其教学意义》，载《外国教育研究》，2003年第1期。
③ [美] 布鲁纳：《教育过程》，邵瑞珍译，文化教育出版社1982年版，第49页。

推理为学习方法，取代以教师在前面"讲"和学生在后面复习的现行方法。这与苏格拉底并不直截了当地把学生所应知道的知识告诉他，而是逐步引导学生自己最后得出正确的答案，是一致的；发现学习法的基本程序一般为：创设发现问题的情境→建立解决问题的假说→对假说进行验证→作出符合科学的结论→转化为能力。这与杜威的思维五步法是一致的。其次，发现学习法并不是希望学生成为该科目的一个小型图书馆，而是要他们参与获得知识的过程，强调学习是一种过程，而不是结果。发现学习法这种对过程和能力的重视与杜威机能主义心理学的倡导也是一致的——意识的内容不如它的效用重要，值得重视的是机能而不是内容，意识的主要机能就是选择和适应，而不是获取某种知识。

布鲁纳试图中庸的尝试很难化解理性主义高难度的课程和经验主义的学习方法之间的紧张关系。首先是理论传统上的难以调和。发现学习法反映了美国人感兴趣的是个别差异、经验效果和训练认知的发展，而结构主义课程之"结构"反映的是对普遍和统一的认知图式的追求、是一种与经验主义相悖的心灵主义，是把人作为抽象的认识者；其次是理论之间相互矛盾。第一，发现学习法主张探究知识结构的过程而非知识获得的结果，目的是把结构迁移转化为归纳和抽象的能力。归纳与获得抽象的一般概念的知识是一种心灵的能力，它来自亚里士多德所谓的特殊感官和共同感官的经验，用当下的话语而言，是来自学生在学校的学习，主要是学术知识的学习。换言之，如果没有一定的知识背景，何以能够概括出知识的结构呢？还有即使学生能发现结论，也不一定能发现知识结构之间的关系。第二，一方面课程内容的唯一来源是学术知识，像学习者的兴趣、经验等心理因素，当代社会生活中的问题等社会因素，这些非学术知识不能作为课程内容；另一方面对学习过程的强调又重于获得学术知识。第三，它还何以通过发现与学生心理因素和社会因素无涉的课程知识来激发学生的学习兴趣呢？

简而言之，如何以经验主义的方法学习理性主义课程？没有以知识为工具，如何以认知结构和概念思维来探究和培养"学科中心"和"知识本位"课程的认知结构和概念思维呢？借用维果茨基的话来说，概念思维是高级心理机能，它受社会的文化历史发展的规律所制约，推动它发展的工具是人类社会所特有的语言和符号。这并不是要贬低发现教学法，而是认为方法应该和内容相恰切。但是布鲁纳这种美国式的教育立场是很值得欣赏的。

(2) 皮亚杰和维果茨基理论对普遍主义和个人主义的融合互补

如果说布鲁纳的努力是化解理性主义和经验主义之间的张力的话，那么，皮亚杰和维果茨基的理论走向互补则是试图缝合认识的普遍主义和个人主义，型构了两种取向的建构主义。

基于皮亚杰理论的建构主义被认为是个人建构主义。其实，就皮亚杰理论本源来说，它本身就从两个维度结合了普遍主义和个人主义，只是美国人放弃了前者，着力以其民族精神研究和改造了后者。就普遍主义而言，他的兴趣在于追问人类知识的普遍起源，把人作为抽象的认识者，对个别差异这种美国式的话题不感兴趣；就个人主义而言，儿童心理逻辑或原型图式的变化是儿童在"孤胆英雄式"地操作客体活动中进行的，但是这个客体只是被操作的物体和已有的图式，不包括同伴和教师等社会环境因素。① 大致可以说，以个人在个体主义认识活动中图式的发展推演到认识的普遍主义起源和发展，这就是皮亚杰对普遍主义和个人主义的结合。由此，基于皮亚杰理论的建构主义被称为个人建构主义，知识是个人建构的，但是这种实用取向并不是皮亚杰的本意。他的个人主义被解释为个人意义的建构，是美国式教育心理学基于其传统的对个性差异的关注而作出的阐释，同时也就放弃了对普遍知识起源和发展的追问。

基于维果茨基理论的建构主义被称作是社会建构主义。维果茨基理论是普遍主义的。首先，维氏的文化历史理论的核心内容就是阐述科学概念是如何在学校环境中以有目的的方式被掌握的。科学概念是经过历史考验，被人们普遍认同之后延传下来的文化；其次，就科学概念获得的方式而言，它是在人类物质生产过程中通过人与人之间的关系而获得的。在学校环境中，拥有科学概念的教师按照社会的要求（普遍而抽象的要求）进行教学，学生以向教师学习为主要形式来获得概念。由此，这是一种知识获得的社会建构

---

① [瑞士] 皮亚杰、B. 英海尔德：《儿童心理学》，吴福元译，商务印书馆1980年版，第119—120页。

论，是师生和生生之间互动的结果，是参与者之间的普遍共识；再次，这种科学概念所型构和塑造的人的高级心理是普遍的，美国人恰当地根据他们的需要进行了改造。维果茨基的普遍主义，师生之间的指导和被指导转换为处于特定文化历史中的师生和生生通过互动和协商而建构的暂时性地达成共识的、就他们之间而言的"普遍"知识。另外，维果茨基的"文化"也从人类社会所特有的普遍的符号和语言转换为美国人的文化概念，即"价值观和意义系统"。

皮亚杰与维果茨基理论的融合的可能性在于两者在教育主张上的共识与分歧。首先，他们都强调行动和实践，都强调相互作用。维果茨基的文化历史理论把辩证唯物主义的"人类起源于劳动"在心理学中具体化，提出活动借助于心理工具——符号，在社会化的过程中导向思维。皮亚杰提出"知识来源于动作"，是主客体建构的结果。其次，他们的心理发展机制理论各有长短。维果茨基的高级心理机能需要通过语言的获得和间接过程对广泛的人类经验进行一种社会性掌握，儿童以向教师学习为主要形式，但是有过于强调教师的外在作用，忽视学生的主动性和创造性之嫌。皮亚杰认识到儿童参与学习活动的自主性和积极性的重要作用，主张教师向儿童提供大量和多样的活动，使儿童在活动中与现实世界直接接触，反对教师直接讲授。再次，维果茨基认为，为了促进学生的"最近发展区"，教师可以组织安排能力不同的学生进行合作学习，接受能力较强同伴的指导。而皮亚杰认为，活动客体只是被操作的物体和已有的图式，不包括同伴和教师等社会环境因素。[1] 概而言之，就教育观而言，是前者的生物学特色和后者的社会的、文化的、人际的因素之差异与两者活动观的趋同导致了两者有互补的可能性。或者我们还可以说，他们都有着美国式教育所需要的元素，一些可资改造之后所需要的元素。

两种理论走向互补与融合的原因还在于他们经受教育检验时的失意。首先是人们对"以儿童（能力、兴趣）为中心"的教育运动的不满，接着布鲁

---

[1] ［瑞士］皮亚杰、B. 英海尔德：《儿童心理学》，吴福元译，商务印书馆1980年版，第119—120页。

纳开展的结构主义教育改革运动又最终被放弃,尔后"回归基础"的教育运动接踵而至,再接着是随着里根政府颁布的《国家处于危机中:教育改革势在必行》而掀起的美国学校教育改革运动的第三次浪潮。新的改革需要新的教学方法来运作。关注儿童差异的个人主义使"伊万"学到的东西"约翰"没有学到;以教师为中心的教育偏重灌输知识,培养循规蹈矩的听话者,个性服从于权威。前者是"美国式教育之痛",后者从根本上颠覆了美国的立国思想和传统。进行互补式的融合,提出一种建构主义学习理论,就成为一种选择。

(六)启示与警示:发展理论和教育学关系的整体性反思

教育学如何处理与包括心理学在内的其他学科的关系?教育研究要具备什么样的思维方式?心理学研究的中庸和互补倾向对以上两个教育研究的热点问题都具有启示和警示价值。

1. 教育学对自身的理论认识是引进和综合心理学理论的前提

实践活动必须以对自身和世界的理论认识为前提。在美国,"人们正试图对这两种理论加以比较……我们似乎更应该把维氏……融合进去而不必使发生认识论的原有框架'伤筋动骨'"[1]。也就是说,美国式的教育心理学先以实用主义的风格解释和改造了皮亚杰心理学,又以改造了的皮亚杰心理学使维果茨基心理学美国化。唯其以实用主义精神,民主、自由与平等的立国之本和主导价值,以儿童(能力、兴趣)为中心的教育哲学和心理学,它才能够把维果茨基中的"文化"化约为美国的"文化",把维果茨基的"师生授受"解释为"社会互动",把维果茨基学派的方法和概念,如最近发展区、合作学习、教学支架等,放入儿童中心论中,从中又诞生出新的学习方式,如随即通达和抛锚式等。而在中国,教育研究者倾向于把哲学和心理学理论直接演绎为教育主张。例如,后现代哲学理论提出的"去中心化",其内涵是消除科学中心主义以及主流文化,关注边缘文化、边缘学科以及边缘群体

---

[1] Tryphon, A. & Vnoeche, J. (eds.), *Piaget-vygotsky: The Social Genesis of Thought*, Psychology Press (UK), 1996, pp. 1–10、57–58.

等,于是有学者就提出要去教师和课本权威,解除对学生的压迫和知识的霸权等。这种比较使我们明白,教育学必须打破教育理论虚无主义的纠结,建构自我的基础性概念,以它对引入的其他学科理论进行解释、选择和改造,而既非沦为其他学科的实验田,也非只为论证他者的科学性。

2. 教育学对自身理论的信念是摆脱非此即彼思维方式的先决条件

思维方式是依托于思维内容和水平的,非此即彼的思维方式是教育理论虚无主义的一种表现,没有自己的理论信仰,就像猴子掰玉米,发现了一种新的理论,就丢掉了原来的理论,最终自己的理论就在这"见一个爱一个"的情绪中稀释了。

在心理学理论的影响下,近 30 年来,教育研究在"以学生为中心"和"以教师为中心"之间,在"传授知识"和"培养能力"的两极之间摇摆。第二次教育实验运动初期,赞可夫的"教学与发展"实验掀起了我国开展教育实验的高潮。"以教师为主导,以学生为主体"的理念成为教育界的普遍共识,但在哲学主客体理论的质疑声中,还是被贴上"以教师为中心"的标签。随着我们把发现教学法作为布鲁纳建构主义课程之核心来进行提倡,人们开始质问,教育质量的表征是知识还是能力,理论界开始在"知识"和"能力"的维度上声讨"以教师为中心"的教育,并将其作为"应试教育"的一种表现抑或原因。一时间,似乎"以教师为中心"必定难脱"重知识传授,轻能力培养"的窠臼,"人人喊打"。随着建构主义学习理论的引入,声讨达到了高潮。以儿童为中心,"培养学生解决问题的能力""探究能力""发现的能力""成功智力""多元智能"等成为全民皆知的素质教育行话。

值得庆幸的是,教育理论界开始意识到了建构主义对普遍主义和个人主义的融合取向,开始从过于崇尚"尊重差异"和"个人意义解读",以至于摒弃"追求统一"和"客观知识"的两极思维中摆脱出来。学者的"社会建构主义"取向开始凸显,并认为"这种社会建构主义兼容了'反映'与

'建构'两种机制，是符合马克思主义认识论的"①。从"所谓学习，基本上是一种自然过程"②"传统教学的基本原理是与建构主义背道而驰的"③"我们所谓的'研究性学习'，其秉承的是整体主义的价值观，知识被看作是个体创造的关于世界的意义，学习者被看作是实践性的自由存在"④ 到"新课程知识观认为，知识不仅具有客观性、确定性、普遍性和中立性等性质，还具有文化性、不确定性、情境性和价值性等基本性质"⑤，非此即彼的思维方式似乎已经转型。但是需要强调的是，知识和理论之间的中庸、互补或者相互建构是由强势一方主导的，它由学者所信仰的教育基本概念所牵引。

曾把皮亚杰理论引入美国的布鲁纳对两者融合表示担忧，因为"他们关于智能的概念压根儿就不能相容"⑥。皮亚杰只是关心认识的性质，不关心如何促进知识的形成和认识的发展。维果茨基是以马克思主义思想的形式阐述人的意识问题，将其看作是社会关系、语言和劳动的历史产物⑦，关心的是如何以历史和文化产物，即科学概念促进儿童语言、思维和符号等高级心理机能的发展。过虑了，布鲁纳先生，文化和信仰的力量是巨大的，当然前提是如果你有的话。这本就是文化心理学和建构主义所应有之义，即我们由于"所处的社会和历史背景的不同"，我们"每个人的经验都是独特的"，"对世界的理解方式都是不一样的"。

---

① 钟启泉：《中国课改：挑战与反思》，来源：新思考网 http：//hist. cersp. com/Article/200609/3826_ 3. html. （访问时间：2006年9月29日）。
② 钟启泉：《建构主义"学习观"与"档案袋评价"》，载《课程·教材·教法》，2004年第10期。
③ 钟启泉：《重建学习的概念》，载《福建论坛》（社科教育版），2005年第5期；钟启泉：《概念重建与我国课程创新——与〈认真对待"轻视知识"的教育思潮〉作者商榷》，载《北京大学教育评论》，2005年第1期。
④ 钟启泉主编：《研究性学习教师读本》，上海教育出版社2003年版，总序。
⑤ 赵小雅：《对话钟启泉教授：义无反顾奏响课程改革进行曲》，来源：中国教育新闻网 http：//www. jyb. cn/xwzx/jcjy/kcgg/t20061215 _ 55113. htm. （访问时间：2006年12月16日）。
⑥ [美] 布鲁纳：《赞赏皮亚杰和维果茨基两位心理学家在学术观点上的分歧》，张粹然、龚浩然译，见黄秀兰主编：《维果茨基科学心理学思想在中国》，黑龙江人民出版社2004年版，第381页。
⑦ [美] 加德纳·墨非、约瑟夫·柯瓦奇：《近代心理学历史导引》，林方、王景和译，商务印书馆1980年版，第524页。

三、学习机制研究：心理学的成果及对教育学的启示

发展的过程是宽泛意义上的学习的过程，发展唯有以学习为条件。

自进化论诞生以来，心理学中的进化论思想决定了美国的教育理论一直是"以学习为中心"的。在心理学方面，达尔文诱发了适应心理学。如果说心理与行为采取了和机体器官不同的进化方式，那么人们便会问它们怎样才能帮助有机体适应环境。如果躯体和大脑是进化的产物，那么这种遗传以什么方式形成有机体的思想和行为？这致使比较心理学的产生。心理和行为能力的物种差异何在？这是个体差异问题。生物个体的生长可以看作是以类似于机体进化的方式从心理上对环境的适应，这个问题导致了对学习的研究，它用于解释个体如何顺应环境。如果物种差异很大，那么不同物种的研究就需要不同的个体适应心理学。如果物种区别较小，那么同样的个体学习的规律就可以不管物种区别而适用于一切个体。机能心理学所倡导的正是后者，将动物的学习规律迁移为人的学习规律。当机能心理学与彻底的唯物主义和偏激的实证主义相结合的时候，它就变成了行为主义，历经早期行为主义、新行为主义和新的新行为主义的三大发展阶段，成为一门注定在 20 世纪统治学院心理学多年的心理学。到 20 世纪 50 年代行为主义发生危机时，心理学中的美国气质，如顺应环境、尊重个体差异等自由意识和民主精神，已经渗透到了美国心理学中的"骨髓"之中。因此，美国的教学理论一直是"以学习者为中心"和"以学习为中心"的，只是从作为实验室动物的学习者到真实教学情境中的学习者，是历史性的跨越；教师的教开始进入到心理学家们的研究中。根据儿童的高级心理活动特征进行施教，设计课程和教学法，也是个历史性的进步。

（一）学习和教学心理：从关注认知到兼顾情感

自心理学诞生以来，学习理论大致可以分为三类：行为主义之学习刺激—反应之间的联结、认知学派之认知结构的改变、人本主义之自我概念的变化。

1. 动物学习实验结果的外推

行为主义以及从行为主义向认知主义过渡的格式塔学派的学习理论是以动物实验为基础的。行为主义的典型特点就是否认传统心理学的研究对象——心理或意识——而代之以行为。人是机器的机械唯物主义观，各种自然科学的最后依据都来自经验之事实，进化论推动下的动物心理学的研究等，推动了华生要彻底消除一切主观的解释的努力。"行为主义者心目中的心理学是自然科学的一个纯粹客观的实验分支。它的理论目的是对行为的预测和控制。"① 格式塔学派从物理学中借用了"场"的概念。前者是经验主义和机械主义者，后者，格式塔学派是理性主义者。对教育学发展产生了重大影响的代表人物是桑代克②和斯金纳。

（1）试误说与双基训练

桑代克的联结主义是按照联想心理学的思想把感觉的印象和行为的冲动之间的联结看作学习的基础，更进一步以快乐说和进化论的思想来考虑联结的选择和强化的。教育就是造成一定的情境，通过反复训练，使学生形成某种刺激—反应"联结"，而且这种联结是试误型的。他推翻了意志和理性力量对行为的主导作用。这个学说来源于他著名的迷箱实验。

根据实验结果，他对人类的学习进行了逻辑上的推衍：形成动物学习中的联结，形成含有观念的联结，分析或抽象，选择性思维或推理。他还提出了几条基本学习律，如准备律（对学习的解释必须包括某种动机原则。动机原则与华生摒弃一切主观的解释是相悖的）、效果率（只有当反应对环境产生某种效果时，学习才会发生。这受到了华生的批评）、练习律（反应重复的次数越多，刺激—反应之间的联结便越牢固）。通过对动物和人的实验，他修正了练习律和效果律，增加了多重反应律、定势律、联想性转换律等。

---

① ［美］华生：《行为主义者心目中的心理学》，转引自［美］杜·舒尔茨：《现代心理学史》，杨立能、陈大柔等译，人民教育出版社1981年版，第213页。

② 许多心理学史家并不认为斯金纳是行为主义者。黎黑说，他"是一位躬身力行的行为主义者，而不是全心全意的行为主义者"。（［美］T. H. 黎黑：《心理学史——心理学思想的主要趋势》，刘恩久、宋月丽、骆大森等译，上海译文出版社1990年版，第383页。）

桑代克无疑揭示了一些学习的心理规律，但是他过于简化了学习过程的性质，以主要对动物的静止实验结论外推为人类学习的一般规律，难免以偏概全。

他主要将效果律运用于教室中的教学工作，认为教师应做出安排，使学生能从学习中获得成功的快乐，避免使他们由于学习失败而痛苦。他还提醒教师不必采用直接的奖励或惩罚等人为手段去督导学生，而要使学生从学习的进步中自己感到浓厚兴趣。桑代克肯定儿童是爱好学习的，诉诸学习本身的快乐比诉诸权威性的外在刺激更为有益和更为可取。他认为儿童对于学习产生内在的兴趣，就必然要主动地自觉地学习。这是学习胜利的保障。这具有机能主义的特征。他的巨大努力和影响，使得在20世纪前半期，美国绝大多数教育心理学家都是他领导下的后继人。"20世纪30年代后，以前大部分来自课堂教师实际需要的实验，都成了各个理论学派的心理学家们感兴趣的东西。"①

教育在反复训练中使学生形成某种刺激—反应"联结"，这种理论和实践与赫尔巴特把学生的心灵看作是被动的接纳容器的观点具有相似性。许多西方心理学家把巴甫洛夫（I. P. Pavlov）的条件反射原理作为行为主义的先驱，巴氏的理论在20世纪50年代之前的苏联被当作金科玉律。因此，说凯洛夫的教育学既受到赫尔巴特的影响，也受到了巴甫洛夫的刺激—反应联结理论的影响，也算不上牵强。如此，刺激—反应理论对中国教育学的发展产生的影响可以说是空前的了，它往往与"以教师为中心"的标签粘连在一起。陈元晖认为，教育学的困境有时是由学科心理学或教育心理学给我们带来的，如S－R模式使教师长期受机械论的支配从而把学生当作机械来操纵。②

（2）顿悟说与创造性思维的培养

顿悟是指突然觉察到问题的解决办法。它是通过学习者重新组织或重新构建有关事物的形式而实现的。换言之，有了顿悟的学习者是用一种新的方

---

① ［澳］W. F. 康内尔：《二十世纪世界教育史》，张法琨、方能达、李乐天等译，人民教育出版社1990年版，第244页。
② 陈元晖：《"一般系统论"与教育学》，载《教育研究》，1990年第3期。

式来看待整个情境的。这种方式包括对逻辑关系的理解和对目的与手段之间关系的觉察。由于是真正理解了事物之间的关系,因此这样的学习特别不容易遗忘,而且很容易迁移到其他新的情境中去。他们把通过试误进行的逐渐学习的过程解释成一系列小的、部分的顿悟。这样一来,知觉重组就可以解释各种各样的学习了。从这个意义上可以说,他们只是不同的心理学流派,用不同的研究方法,从不同的角度,以他们不同的理论背景,对同一个现象作出解释而已,他们并没有把顿悟和试误对立起来。

顿悟要求打破旧的格式塔,建立新的格式塔。这被认为是创造性思维的实质。它对于教师教育学生打破框框,勇于创新,培养他们的创造思维的能力,具有现实的指导意义。

格式塔心理学提出了一个在当时看来的预警,"整体不仅仅是部分之总和"。这是对心理学元素主义研究方法的反动。但是如果要素本身从理论上是无法解说的,那么要素之间的关系又从何谈起呢?这是对格式塔心理学诟病最多之处。他们没有作出令人满意的回答。[①] 这也是倡导整体和综合的研究方法的学者应该解答的问题。科学和哲学的新发展总是给予我们解答问题的新思路,但这只是新的看待事实和问题的角度,并没有改变整体是由要素组成的基本事实,正如教学最起码包括的就是"教"和"学"这两个部分一样,我们可以换个哲学、心理学或者社会学的角度看待它们,但是教育学的事实千万不可忘记。

(3)强化说与程序教学

斯金纳在其博士论文中说,心理学"是对反射所作的一种操作分析"[②]。他认为,诉诸心理来解释行为把事情搞得更为复杂,因为心理的环节本身又需加以解释。由此他废除了心灵,断言环境必须对行为负责,他称自己的科学为"行为的实验分析"。就像当初的赫尔巴特用数学关系来分析心灵一样,他用变量之间函数关系的变化分析和描述行为,其最终目的在于设计一种行

[①] 施良方:《学习论——学习心理学的理论与原理》,人民教育出版社1992年版,第162页。
[②] 高觉敷、叶浩生主编:《西方教育心理学发展史》,福建教育出版社1996年版,第303页。

为技术对行为进行控制。带着这个目的以及他对诸如"白鼠揿压杠杆或鸽子啄键"的动物实验结论，他开始了对教育的观察。

斯金纳认为，学习是指有机体在某种情境中自发做出的某种行为由于得到强化而提高了该行为在这种情境中发生的概率，也就是说，形成了反应与情境的联系，从而获得了用这种反应应付该情境以寻求强化的行为经验。他提出了行为塑造技术，包括连续接近法和强化理论。前者是指通过不断强化有机体的一系列逐渐接近最终行为的反应来使它逐步形成这种行为。这就是程序教学中的小步子原则之理论基础；后者是其学习理论的核心观点，强化物是指"使反应发生的概率增加或维持某种反应水平的任何刺激"。正如观察总是被理论"污染"，他发现美国教育存在着三大问题，而传统教育中的教材自然强化不足，教师要同时充当许多儿童的强化机器，力不胜任，无法解决这些问题。首先，学生的行为塑造和控制主要受到的是厌恶刺激，"坐在课桌旁在作业本上做练习的儿童，他的活动主要逃避一系列令人反感的小事情的威胁——教师的不高兴，同学的批评嘲笑……"；其次，行为和强化之间时间间隔过长，"例如作业被带到家里去批改时……这种方法会有什么效果的话，那才是令人惊奇的"；再次，缺乏使复杂行为前进的有效程序，提供的强化次数太少等。"如果教师要利用对学习的研究的新近成就，她就必须有机械装置的帮助。"[①] 也就是程序教学机。用这种机器进行的教学就叫程序教学。程序教学以刺激—解答（反应）—确认（强化）—进展为一个教学周期，把学习内容分成许多小的单元，以系统的程序对它们进行排列，使每一个学生都可能按照他自己的水平循序渐进地、尽可能快地学习。这种客观的观察和分析确实切中了制度化教学的弊端，但是只靠一种技术程序就能排除这些弊端显然忽视了儿童学习活动的复杂性。

英国教育家阿什比在《科技发达时代的大学教育》中对程序教学的缺点作了客观评论："程序教学的缺点不仅在于鼓励死板，更糟糕的是，它只鼓励那些与程序教学机意见一致的反应。对于仅求一致性的危险是无须多谈

[①] ［美］斯金纳：《学习的科学和教学的艺术》，刘范译、彭瑞祥、龚维瑶校，见［美］普莱西、斯金纳、克劳德等：《程序教学和教学机器》，人民教育出版社1964年版，第70—77页。

的。另一方面,对于怀疑者、不同意见者、提出问题者,总之,对于独创思想者,从程序教学机是得不到鼓励和满足的。"①

但是程序教学机器确实使个别化学习成为可能,随着计算机技术的发展,程序教学逐渐演变成了 CAI,它对于简单的程序性知识的学习还是有效的,但是它显然不适合人类的高水平复杂学习。作为现代化教育手段的运用的开始,程序教学在世界教育史中将永久地保留它的历史地位。

以格斯里和赫尔为代表的行为主义者把人类行为看作是自动的、循环的、能够还原为物理学术语的东西,提倡对研究对象采取"机器人"的观点②,支配着学习心理学概念近 30 年之久。教育心理学家关注的问题一度远离学校实际。③ 好在有了社会需求和教育发展的召唤,学习心理学家们开始研究教育中的人的学习和教师的教学理论。他们假设和研究了人的高级学习心理是什么,继而探讨怎么办。教学心理学的兴起即是明证。

2. 学校情境中的学与教之研究

第二次世界大战后,社会心理学、发生认识论、布鲁纳的知觉和思维研究、计算机的发明、人本主义心理学和乔姆斯基的语言学等理性主义者向行为主义发起了挑战。它的两个基础,实证主义和动物学习也日益变得不牢靠。教育的变革也"提供了研究议程,向心理学提出挑战,要求心理学研究真实的人是如何在真实的情境中学习的,而不是研究那种限定在人为的实验室场景中的人是如何完成任务的"④。20 世纪 60 年代出现了认知心理学,它是一种实验心理学,当时主要包括结构主义和信息加工学说。被行为主义"抛弃"了的心理过程重新成了合法的研究内容。

(1) 认知发现说与发现教学法

布鲁纳认为,学习的实质在于学习者主动地进行加工活动形成认知结

---

① 吴杰主编:《外国现代主要教育流派》,吉林教育出版社 1989 年版,第 142 页。
② [美] 杜·舒尔茨:《现代心理学史》,杨立能、陈大柔等译,人民教育出版社 1981 年版,第 265—267 页。
③ Richard E. Mayer, *The Promise of Educational Psychology*, *Learning in the Content Areas*, New Jersey: A Viacom Company, 1999, p. 12.
④ Richard E. Mayer, *The Promise of Educational Psychology*, *Learning in the Content Areas*, New Jersey: A Viacom Company, 1999, p. 12.

构。认知结构的主要成分是类别编码系统。学习者在学习过程中主要进行的信息加工活动是类目化活动，通过它将新知识与原有的类目编码系统联系起来，不断形成或发展新的类目编码系统，也就是形成认知结构。他认为，学习知识的最佳方式是发现学习。它指的是学生利用教材或教师提供的条件自己独立思考，自行发现知识，掌握原理和规律。他认为，学习每一门学科都包括三个"计划同时发生的过程"，即新知识的获得过程、知识的转化过程和知识的评价过程。知识的呈现方式和学习者的内在动机是促进学习的条件。

发现学习法既是一种学习方法，也是一种教学方法，意在调和与克服进步主义教育以学生为中心和传统教育学以教师为中心这两者所带来的弊端而提出的。它远可追溯到苏格拉底的"产婆术"，近可以回溯到杜威的"发现"和"探究"等观念。布鲁纳更注意发现法的认知心理学的理论依据，使之具有科学的基础。但是如果将发现教学法推至一种理想化和绝对化的地步，它可能难以回答以下的问题：难道学生们只有这一种学习方式，教师们只有这一种教学方式吗？这适合吗？这可能吗？时间上允许吗？心理学的研究传统自然可以作此假设，且是它的应然之为。

（2）认知同化说与讲授法

奥苏伯尔（D. P. Ausubel）用认知心理学重新解释了传统的言语教授法，对我们进行传统教学反思有借鉴意义。1968年他首版《教育心理学：一种认知观》的扉页上标明："如果我不得不把教育心理学的所有内容简约成一条原理的话，我会说：'影响学习的最重要的因素是学生已知的内容。'弄清了这一点后，进行相应的教学。"这表明，他的理论体系是以"学生已知的内容或认知结构"为核心而建构的。所谓认知结构，就是指学生现有知识的数量、清晰度和组织方式，它是由学生眼下能回想出的实事、概念、命题、理论等构成的。奥苏伯尔围绕着它们区分了接受学习、发现学习、意义学习和机械学习。（见图2-2）

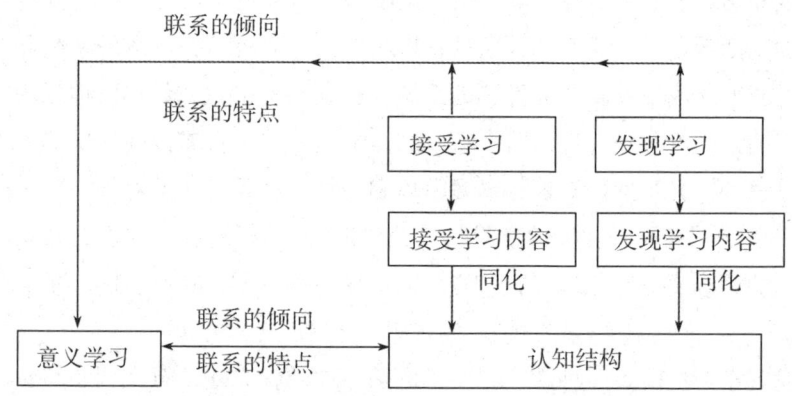

图 2-2　奥苏伯尔的认知结构与发现学习、接受学习和意义学习之间的关系①

简而言之，接受学习就是接受学习内容，然后与认知结构同化；发现学习是自己发现学习内容，然后与认知结构同化。联系的倾向指的是有意识地把接受学习和发现学习的内容与认知结构相联系，它指的是一种学习态度。联系的特点是指学习内容本身与认知结构有内在的联系，即逻辑上的关联性。有了这两个条件，无论是接受学习，还是发现学习，都可以叫作意义学习，分别称为有意义接受学习和有意义发现学习。学校主要采用有意义接受学习，尤其是有意义言语接受学习，即传统的讲授法。只是在奥苏伯尔看来，教师一定要避免传统教授法中的机械学习，也就是学习内容与已有的认知结构不发生作用的学习。教学如何做到与认知结构发生作用呢？奥苏伯尔提出了逐渐分化、整合协调的组织原则和先行组织者策略，分析了学习的动机因素。

把奥苏伯尔称为赫尔巴特20世纪的传人可能是有一定道理的，它对我们的影响之大是无可估量的，因为传统教育被认为就是赫尔巴特式的。首先，他们强调的都是静听（就身体活动而言的，并不一定就是思维处于静止状态）的教授法。其次，他强调的新旧知识同化的观点可以在赫尔巴特的统

---

① 此图来源于对奥苏伯尔理论的文字描述。（施良方：《学习论——学习心理学的理论与原理》，人民教育出版社1992年版，第233—247页。）

觉理论中找到，只是奥苏伯尔对新旧知识的结合的心理机制用认知心理学理论提供了一个更有说服力的解释。再次，他所认为的动机是学习的原因，但是更多的是学习的结果。① 这与赫尔巴特提出的"作为学习结果的兴趣"一样，都强调了兴趣与动机非为本能。最后，他们都强调知识的教学和学习，但是对于知识转化为能力的过程及其机制，以及它们之间的关系都没有作出解释。

（3）掌握学习说与教育目标的分类

布卢姆在发表了目标分类理论之后，从 20 世纪 70 年代开始研究学习理论。他首先对学校教师在给学生评分时一直使用的正态曲线②进行了分析批判，建立了新的学生观。正态曲线使教师在教学开始之前有一个心理定式，即只有三分之一的学生能完全掌握教师所教的知识，另三分之一成绩一般，再三分之一可以不及格。布卢姆认为，教育是一种有目的、有意图的活动，每个学生都得到最适当的教学后的成绩分布曲线将呈偏正态分布，也就是说，绝大部分学生都能够掌握学习内容。"他们没有学会，是因为没有正式的程序来保证教师的讲解适应学生的需要。"③ 它要求教师不断地通过诊断性评价、形成性评价和终结性评价等反馈措施对教学内容进行调整以达到教育目标。

布卢姆的掌握学习理论可以说是目标分类学的一个结果。他从 1948 年开始从事教育目标分类的工作，1956 年和 1964 年分别发表《教育目标分类：认知领域》和《教育目标分类：情感领域》。他首先认为，学生学习时存在

---

① 施良方：《学习论——学习心理学的理论与原理》，人民教育出版社 1992 年版，第 256 页。
② 在统计学历史上，正态曲线来自拉普拉斯和高斯的常态误差率，首先由比利时学者阿道夫·科特雷引入对人类的生物的及社会的资料进行分配。它用以说明理想目标实现的成就有不同程度的差异，是基于一种"中人说"的假设——中常的人为大自然的理想，好坏两方面的歧义是大自然的不同程度的误差，平均是常见的数值，大相差是罕有的。高尔顿将其应用于心理才能的测量，奠定了它在教育测量中的位置。（［美］E. G. 波林：《实验心理学史》，高觉敷译，商务印书馆 1981 年版，第 540—542 页。）
③ ［美］布卢姆：《布卢姆掌握学习论文集》，王钢等译，福建教育出版社 1986 年版，第 3 页。

着各种意识水平或心理顺序，各种目标就是它们的体现。这是他的认知心理学观点的体现；它们也是可以用外显行为来衡量的，这是他的行为主义心理学思想的体现。他站在行为主义的立场上主张用外显行为方式来陈述目标，而且认为复杂行为是由简单行为构成的，因此可以设计一个由简单到复杂的按层次排列的目标体系，而且将其落实到每一个具体的教学任务上。如他把认知领域的目标分为知识、领会、运用、分析、综合和评价。这在一定的程度上避免了人的意识的主观性、内隐性与不可知性以及行为主义的机械性。他的三个领域的划分基本上受到了教育观点的影响，他提出各种类别之间的界限应与教师在安排课程或选择学习情境时所作的区分紧密联系，让教师对具体学习情境中的学习者行为作出区分。它融合了行为主义、认知主义和教育学的三家理论，是教育心理学的一个非常大的进步，被许多国家，如澳大利亚、韩国、日本、印度尼西亚等国家所采纳。

掌握学习对教师的工作态度和工作时间提出了超常的要求，这就需要在制度上保证实施掌握学习的条件和要求。在2000—2018年期间芬兰学生在经济合作与发展组织（OECD）实施的国际学生评价项目（简称PISA项目）中，阅读素养、科学和数学素养成绩连连夺冠，或位居世界前列，历次领跑欧洲，平均总分两次排名第一，令世人瞩目。自20世纪70年代以来，芬兰着力整体推进有质量的教育，设立了班级教师、教师助理、特别需要教师和多学科综合工作小组等一系列分工细致、职责明确的教师团队，从制度上保证了有针对性地帮助每个学生掌握学习内容，实施个性化教学，促进了高质量的教育公平。① 无疑，在考试文化特别浓郁的我国，教师和学生们承受着极大的升学压力，学校和家长一直要求对学生补差培优，践行的实际上就是"为学生掌握而学和教"的模式，因此布卢姆的学习理论在我国的影响主要体现在教学目标的设计、分类和评价上。20世纪80年代后期，我国不少地区和单位都已着手对中小学有关教学内容制定了以学习行为为界定、按学习水平分类的教学目标系列，就是在结合我国教学实际基础上参照了布卢姆教

---

① 李建忠：《芬兰：走向有质量的教育公平》，载《中国教育报》，2006年11月24日第6版。

学目标分类的理论。① 许多教育研究人员都是按照布卢姆的知识、情感和技能三个维度备课、评课、指导新手教师和编制试卷的,许多教师教学参考书也是按照该理论对教师展开教学指导的。虽然新课程改革提出了三维目标(知识与技能、过程与方法、情感态度与价值观),但是许多教师和研究者依然采用布卢姆的教学目标分类方式,撰写教学目标。

从布鲁纳到布卢姆,心理学家们对除教育价值之外的其他教育学问题,如课程编制、教学方法、教学策略、教学评价等诸多方面进行了系统论述,初步形成了心理学化的教育学体系。如果说布鲁纳和奥苏伯尔等人为教师提供了在真实的课堂教学情境中如何教学进行指导的话,那么继布卢姆之后,加涅则为教师提供了进入课堂之前的各项准备工作,特别是教学设计。

(4) 累积学习说与教学设计

加涅受过行为主义的严格训练,随着信息加工心理学在20世纪50年代的发展逐步转向认知心理学,他提出的"学习是指人的心理倾向和能力的变化,这种变化要持续一段时间,而且不能把这种变化简单地归结为生长过程"定义被人公认,引用得最多。他承认行为的基本单位是刺激—反应的联结,引起联结的条件包括内部条件(学生在开始学习某一任务时已有的知识和能力)和外部条件(独立于学生存在的学习环境),对内外部条件的分析表明他吸纳了认知心理学的思想。教学就是教师基于内部条件对外部条件的安排和控制,学生就此出现的反应就是学习的结果。

他对学习的结果进行了知识和能力方面的划分。就知识层面而言,他认为学生有八种学习过程或者种类,称为层次学习或累积学习,即信号学习、刺激—反应学习、动作连锁、言语联想、辨别学习、概念学习、规则学习和问题解决或高级规则学习。能力层面包括理智技能、认知策略、言语信息、动作技能和态度。每一个层次的学习,都是以前一个层次的学习为前提条件的,因此,在教学设计中,对教师而言,最重要的是要分析学生前一个层次的学习结果。例如,如果教师要设计概念学习,那么教师就要分析学生是否已掌握好了有关这个概念的信号学习、动作连锁和辨别学习等。教学过程与

---

① 吴也显:《教学论新编》,教育科学出版社1991年版,第351—356页。

教学结果紧密联系了起来,知识学习是能力形成的结果。这些都具有重要的意义。

加涅学习理论中的另外一个创新和贡献之处在于他把教学设计和学习阶段与心理现象一一对应(见表2-1)。教师的教学设计既要依据学生的心理现象,也要具体分析学生已有的内部条件,还要考虑到教师的教学过程。这种处理具有辩证的关系,即影响学生学习的因素是教学决定的,但教学若要有效,一定要依据学生的内部条件。他将信息加工的语言转换为学生的学习心理现象,使每一项教学工作符合心理现象。他的模式既简单又具有复杂的一面。就前者而言,八种学习形式除了递进的关系以外,还有前后左右的相互关系和交叉关系。简单还体现在教学阶段不一定就能和学习阶段一一对应,如教师可以在每一个教学阶段激发学生的动机,提供反馈也可以在每一个阶段进行。这种对应具有极强的预设性和控制性,难免有机械和简单之嫌。然而教育事实总是丰富和松散的,理论和实践之间直接的一一对应几乎难觅。

表2-1 加涅的学习阶段和教学设计与心理现象的对应关系

学习的心理现象	学习阶段(过程)	教学设计(事件)
期望	动机阶段	激发动机
注意:选择性知觉	领会阶段	把目标告诉学生
编码:贮存登记	习得阶段	指导注意
记忆贮存	保持阶段	刺激回忆
提取	回忆阶段	提供学习指导
迁移	概括阶段	增强保持
反应	作业阶段	促进学习迁移
强化	反馈阶段	让学生做作业;提供反馈

3. 从关注认知到关注情感

无论是研究动物的学习,还是研究学校中的教和学,心理学家们注重的多是认知或者智能上的发展,正如布卢姆所说:"过去的40年是知识迅速增长的年代,运用高级心智过程的能力业已证明是举足轻重的。"① 人本主义心理学家认为心理学应该探讨完整的人,而不是割裂了的行为、认知和情绪障碍。他们感兴趣的是自我概念的发展、人际关系的训练,以及其他情感方面的内容。他们的学习理论大多是从自我实现和个人意义的角度提出来的,其代表人物是罗杰斯。

罗杰斯把学习分为两类,一类是无意义学习,即只涉及心智的学习,另一类是意义学习,它是个体的行为、态度、个性以及在未来选择行动方针时发生重大变化的学习。它包括四个要素,即个人参与、自我发起、渗透性和自我评价。教师的任务不是教学生知识,也不是教学生怎样学,而是要为学生提供学习的手段,由学生自己决定如何学习,因此教师不再是教师,而是促进者。他提出了促进学生自由学习的十种方法,包括构建真实的问题情境、提供学习的资源、使用合约、利用社区、同伴教学、分组学习、探究训练、程序教学、交朋友小组和自我评价。这是种开放的,以个人为中心的教育。

罗杰斯和斯金纳的争论举世闻名,前者是自由决定论者,后者是极端的环境决定论者。其实,他们都忘记了学生既不孤立于社会之外,也不独断于自我之内,学生所做的和所不做的,大都是对社会准则和其他人所期望的反应。罗杰斯还忘记了,当他试图把认知与情感合二为一以培养完整的人的时候,他又把情感推到了极致。当他批评行为主义将动物的学习规律直接演绎为人的学习规律时,他自己也在教学与治疗、学生与患者、教师与治疗者之间进行了简单类推。对于心理学,他贡献了主观主义的研究方法,扩大了其研究领域;对于教育学,他贡献了对作为客体的学生以"人"的整体性的关注,这是教育学的一个重大和永恒的论题。在中国 20 世纪 90 年代初,教育和教学以学生为主体的观点被提出来,逐渐形成"教育主体哲学"或"主体教育论"。他提出的开放的、以个人为中心的教育原则和方法在 30 多年后的建构主义学习理论中从另一个角度得到了阐述,只是建构主义更加关注认知

---

① [美] L. W. 安德森、L. A. 索斯尼克主编:《布卢姆教育目标分类学 40 年的回顾》,谭晓玉、袁文辉等译,华东师范大学出版社 1996 年版,第 2 页。

的发展。

(二) 建构主义学习理论：心理学的假设和学习方式的变革

翻开我国绝大部分教育学和教学论教材，我们见到的都是诸如"教学活动""教学规律""教学方法""教学原则""教学媒体""教学评价""教学模式"等编写体例，而不是"学习活动""学习规律"等。因此，大致可以说，一方面教育学者对学习机制的研究往往是出现在"教学"这个范畴中的，另一方面的研究是学者主动寻找心理学等其他学科理论的最新成果为支持，在对这种现状的抵制中谋求教育的变革和教育学的发展。其中，对建构主义学习理论的引入和介绍尤为突出。

1. 对学习本质与机制的重新认识

建构主义研究的兴起实际上是后现代主义社会理论、知识社会学和哲学思潮汇流的结果。① 后现代主义怀疑科学的客观性；建构主义知识社会学认为科学技术并不是质朴的，而为人和利益所玷污；约定主义的哲学本体论和相对主义认识论直接促进了建构主义的研究。从这三股汇流到建构主义思想的兴起，主要是由于冯·格拉塞斯费尔德等几位移居美国的奥地利学者以及智利生物学家马图拉纳（H. Muturana）等"建构主义的开路先锋"的学说影响和开拓。② 它对学习本质与机制的重新认识源于它的新认识论和人性假设观。

(1) 建构主义的认识论和人性假设

"每一位学习理论家都是一位哲学家。"③ 每一种学习理论都有哲学认识论的假设。建构主义的认识论认为，个人创造了有关世界的意义而不是发现源于现实的意义。④ 1998 年，冯·格拉塞斯费尔德提出建构主义的两个基本

---

① 李三虎：《当代西方建构主义研究述评》，载《国外社会科学》，1997 年第 5 期。
② 张桂春：《激进建构主义教学思想研究》，华东师范大学博士论文，2002 年。
③ [美] 莫里斯·比格：《学习的基本理论与教学实践》，张敷荣、张粹然、王道宗译，文化教育出版社 1983 年版，第 21 页。
④ 高文：《教育中若干建构主义范型》，见钟启泉、高文、赵中建主编：《多维视角下的教育理论与思潮》，教育科学出版社 2004 年版，第 7 页。

原则：知识不是由认知主体被动获得的，而是积极主动建构的；知识的功能是适应并服务于经验世界的组织，而不是对本体论的客观现实的发展——被广泛引用并得到基本的认可。"知识在一定程度上能被传播，但传播的知识只有在它被重新构造之后，即得到了解释并且与学习者的已有知识联系起来，才在各种情况下变得可用。"① 不存在一种客观的知识。"功能""适应""服务"和"经验"表征了建构主义所具有的美国式实用主义特征。

"学习理论（像心理学的许多其他理论一样），是以研究者对人性的概念为依据的。"② 建构主义学习理论是一种善而相互作用的人性假设观。善的假设认为，学生的学习是一种自然展开；相互作用的假设认为，人的心理本质起源于他们个人与环境的关系，每个人现实的心理内容就是通过他自己的独特经验去理解所接触的东西。建构主义学习理论的主要观点是：学习不是由教师向学生的知识传递，而是学生主动建构自己知识的过程。③ 学习是一种结构改变的途径，学习是结构决定的自组织的循环过程④；学习是学习者主动建构内部心理表征的过程，它不仅包括结构性的知识，而且包括大量的非建构性的经验背景；学习者以自己的方式建构对于事物的理解，不存在唯一标准的理解，但是我们可以通过学习者的合作而使理解更加丰富和全面；对信息的理解是通过运用已有经验，超越所提供的新信息而建成的；从记忆系统中所提取的信息本身，也要按具体情况进行建构，而不单是提取。

（2）建构主义在我国传播的发生分析

2001年，建构主义学习理论被正式确认为新一轮基础教育课程改革的理论基础。在此之前，教育学者和心理学者对建构主义的优势与不足已经有所介绍。

我国心理学界1996年开始把建构主义介绍到国内。"在教育心理学中正

---

① ［德］鲍利克、［美］罗森茨维格主编：《国际心理学手册（上、下）》，张厚粲主译，华东师范大学出版社2002年版，第236页。
② ［美］莫里斯·比格：《学习的基本理论与教学实践》，张敷荣、张粹然、王道宗译，文化教育出版社1983年版，第21页。
③ 张桂春：《激进建构主义教学思想研究》，华东师范大学博士论文，2002年。
④ 张桂春：《激进建构主义教学思想研究》，华东师范大学博士论文，2002年。

在发生这一场革命,人们对它叫法不一,但更多地把它称为建构主义学习理论。"①"总起来说,建构主义的学习理论更适合于学习的高级阶段,对于如何使学生的认识由抽象走向'思维中的具体'是很有启发的"②,"当今的建构主义是在维果茨基、布鲁纳和皮亚杰思想基础上的发展,它对于以斯金纳为代表的行为主义和以加涅等为代表的认知主义为基础的客观主义传统的教学进行了有力的批评,切中要害"③。"建构主义的很多观点具有明显的主观唯心主义和相对主义的色彩。"④ 既然建构主义是对学习本质和机制的重新认识,那么,基于建构主义的"学与教的观点还正在形成和发展之中,因而还不够成熟,有些研究结果间还存在相互矛盾之处,且这种观点的哲学观基础还较为深奥。因此,我们要加强对它的研究,在深入领会的基础上,结合中国的教育实际,适时适地运用这种观点和教学技术"⑤。

教育界对建构主义学习理论的介绍始于1997年。研究远程教学设计的学者何克抗等于1997年和1998年在《电化教育研究》上连续发文介绍建构主义学习理论,对其持肯定和赞赏态度。但是在《电化教育研究》2000年第2期上的《"主导—主体"教学模式的理论基础》一文中,他根据小学语文"四结合"教改实验的情况,提出应该将建构主义学习理论和奥苏伯尔的有意义学习理论相结合,认为"主导—主体"教学模式兼取两大理论之所长并弃其所短。2002年第10—12期的《电化教育研究》上,他又根据实验结果,对皮亚杰"儿童认知发展阶段论"提出质疑。高文于1998年和1999年在

---

① 张建伟、陈琦:《从认知主义到建构主义》,载《北京师范大学学报》(社会科学版),1996年第4期。
② 张建伟、陈琦:《从认知主义到建构主义》,载《北京师范大学学报》(社会科学版),1996年第4期。
③ 张建伟、陈琦:《从认知主义到建构主义》,载《北京师范大学学报》(社会科学版),1996年第4期。
④ 张建伟、陈琦:《建构主义与教学改革》,载《教育研究与实验》,1998年第4期;陈琦、张建伟:《建构主义学习观要义评析》,载《北京师范大学学报》(社会科学版),1998年第1期;陈琦:《教育心理学的基本问题(二)——关于建构主义》,载《中国远程教育》,1999年第2期。
⑤ 郭裕建:《"学"与"教"的社会建构主义理论述评》,载《心理科学》,2002年第1期。

《全球教育展望》上发文对建构主义学习的评价、建构主义学习的特征、建构主义教学模式、社会建构主义、维果茨基理论作了客观的介绍。2000年，《外国教育资料》（现名《全球教育展望》）三期连载了德国学者埃瓦尔德·特尔哈特（Ewald Terhart）的《建构主义与教学——在普通教学论中会出现一种新思想吗？》。"答案在目前只能如下：……更确切地说，这个论据背景可以称为是一种在本身异质的、部分是兼容并存的、部分是自相矛盾的活动背景中的积淀。"

2001年，我国新一轮基础教育课程改革提出了"全面贯彻党的教育方针，全面实施素质教育"的目标。为了实现该目标，有学者认为，"统整的建构主义是研究与实施素质教育的重要理论依据"①，"建构主义，……其中最有代表性的有六种……我们主张在统整各派建构主义理论的基础上，汲取该学说的合理内核……"②2001年刊登的八篇介绍建构主义学习理论的文章可以看作是基础教育课程改革理论基础的建构主义学习理论的正式登场。在心理学者、哲学工作者和教学设计理论者都对建构主义的不成熟之处提出批评的时候，在一些教育理论工作者克服我国传统教育"忘了学生"和"学生被动接受"等弊端的时候，在他们为我国教育改革和素质教育寻求新的理论基础的不懈努力中，将统整的建构主义作为改革的理论基础，我们不得不客观地说，显然，理论准备工作的力度不够。

学习理论的基础从动物心理学、实证主义到智能计算机模拟，再到建构主义学习理论在多种理论基础上的综合建构，佐证了学科的知识、问题和方法交涉性发展的事实。人的学习已经成为跨学科研究的对象。这对于教育学和心理学都是一个启示。

2. 对学习方式变革的启示——以研究性学习为例

建构主义学习理论在理念和学习方式上的一个重要载体是研究性学习。它对于克服以传授知识为主要目的的教育具有极大的意义。

---

① 钟启泉、崔允漷、张华：《为了中华民族的复兴 为了每位学生的发展〈基础教育课程改革纲要（试行）〉解读》，华东师范大学出版社2001版，第23页。

② 钟启泉、崔允漷、张华：《为了中华民族的复兴 为了每位学生的发展〈基础教育课程改革纲要（试行）〉解读》，华东师范大学出版社2001版，第23页。

研究性学习有广义和狭义之分。从广义理解，研究性学习泛指学生主动探究的学习方式，它与接受式学习相对应，是指一种学习的理念、策略、基本思想及方法论，主要包括自主、合作和探究等。它适用于各类课程的学习，即可以与各门学科教学相结合。从狭义看，作为一门独立的必修课，研究性学习指在教学过程中以问题为载体，创设一种类似科学研究的情境和途径，让学生通过自己收集、分析和处理信息来实际感受和体验知识产生的过程，进而了解社会，学会学习，培养分析问题、解决问题的能力和创造能力。

当今社会的人们具备终生学习的愿望和能力远比掌握知识更重要。但是长期以来，我国的学校教育建立在凯洛夫的教育理论基础之上，他的教育学体系实质上是以传授知识和技能为目的的思想体系，这导致了学生以被动的、接受式的学习方式进行学习，偏重于对学科知识的机械记忆、浅层理解和简单运用，缺少综合运用知识和创造性地解决问题的能力，创造精神和实践能力的发展也受到了严重的压抑和限制。最初指导研究性学习的理论工作者指出，"研究性学习要求学生从全部地只是获得书本知识和间接经验，到同时重视通过实践活动、体验来获得直接经验并解决问题……重视培养学生对大量信息的搜集、分析、判断、反思和运用能力"①。这种认识是中肯的，它反映了教育学者的责任意识和理论伦理。2003 年知识的客观性开始受到怀疑，凸现激进的建构主义色彩。"我们所谓的'研究性学习'，其秉承的是整体主义的价值观，知识被看作是个体创造的关于世界的意义，学习者被看作是实践性的自由存在。"②

研究性学习理念，从情感、技能和认知上，与善而相互作用的人性假设一致。

研究性学习认为，儿童能够按照自己的兴趣、动机与需要选择和确定研究主体，自主地采取个人或者小组合作的形式展开研究过程，积极地和负责任地发挥自己的主体地位，开展探究活动；在教师指导下他们就可以具备选

---

① 霍益萍、张人红：《研究性学习的特点和课程定位》，载《课程·教材·教法》，2000 年第 11 期。
② 钟启泉主编：《研究性学习教师读本》，上海教育出版社 2003 年版，总序。

题—开题—中期评估—结题、调查和评价等研究中的步骤和操作性规范；儿童具备较强的观察力、思维力和创造力等，能够从平常的现象中发现不平常的、值得研究的东西，从表面貌似无关的东西中发现相似点或因果关系。也就是说，研究性学习要求学生确定研究主题，用类似科学研究的方法主动地获取知识，应用知识，解决问题，培养创新精神和实践能力。这对学生的一般认知能力、知识背景、认知风格和创造力等提出了较高的要求。研究能力，即使它与科学家等研究人员的层次不同，也并不必然存在于每个人的智能中。也就是说，这种在情感、技能和认知上的要求是对普遍儿童的一种理想的假设。

具体儿童之间的差异，这个经验性的结论和常识性的知识，是客观存在，不能否认的。因此，开展研究性学习所需要的兴趣、动机、需要、能力和创造力等在个体和研究性学习活动中的表现和层次应为不同。当然这些差异是暂时的，就此而言，也是固化的，正是它暂时的固化性才使我们具有了讨论的共同起点，正是这些差异才造就了重提方法论的意义，即方法论研究方法和对象之间的适切性及其关系。理想的理论上的假设在面对实践的检验中所需要的不是一味地为自己预设的理论辩护，而要根据教学实践的灵动和变异考虑调适，深入实践场地，感知和理解，建构、发展和应用教学实践的变通和智慧。而教师虽然具有专业独立性，但是由于他受制于所在场域的传统、个人的习惯和行业的模式，其逻辑上不一定是自恰的，其能力和精神并不必然可以承担得起这份独立性。心理学者对普遍儿童心理逻辑的假设也需要在接受教学实践的检验中修正和具体化。因此，研究性学习及其在实践中所遭遇到的障碍，对学生的学习、理论工作者和教学实践工作者的学习都是一个启发。学生的知识、理论知识、实践知识都需要在基于个人意义上，在主客体的相互建构中丰富和成熟。

（三）学习机制研究对教育学基础性的影响

学习机制研究对教育学基础性的影响表现在教育学教材中的知识演化，并由此带来的体例与结构的更改，以及所引发的对"教学关系"钟摆式认识。

1. 学习研究成果在教育学教材中的反映

教材是历史的积淀，记载着历史性的较为成熟的知识。许多年后，非为该领域的高级专业研究者，人们总是希望在教材中找到公认的知识。我们可以在教材①中找到各派学习理论为教育学的发展作出的贡献。

（1）打破了传统教育学四大板块结构

《大教育学》② 单列"教育与心理"一章，包括两节，即"学习心理与教育"和"品德心理与教育"。在第一节中作者介绍了刺激反应学习理论、认知派学习理论、苏联的学习理论。作者认为，发展学生的智力、培养能力是学校教学工作的根本任务，而这个任务的实现"主要视学生在校学习的可能迁移的数量及质量而定"，由此他介绍了"迁移理论"；作者还介绍了我国心理学者的"非智力因素与学习"关系的研究成果，因为"把掌握知识、发展智能与能力、培养非智力因素三者结合起来，才能取得满意的教育效果"。作者的这种认识和相应的教材设计是切中要害的，不仅抓住了我国教育工作在理论认识上所经历的这三个主要阶段，即掌握知识、发展智能与能力、培养非智力因素，摒弃了非此即彼的思维方式，而且从心理学的角度指出了教学和学习效率得以提高的关键。在第二节"品德心理与教育"中，作者介绍了心理学家的品德发展理论，诸如道德认知发展理论、精神分析学派的道德发展理论、班杜拉等人的新行为主义的社会学习理论。作为公共课教材，它虽然停留于对学习理论介绍的层面，但是其所考虑的是"加深、拓宽师范生的教育理论修养"和"突出教材的时代性"。对多样的西方学习理论的选择就是其立场的表示。

同样在教材体系上力图突破凯洛夫教育学四大板块结构的还有《当代教育学》（袁振国主编，教育科学出版社 2004 年版）。该书堪称"当代"，紧跟学习和教学理论发展的步伐，分别在"当代学习理论"和"当代教学理论"

---

① 选取的教材主要是《教学论》教材，其分析的顺序以教材出版的时间顺序为先后。也包括力图打破四大板块体系的几本教育学教材和传统的教育学教材，以资对比心理学理论对教育学发展的基础性影响。值得一提的是，教育学者是大大方方地介绍心理学的理论，而心理学者却在言行上有所不同的保留。

② 张人杰主编：《大教育学》，广东高等教育出版社 2003 年版，第 222—283 页。

中介绍了最新的多元智能理论和建构主义教学理论。只是能否将"学习"和"教学"分立而论呢？正如顾明远在该书"序"中所评注的，"其他有些章节在逻辑安排上也有值得改进的地方"。在《当代学校德育》中，作者介绍了"认知性道德发展模式"和"体谅模式"，并对其优缺点进行了简要的评述。单列"教学策略"一章也是其"当代教育学"之"当代"应有之意。

囿于传统的四大板块的教育学教材，一般没有对"学习"或"心理"的分析。在"教学"部分，基本上是按照"教学的任务和意义""教学过程""教学原则""教学方法""教学组织形式"等板块，用日常化的语言展开介绍，对于心理学的最新成果，至多是在"教学方法"部分有所涉猎。笔者认为，心理学理论对教育学发展的基础性影响不仅表现在单纯的知识上，而且是体系和结构上的。跟上学习理论发展的步伐，必然需要在教材中"腾挪"出空间。

（2）教学目标、教学设计和教学评价

教学目标有宏观和微观之分。此处的目标是微观意义上的，是"教学中师生预期达到的学习结果的标准"①。这种标准是教学活动主体预先确定的、在具体教学活动中要达到的、利用现有技术手段可以测度的教学效果，因此，教学目标与教学设计和教学评价总是联系在一起的。

20世纪以来，许多心理学家和教育学家都对教学目标分类和表述问题进行过深入研究，提出了自己的主张和观点，形成了庞大的教学目标分类研究体系。我国教育学和教学论教材较为及时地吸纳了它们当中的精华。

在《教学论稿》中，作者在"教学的基本概念"一章中提出了"教学的一般任务"一节，在"基本提法"中指出，教学的一般任务是传授和学习系统的科学基础知识和技能，并在此基础上发展学生的智力和体力，培养共产主义世界观和道德品质。② 作相似论述的还有王道俊和王汉澜主编的《教育学》（新编本）和五省、市区的《教育学》。一般任务起着方向上的指导作用，但是对于复杂的教学活动来说，只有一个笼统的、原则性的规定是不

---

① 顾明远主编：《教育大辞典》（增订合编本·上），上海教育出版社1998年版，第744页。
② 王策三：《教学论稿》，人民教育出版社1985年版，第101页。

够的，教师和学生无法明确应教到和学到哪种程度才算合格，教师之间的交流和研究缺乏交流和研讨的基础，也对教学反馈形成了一定的障碍。相应地，该书没有编写"教学目标设计"或"教学设计"一章。在"教学效果的检查"中，作者比较了传统考试法和现代教育测验，介绍了常模参照测验、目标参照测验、相对评分和绝对评分等心理测量与统计方面的知识，指出了综合的趋势，并以教学的立场分析了实践中存在的问题。

晚于《教学论稿》出版的，并且在布卢姆的《教育目标分类学：认知领域》于1986年由华东师范大学出版社出版以后，我国教学论著作，如刘克兰的《教学论》（西南师范大学出版社1988年版）、吴也显的《教学论新编》（教育科学出版社1991年版）都单列"教学目标"或者"学习分类"一章进行介绍。《教学论新编》介绍了布卢姆的教学目标分类理论，日本的板元昂教学目标分类思想和梶田叡一的三分类达到目标的观点。对我国学者从我国国情出发，参照国外教学目标研究的成果作者也作了简单的介绍。对于如何设计和实施教学目标，作者提出了自己的看法。在"教学评价"一章中，作者分为"学的评价"和"教的评价"，详细介绍了教育统计和测量学中的量化评价的方法。在体例安排上基本与王道俊和王汉澜主编的《教育学》（新编本）中的"教学评价"部分一致。

在《现代教学论学程》（黄甫全、王本陆主编，教育科学出版社1998年版）中，除了布卢姆和梶田叡一的分类理论之外，作者还介绍了加涅的学习结果分类理论和奥苏伯尔的有意义学习分类，并做出了自己的评价，如"加涅的理论既有助于学习结果的测量和评价，又特别有利于教学设计""我们在运用布卢姆的理论时，不能将其作为僵死的教条"等。该书的"教学目标设计"一节显然吸收了加涅的理论。在"教学评价"中，该书将布卢姆的"诊断性评价""形成性评价"和"终结性评价"作为教学评价的分类，把学生学业评价和教师授课质量评价作为教学评价方法进行了介绍。

田慧生和李如密主编的《教学论》（河北教育出版社1999年版）增加介绍了巴班斯基（Babanski）和鲍良克（V. Poljak）的教学目标分类理论，特别突出的是，作者较为详细地介绍了国内五种教学目标分类研究的成果。作者还单列了"教学设计"一章，而以往的教材只列出了"教学目标设计"，介绍了最新的教学设计理论,如系统分析模式、目标模式和过程模式等,对教学目标设计、教学起点设计、内容设计、时间设计、措施设计和评价设计逐一作了介绍。在《教学评价》中,作者从心理测量学的角度增加介绍了"教学评价工具的编制与使用"。

如果说以上的教材只是对教学目标进行纯粹介绍的话,那么李秉德主编的《教学论》(人民教育出版社 2000 年版)在分析各种教学目标的长短和不同着眼点的基础上,提出了自己的教学目标分类模型。在"确定教学目标"的四级标题下,作者重点介绍了教学目标的陈述,对认知类目标、情意类目标和技能类目标分别举例加以说明。该书作为"全国中小学教师继续教育学习参考书",正如作者在"编者的话"中指出,"对于前人已有成果的选取、组织和阐述还是比较准确的,编者对于本书的编写是慎重的,是对使用者负责的"。

纵观以上的分析,可以看出,我国 20 多年以来的教学论教材在内容和体例上反映了心理学的最新成果。从笼统地阐述教学的一般任务到精细地分析诸多心理学等学者的教学目标分类理论,从对教学任务或者目标的经验总结到提出教学(目标)设计技术,从传统的论文考试法到借用心理统计与测量的方法和知识,解释和评价学生与教师的学习与工作,教学论逐渐地在摆脱单纯的经验总结取向,科学性不断地增强。然而,不可否认的是,借鉴移植居多,综合消化与建构不够,客观介绍的多,评析和对教师具体指导的少。

(3) 教学模式和教学方法

"教学方法"一词古已有之,而且教育学起源于"如何教",但是对"教学模式"的渴求受到了 1972 年在美国出版的,由乔伊斯(B. Joycy)和韦尔(M. Well)合著的《教学模式》一书的冲击和影响。

教育学教材及时地介绍了心理学理论支撑下的新的教学方法。如 1984 版的《教育学》把洛扎诺夫(Lozanov)的暗示教学法与陶冶法放在一起讨论;五省、市区的《教育学》也单列"两种新的教学方法"一部分,介绍了布鲁纳的发现教学法和洛扎诺夫的暗示教学法。

对于教学方法,各家教学论教材在定义上趋同,如教学方法是为实现教学目标服务的,是由教师主导的;各家的区别主要表现在细微之处,诸如,是方法由方式组成的,还是动作体系构成,抑或手段或程序的总和,或者操作策略,等等。各家对于当代西方主要的学习方法,如发现法、掌握学习法、有意义接受法、暗示法等都有所介绍,但是在详略上区别较大。如《教学论稿》和《教学论》(李秉德等主编)只是在相关内容上提及其名称,而《教学论新编》和《现代教学论学程》则作了较为详细地介绍。

对教学模式作了详细介绍和分析的当属《教学论新编》和《现代教学论学程》。前者将教学模式定义为"格式和样式的统一,是特定条件下教学系统结构和功能的统一"。作者提到了当代著名的十种模式,如布鲁纳模式、斯金纳模式、奥苏伯尔模式、瓦根舍因模式、赞可夫模式和巴班斯基模式等,详细介绍了皮亚杰模式、罗杰斯模式、加涅模式和布卢姆模式。对于国内多样化教学模式的探讨,作者参考了杨小微的硕士论文《试论中小学教学结构和模式》中的材料,列举了"指导—自学""引导—发现"和"参与—活动"式。后者《现代教学论学程》认为,教学模式是"开展教学活动的一整套方法论体系,是在一定教学思想或教学理论指导下建立起来的、较为稳定的教学活动结构框架和活动程序"。作者介绍了国外的"掌握学习"的教学模式、"非指导性"教学模式、"合作教育"教学模式,介绍了我国近年来教学改革对多样化教学模式的探讨成果,如自学—指导教学模式、引导—发现教学模式、情境—陶冶教学模式、示范—模仿教学模式、目标—导控教学模式和集体教学模式。

以上分析总体表明,各家教材在对教学模式和教学方法的最新心理学成果的吸纳上坚守了我国传统教学思想的精华和教学改革实验中的成果,彰显了教学科学和教学艺术的双重特征以及教学论理论基础的多学科主张,教学论的立场鲜明。

有作者对心理学的贡献作了总结性的评价:心理学的研究成果被广泛应用于教学改革中,教学理论日益心理学化,教学方法的心理学化是教学方法改革与发展的趋势,心理科学的研究成果已成为现代教学方法发展的重要基础和前提,有关教学方法的众多研究成果的获得者不是教学论专家,而是心理学家。① 在单纯的引进和综合建构之间，通观全书的内容和体例，作者无疑有针对性地选择了后者。值得期待的是，教学论学者可以寻觅到某种一以贯之的核心概念，构建一种摆脱了被引介的理论冲散的支离破碎的体系，前提是解脱"亲哲学、疏心理学"的取向。这在后面还将进一步展开分析。

2. 学习理论介入引发的"教学关系"的再认识

心理学的学习理论引发了教育学者在"以学为中心"和"以教为中心"之间的钟摆现象。这是一种对立思维的表现，其根源还在于我们缺乏对教育学基础性理论的信仰。

"学生中心论"者一般认为学生具有一种内在的潜能，极为重视学生的需要、态度、情感等动机系统或内部机制等因素，认为主要是这些内部因素的变化才引起学习行为的变化。"教师中心论"以赫尔巴特等人为代表，持此观点者视社会或教育影响的代表者教师为教学过程的绝对支配者，教师完全可以按预期的目标并通过由他组织的活动中发生的应答反应矫正或形成学生的行为。② 在制度化教育的初期，由于知识容量小，知识结构简单，学科门类少，从事教育的人的数量相对较小，他们的素质相对不高，为数不多的教育机构也只是向具有一定社会地位和经济地位的人开放，儿童以学习为主。随着社会和科学文化的发展，知识的容量、结构、类型不断增长和复杂，重要性也不言自明。提起夸美纽斯和赫尔巴特，出现在我们脑海中的更多的是与"教"有关的，如"把一切知识教给一切的人的泛智思想"和"教学的形式阶段"等。杜威的民主主义教育思想被高度概括为"以经验为中心、以活动为中心、以儿童为中心"，但是传统与现代理论还是处于胶着状态。

（1）"以教为中心"和"以学为中心"的摇摆

在中国，由于教育学发展的成熟和壮大，心理学理论的介入总是引发了教育学者的"传统保护"意识，"以学为中心"和"以教为中心"的钟摆现象就很明显了。其中，大致发生了四次转向。

---

① 李秉德、李定仁主编：《教学论》，人民教育出版社2000年版，第206—212、391—398页。

② 李秉德、李定仁主编：《教学论》，人民教育出版社2000年版，第104—105页。

1901年6月，我国最早的教育专业刊物《教育世界》从日文转译了有关赫尔巴特理论和日本学者自编的教育教学论著作。朱孔文编撰的《教授法通论》和蒋维乔编的《教授法讲义》主要受赫尔巴特学派的影响，强调教师的讲授和控制。这种影响在1919年杜威应邀来华演讲后，发生了向以学生的活动为中心的转移，以儿童为中心的教学实验蓬勃开展，尤以改革传统教学法的实验居多，如设计教学法、道尔顿制教学实验等。① 1919年10月，第五届全国教育联合会宣布"以儿童为本位、废除教育宗旨的规定的建议"②。在我国，研究和正式试行设计教学法的首推1919年俞子夷在南京高师附小的实验。尔后，舒新城、廖世承等人在上海、南京、北京和长沙等地开展实验，创办道尔顿制实验学校。1925年柏克赫斯特（H. Parkhurst）来华做"道尔顿制"讲演，把道尔顿制实验推向全国。这是"以教为中心"和"以学为中心"之间的第一次转向，虽然后者并没有完全取代前者。

新中国成立后，杜威学说遭到了猛烈的批评，"马克思列宁主义教育学在短促的几年中在中国学术界奠定了自己的统治的地位"③。国内大量译介了凯洛夫等人的教育学和教学论著作。从根本上来讲，以凯洛夫教育学为代表的苏联教育学并没有摆脱赫尔巴特理论的影响，它强调系统知识的传授，强调教师的主导作用，课堂教学程式化、僵化，不利于教师发挥创造性，学生发挥主动性。中小学实行统一的教学计划、统一的教学大纲和统一的教材，并且作为国家的文件形式固定下来，学校和教师无权更改，不利于发展学生的个性。这是"以教为中心"和"以学为中心"之间的第二次转向，这一次所产生的影响是永久性的，它完成了苏联教育经验的本土化。④ 这既是因为两国国情相似，也是因为苏联教育经验与我国传统文化有相似之处。我国传统的经典文化和科举制度重视集中统一，重视书本知识、基本知识、接

---

① 陶行知等人的教育实验运动更倾向于社会改良的性质，故本书没有将其列入论述的范围之内。
② 陈元晖：《中国现代教育史》，人民教育出版社1980年版，第20页。
③ 瞿葆奎、马骥雄主编：《曹孚教育论稿》，华东师范大学出版社1989年版，第208页。
④ 顾明远：《论苏联教育理论对中国教育学的影响》，载《北京师范大学学报》（社会科学版），2004年第1期。

受学习等，具有师道尊严的传统，而苏联自 20 世纪 30 年代批判儿童学以来，一直强调教师的主导作用，强调传授系统知识，基本知识和基本技能。结合第一次转向中"以教为中心"的顽强生命力，不难发现，凡是与我国传统文化相接近的，我们就容易吸收和融合，凡是与我国传统文化差异较大的，就难以吸引。后发生的两次转向也充分说明了这一点。

1978 年以后，我国教育界再次打开了面向世界的窗口，首先译介的是两位心理学家的著作，赞可夫的《教学理论和教学实验》、布鲁纳的《教育过程》。尔后，美国和苏联大部分教育心理学家的教学理论都在中国得到介绍、翻译和出版，如加涅的《学习的条件》、奥苏伯尔的认知同化学习理论、布卢姆的掌握学习理论、苏联的年龄与教学心理学等。这些理论和实验对我国教育理论和实践产生了震动。许多智慧的学者开风气之先，开始教育实验。如 1978 年上海师范大学的整体性改革的教学实验；中国科学院心理研究所卢中衡主持的中学数学自学辅导教学实验等；华中师范大学创办了实验杂志《教育研究与实验》专门探讨教育实验的理论与实践问题。这些实验的目的不外乎强调发展学生智力，更快更好地传输知识，提高教育质量，注重的是"根据学生的学习心理特点""以教为中心"。1987—1989 年期间，人本主义心理学开始在中国译介。人本主义心理学以"患者为中心"作为学习基础，提出"儿童中心"，教师根据学生自己的需要和成长速度确定教育的进度，反对外部强加标准，抹杀个性，反对一砖一瓦地累积知识。但是它围绕着以学生为中心，受教育者的情感、欲望、自主性、体验和感受统统成为教学必须面对的因素和必须考虑回答的问题。这是一个极大的进步，也是教育学的一个重大的和持久的论题。这是第三次"以学为中心"和"以教为中心"之间的转换，但是研究者吸收更多的是人本主义心理学"以人为中心"的精神，而不是具体的教学理论和策略，如非指导性教学和开放课堂等。对于美国认知心理学家们的教学理论更多的是停留在译介的层面，是《教育心理学》《教育学》和《教学论》教材中的经典知识，对教育实践并没有产生非常明显的影响和作用。教学理论中的凯洛夫痕迹依旧很重，根据儿童的身心特点施教基本上还停留在理论的层面。这既是传统力量的强大使然，也是理论与实践之间的鸿沟使然，而师范教育和教师资格准入中只对教育心理学和学科教学法知识的静态掌握的强调又起了一定的强化作用。

第四次的转换是《解读》中提出的"统整的"建构主义学习理论。我们很容易地在新课程改革提倡和发展多样化的学生学习方式——自主学习、合作学习与探究学习——中找到更多的皮亚杰的而不是维果茨基建构主义思想，或者说是被美国人改造了的维果茨基的社会建构主义学习理论，而且这种思想，正如前面所分析的，尚停留在思辨上的论述阶段，并没有真正的根据儿童的身心特点进行教学。试想，起初为研究生所设计的建构主义学习策略被作为普遍的学习模式应用到基础教育阶段中的学生身上，显然，对儿童的年龄发展特点和教育阶段特征考虑不够。"以学为中心"成为一种形式上的认识和活动。

(2) "多向互动、动态生成"新教学观的教育学建构

从表面上来看，在学习心理学理论统摄之下的教育学摇摆于教师和学生孰为主体或中心的争论之中，或者让"教"围绕着"学"，或者让"学"围绕着"教"。实际上，即使是让"学"围绕着"教"的一极，也并非西方学习理论中的"以学为中心"。它还停留在口号和形式上，学生的年龄发展特点、学习心理特征并没有真正进入倡导者的实证研究中，思辨气息浓厚，"以心理学为基础"多为摆设和门面。从思维方式上而言，单纯的以教师为中心，或者偏废知识的传授，以学生为中心都是简单思维的表现。摇摆于两极之间，也充分说明了任何一极都是无可缺少、无可替代的。

无论是学习心理学还是教学心理学，心理学家们执行的都是主客体对立的研究路径。行为主义心理学家们的误区在于没有意识到动物的学习心理和人类的学习心理的区别，而且成人的心理和儿童的学习心理之间还有着一条巨大的鸿沟。皮亚杰虽然提出了这个问题，但是他以寻求人类知识的普遍起源为旨归，又没有区分自然环境和儿童的学校环境的区别。认知主义反对行为主义的刺激反应模式，强调接受刺激和引起反应之间的心理过程，但还是没有跨过自然环境和学校环境的距离，没有把儿童的学习心理置于与教师心理的关系中进行考虑。行为主义提出刺激—反应，这是来自动物心理学的结论；皮亚杰提出刺激—有机体—反应模式，在两者之间介入了有机体的因素，刺激是否会引起反应，条件是刺激的特征是否符合当前所处的儿童年龄

发展阶段特征；认知主义者，如奥苏伯尔在两者之间介入的是有机体的认知结构和情感状态，加涅和布卢姆意识到了教学目标，从实验室跨入了学校的大门。

上述分析具有两点启示。首先，所有介入的变量都是学生，可见学生的心理既是教师教学的起点，也是教师促进学生的发展所要超越的起点；其次，教师根据儿童的心理特征进行教学，那么教师的心理特征及其地位何在？课堂中教与学的心理关系如何？如果仅仅是教师根据儿童心理特征施教的话，那么，就是把教师导向教学的操作工了。其操作过程是，心理学家们发现了儿童的学习规律和心理特征，并据此设计了教学方法，教师按照这个方法进行操作，这和实验者针对实验室中的动物设计实验步骤进行实验的理路一样，只是动物转换为真实的人了。教育学者叶澜认为：

> 教学中的师生关系不能以"人"与"物"在实践中的主客体关系模式来认识，否则，就会陷入把"一方"当作"物"来操作的危险。……要使师生在教学过程中真正建立起特殊的"人—人"关系，就要把师生的教学活动当作不可剥离、相互锁定的有机整体……教学过程中师生的内在关系是教学过程主体之间的交往（对话、合作、沟通）关系，这种关系在教学过程的动态生成中得以展开和实现；教学过程展开的内在逻辑是"多向互动、动态生成"。①

师生的教学活动是一个有机的整体，正如不存在离开"学"的"教"，也绝不存在离开了"教"的"学"，它们是互生共长的。在学习理论成为多学科共同研究对象的时代和学术背景下，这个观念对教学心理学具有一定的借鉴价值。它对于克服"以学为中心"和"以教为中心"的钟摆现象更是具有提升自觉意识、坚守立场的价值。

---

① 叶澜主编：《教育学原理》，人民教育出版社 2007 年版，第 193 页。

（四）危机与希望：学习理论和教育学关系的整体性反思

危机的当代表现特别明显，因为我们正在试图摆脱一种与心理学相融的事实，去心理学化地研究课程与教学问题。当然还有其他的危机，如我们前面提到的"教育理论的虚无主义"也表现在学习理论和教育学的关系中，比如在"以学为中心"和"以教为中心"之间的几次摇摆和纠结。

1. 架构与被架构去心理学的单基础论

首先，它表现为以形而上学的方法研究建构主义学习理论。主流教学理论的话语方式被建构主义学习理论同化，但是宏观论述多于课堂微观研究，思辨多于实证，理论解释多于实践求证，并没有深入研究基于建构主义的具体的和可操作的教学设计、教学目标、教学过程和教学评价。或许我们可以以公开课作秀这一屡禁不绝的现象作一个具体的分析。公开课一般展示的是自主、合作和探究的学习方式，"用教材教"代替"教教材"的课程创生观，而构成教师职前教育和新老教师传帮带之间的教学知识和技能并不是建构主义的，教师在日常的课堂教学中运用的也不是基于建构主义的，这在一定程度上就"诱惑"了部分教师和学校领导课前突击基于建构主义的课堂教学，制造虚假的学生"学习"的过程和效果。

同时，基础教育课程改革的诸多领域缺失了心理学者的声音。对于最新的建构主义学习理论，教育学者坚持自己的解读方式，并没有从心理学者的分析中获得滋养，这在一定的程度上导致了教育研究的伪科学性表现。例如，对于高考和中考的评价改革，部分地区出现了违反教育心理统计和测量学普遍规律的现象，如某地区 2009 年中考出现了满分 8682 人，满分满星 28 人，分别比 2008 年增加了令人瞠目结舌的 181% 和 833%[①]；从另一种角度来说，这也是一种被架构的单基础论，因为在这场对建构主义的研究中，正如前面所分析的，心理学者的研究似乎和教育学以及教育改革需要并不同步。如果"中国心理学界要在为社会服务、为国家服务方面做更多的工

[①] 《海南中考八千多人满分引争议》，http://news.163.com/09/0813/20/5GKGCKVJ000120GR.html.（访问时间：2009 年 10 月 11 日）。

作"①的话，关注各个领域的热点问题，用心理学的研究传统和研究优势帮助解决该领域的问题，国内心理学界的力量一定能够有所壮大。这并非是建议心理学在学术和政策之间不作区分，真学术的科学、中立与客观可以为政策预热、纠偏与指航。在美国，"在各种应用心理学中，教育心理学是早期最杰出的一门"②。这是一个双方相互靠拢的过程。一方需要借鉴，另一方提供了可资借鉴的知识和方法。

其实，我国心理学者在儿童发展和学习心理方面也有卓有成效的研究，如冯忠良提出的"结构化与定向化教学心理学原理"和林崇德对儿童思维发展的研究等，这些本土的心理学理论尚未引起我国教育学者和教育改革的充分重视。这无疑也是一种危机。

2. "搬用"和"相加"使教育学教材缺少一以贯之的核心命题

在本书前述的"学习研究成果在教育学教材中的反映"标题下，笔者分析了公共课教育学教材和教学论教材中的知识内容的变迁和体例结构的变化。其实，相对于以往的日常化语言的表述，这是一个非常大的进步。况且选择"搬用"哪些心理学知识，确立"相加"的视角和挑选"相加"的要素，以什么体例和结构安排这些知识，其本身也是学者立场和素养的表示。虽然"搬用"与"相加"不能完全解决教育学科学性和指导实践的问题，但是它开阔了学者的视阈，提供了学者综合与建构的原始素材，实为学科发展的必然过程。同时，教材中的"搬用"和"相加"带来的问题也不可小觑。

"搬用"与"相加"使教学论教材缺乏自己的核心命题和体系。如在"教学目标"一章中介绍布卢姆或者加涅的目标分类学，在"教学模式"一章中又介绍掌握学习理论和累积学习理论，在"教学评价"中又引介布卢姆的诊断性、形成性和终结性评价等，缺乏自己的体系。当然也有学者保持独立的思维品质，对构建系统的教学论作出了有益的尝试。如王策三的《教学认识论》以马列主义的认识论为基础，并根据我国的现实国情，以"教学是特殊的认识过程"为核心命题，围绕着它系统地对教学目的、教学过程、教

---

① 张侃：《中国心理学期待辉煌》，载《中华读书报》，2004年8月11日。
② ［美］E. G. 波林：《实验心理学史》，高觉敷译，商务印书馆1981年版，第644页。

学方法以及师生关系等进行了阐述。教学论不拒绝对外的开放、引进和借用，而是要如何对诸如有意义言语学习、同化和顺应、最近发展区等心理学理论进行教学论的解释和改造，以形成自己的核心命题，构造自己的理论体系。否则，很有可能，即使不淹没在引用之中，也有可能被心理学化的教学论逼退。

更进一步而言，"搬用"和"相加"使学科面临一种生存和发展的危机。皮连生在一本《教育心理学》中设专章讨论了科学心理学取向的教学论，尝试着从加涅的心理学的角度研究我国传统教学论研究的主题。① 王小明在《教学论——心理学取向》（上海教育出版社 2005 年版）一书中以教学与教学论、教学目标、教学任务分析、教学原则、教师与学生、教学内容、教学过程与方法（上、下）、教学评价与补救等当代教学论的主要论题为主题，从心理学的角度重新进行了建构。例如，他认为教学论产生与发展的推动者是桑代克、斯金纳、皮亚杰、西蒙、布鲁纳、加涅、奥苏伯尔和格拉泽等人，至于夸美纽斯、赫尔巴特和杜威等人则只字未提。这无疑是心理学者的一种可贵的创新，表达了一种推动中国教学论实证心理学化的学术理想。

心理学者探求更好地为教学实践服务，开始关注教学论学科的建设和发展，这是一件值得教学论学者庆幸的事情，是教学论繁荣的象征，是对学校渴求提高教学质量的回应，也是满足时代发展的需求，也是因为"哲学形态"（借用以上心理学者的话）的教学论对实践指导的乏力。对于这种发展教学论的努力和创新，教学论学者应该欢迎和欣慰，而不是从学科之见上进行排斥和指责，但是它应该引起教学论学者的生存和发展的危机意识。

引进是历史的进步，它的历史功绩、继续存在的价值和必要性都不容否认，如果我们承认历史确实有惊人的相似之处的话，如果我们承认人类的不同文化群体之间原本就共享着许多基本相同和相似的普适性的理论和价值的话，如果我们不得不承认我们的起步确实晚于他人的话。只是我们不能停留于引进，并且要意识到引进的价值在于以此为借鉴的综合和创新，而非简单

---

① 皮连生：《教育心理学》（第三版），上海教育出版社 2004 年版，第 405 页。

的"搬用"和"相加"。

3. 融合教学理论与教学心理学的传统之继承

自 20 世纪 80 年代西方教学心理学被介绍到我国以来，整个教学过程，从教学设计到教学评价，无论是教学理论还是教学实践，都表现出融合教学心理学的努力。其成果主要表现在以下几个方面。

根据学生的现实发展水平确定正确的学习起点是教学设计中最关键的一个环节，而这个观念应该是来自加涅的，它与"目标分解""任务分析"和"目标表述"构成教师教学设计的 16 字要诀。其中对"目标"的理解和阐述吸收了布卢姆的目标分类理论；许多教育研究人员都是按照布卢姆的知识、情感和技能三个维度备课、评课、指导新手教师的教学①；在课堂教学中，第一个教学步骤，从赫尔巴特的"预备（提出问题，说明目的）"、杜威的"困难"、凯洛夫的"知觉具体事务"、我国初期公认的"引起求知欲"到后期通俗易懂的"复习提问"，融合了奥苏伯尔"认知结构"定义中所强调的——学生眼下能回想出的实事、概念、命题、理论等，他的首要教学原理——影响学习的最重要的因素是学生已知的内容和"先行组织者"策略等。我国一些教育工作者在几何概念与规则的教学中，以及在小学低年级汉语句法、词性概念和规则的教学中等，采用先行组织者的策略，取得了较好的效果（邵瑞珍等，1990 年）。② 对于教学评价，从试卷的编制、测验到大型考试都借鉴了布卢姆的评价理论，如"诊断性评价""形成性评价"和"终结性评价"以及"双向细目表"等。以上的融合之结果构成了教师日常化的教学知识，依旧具有极强的解释力度和广泛适用性。

这种优良的传统还在传承，教学心理学依旧是教学理论创新的源泉。在教学预设和教学生成的张力中，在对教学和师生互动的探讨中，"分析学生"

---

① 20 世纪 80 年代后期，我国不少地区和单位都已着手对中小学有关教学内容制定了以学习行为为界定、按学习水平分类的教学目标系列，就是在结合我国教学实际基础上参照了布卢姆教学目标分类的理论。（参见吴也显：《教学论新编》，教育科学出版社 1991 年版，第 351—356 页。）

② 施良方：《学习论——学习心理学的理论与原理》，人民教育出版社 1992 年版，第 259 页。

和"生成目标"等新的理念被突出,找到了与教学心理学融合的空间,教学理论有所创新。当前"新基础教育"研究推出的一种教学设计吸纳了加涅的教学事件与学习阶段和学习心理相对应的思想①,但是在具体的教学过程中,"新基础教育"提出要在教学互动中生成,没有拘泥于形式化的一一对应的步骤。未来充满着希望。

  面对建构主义的认识论,似乎我们又回到了智者和苏格拉底"斗智"的时代。古希腊社会转型时期开启了启蒙时代,怀疑主义、自利信条、道德约定、相对主义等在对理智的怀疑中滋长。它们激发了人们的思维,迫使哲学、宗教、道德和习俗等寻求认识的标准,辨明自己的合理性。苏格拉底献出了自己的生命,柏拉图吸引了2000多年的哲学家们为他的论著进行脚注,亚里士多德奠定了许多学科的研究框架。教育学和心理学先后从中走了出来。这是一个可待希望的时代,它呼唤实践者的变革行动,期待指导变革行动的方法论。

---

① 叶澜:《世纪初中国基础教育学校"转型性变革"的理论与实践》,见《"新基础教育"发展性研究报告集》,中国轻工业出版社2004年版,第23页。

第三章 研究方法和方法论：心理学的实证主义对教育研究的影响

前一章回顾和反思了心理学的"发展"和"学习"研究对教育学知识流变的影响。本章将聚焦于知识诞生和流变的方法和方法论。实证科学的突出特征是数字和实验的综合，心理学的实证主义自然也不例外。对教育学产生影响的实证方法是教育实验法，在对实证主义方法论的反思和批判中，生成了教育研究方法论。

一、前提性问题域之研究方法：从教育研究演绎法到自然经验观察法

教育研究中循着演绎路线探讨教育问题的发端既表现在知识上，也体现在研究者的身份上。从苏格拉底的灵魂中潜在的观念到苏格拉底教学法，从柏拉图的理念世界和阴影世界到学习即回忆，从亚里士多德的植物、动物和理性灵魂到根据年龄发展阶段进行教育以及和谐教育思想，三位先哲的心理学思想演绎到教育活动中，提出和回答了"人受教育的可能性""造成人与人之间的差异的原因""受教育的最佳年龄"以及"如何进行教育"等前提性问题，这种将其他学科的理论，尤其是哲学和心理学理论（无论是独立前还是独立后）演绎到教育理论和实践中的研究方法至今还是教育研究中最常用的一种方法。

(一) 夸美纽斯：以类推和演绎为主，亦不乏论证和归纳

类推和演绎表现为他顺应了当时的"自然热"，把自然规律类推为教育规律和人的规律。他多次提到，万物都有"秩序"，宇宙的井然和谐都是缘于"秩序的万能支配力"，这种秩序也可以支配"教学艺术"的秩序。他提出了 29 个原则和 8 个问题，提出每个原则时，他总是先说自然是怎么样的，第二步就是要学生怎样模仿自然，第三步发现模仿的偏差，第四步纠正。自然—模仿—偏差—纠正，这四个步骤，就是教学所必须遵守的原则。[①] 例如，在"自然遵守合适的时机"的原则下，他借用鸟儿选择春天繁殖，园丁选择春天种植，它们或他们的活动都选择合适的时机，借以批评经院主义教育没有选择运用心理的恰当时机，指出遵循自然的秩序，人类的教育应当"从人生的青春"即儿童时期开始，这是最恰当的时机。他主张："教学的严谨秩序应当以自然为借鉴，并且必须是不受任何阻碍的。"[②] "只要我们一旦成功地发现了适当的方法，那么无论我们教多少学生，都不会比用印刷机每天在成千张纸上印上最简洁的字母更为困难……整个教育过程像这些精心制作的机械装置一样将准确无误。"[③]

演绎还表现在夸美纽斯对始于亚里士多德官能心理学的应用。他认为，人的大脑是许多官能的组合，记忆、推理、感觉和许多其他器官都需要通过使用和活动来训练，而且不同的年龄阶段所训练的重点不同。例如，记忆力可以通过每天的背诵练习而得到训练；他把感官训练、发展记忆力、判断力和意志力的任务分别授予四个不同梯级的学校。例如，他说在国语学校，儿童应该受到内感官、想象力、记忆力和其他相关器官的影响；在拉丁语学校里，学生领悟感官收集来的知识并加以判断；大学里面的学科是与意志格外有关系的。正是由于夸美纽斯为儿童的不同发展阶段提出了不同的感官训练发展任务，皮亚杰给予了夸美纽斯极高的心理学评价，认为"夸美纽斯是发

---

① 陈元晖：《中国教育学遗稿》，北京师范大学出版社 2001 年版，第 166 页。
② [捷] 夸美纽斯：《大教育学》，傅任敢译，人民教育出版社 1984 年版，第 79 页。
③ [美] 布鲁巴克：《西方教学方法的历史发展》，马立平译，见瞿葆奎主编：《教学》(中)，人民教育出版社 1988 年版，第 459 页。

展心理学的发生论思想的先驱之一"①。

夸美纽斯以哲学心理学的感觉论和丰富的教育经验论证教育原则，归纳"教育活动本身一般的规律"。他依据"一切知识都是从感官的感知开始的唯物主义感觉论"②，反对当时学校引经据典、咬文嚼字的理性主义教学。例如，从人对事物的感官到儿童对教具的感官，他论述了直观教学的具体规则，如距离要合理，观察的顺序应是先整体后细节，等等。结合他丰富的教育经验，他较为系统地提出并论证了直观教学原则、循序渐进原则、系统性原则以及巩固性原则等。

（二）赫尔巴特：目的—手段的假设和自然经验观察法的验证

赫尔巴特的目的—手段研究方法在当时可以说是最科学的了。他先采用归纳的程序，把受教育者的心理假想成客观事物，对其进行深入的科学研究并以此为基础勾勒出受教育者应当成为什么样的人的典型形象，再以此为前提假设，为实现此形象有系统地展开教学理论。他提出教育的必然目的和可能目的，把兴趣按照心理状态分为两大类，根据儿童年龄发展阶段设计课程，接着他按照自然科学标准改造了心理学，以自然科学作为方法实现目的，力求保证目的—内容—方法的相关性。

他继承和开创的独特的研究方法，暂且不规范地称之为"自然经验观察法"。实验之前他就对教育的本质、教育目的等有了先在的立场。他在《普通教育学》绪论中开篇就说，人们对事物的见解决定了教育的作用和教育的目的，许多人起初都忽视了它。③ 尔后，他建立了一所实验学校，在自然的教育状态下，以教育见解和假设的心理学指导教师训练班，通过记述和观察，并对不同的讲课方法进行比较，并且亲自教授数学，与学生举行教学与训育的周会。他以教育家、哲学家和心理学家的身份，家庭教师的经验，裴

---

① ［瑞士］皮亚杰：《夸美纽斯在目前时代的重要性》，见《外国教育史参考资料》，华东师范大学出版社1985年版，第161页。
② ［捷］夸美纽斯：《大教学论》，傅任敢译，人民出版社1984年版，第108页。
③ ［德］赫尔巴特：《普通教育学·教育学讲授纲要》，李其龙译，浙江教育出版社2002年版，第7页。

斯泰洛齐等先哲的实践和著作的影响，以规范的方式指导和改造实践，寻求普遍的教学体系和模式，使其既能超越实践，又能指导实践。这种涵盖了参与实践、指导实践、改造实践、验证和修正理论的自然经验观察法已经成为教育学主要的、也是独特的研究方法。

赫尔巴特是第一个宣称心理学是科学的人，但他认为，心理学以经验、形而上学和数学为基础。每个人的心理都是绝对独一无二的，但是观念统觉的数学则是一切人所共同的。他寻求的是心理活动的普遍规律。作为哲学家，他提出的方法是观察法而非实验法，因为就当时的技术而言，心理的实质纯属虚构，只能通过外在的观察加以佐证。科学心理学因冯特建立第一个心理学实验室而诞生，以实验法研究人的心理，它在教育中被称为教育实验法。

二、教育实验法：心理学的教育研究方法和教育学的偏淡

比利时学者德朗舍尔（G. de Landsheere）认为，实验有着特殊方法，即人们有意识地控制某一环境，使之根据预先的设计发生变化，"教育中的科学研究"或"教育科学研究"的表述逐渐取代了"实验教育"这一术语。① 苏联学者科斯丘克认为，教育学和心理学的联系贯穿在克鲁普斯卡娅、布隆斯基、马卡连柯、苏霍姆林斯基的教育著作里，教育的理论和实践属于特别需要心理学知识的社会生活领域之一。② 现代教育实验与心理实验有加强结合和一体化的趋势。③ 实验设计所预期的任何教育影响，如知识积累、技能训练、能力培养、非认知因素发展、个性养成等总是要通过学生的头脑，引起他的某种心理活动和行为反应才能产生效果。因此，强调假设、控制、验

---

① ［比］G. 德朗舍尔：《教育实验研究》，王金波译，光明日报出版社1989年版，第1页。
② ［苏联］科斯丘克：《教育实验研究中的心理学问题》，杜殿坤译，载《教育研究与实验》，1991年第1期。
③ 张定璋：《教育实验的历史考察和本质探讨》，载《华东师范大学学报》（教育科学版），1991年第4期。

证和还原的实验尤其和心理学联系在一起。可以说，教育实验的方法就是心理学的方法或者教育科学方法的借用和延伸。1992年，中国向联合国教科文组织提交的研究报告《我国教育心理学的发展与趋势》①中，众多的教育实验研究作为教育心理学的重要成果得到了重点的介绍。虽然如此，但是从发表于21世纪初的、对我国教育实验运动综述性的几篇文章分析可知，我国的教育实验与心理学的结合还有待加强。②

教育实验法发轫于德国。1879年，冯特将自然科学中的实验法引进心理学，成为科学心理学的创始人。1885年，德国心理学家艾宾浩斯（H. Ebbinghaus）发表有关"遗忘曲线"的实验研究成果，成为教育实验研究第一人，其研究结论至今还是知识学习、记忆和复习方法的重要依据。

（一）西方：从教育实验法到研究方法的多元化

教育实验的奠基性人物诞生在德国。拉伊和梅伊曼极力反对凭借着思想中的逻辑推理建构起来的赫尔巴特教育理论体系，主张用严格的观察、统计、实验来研究教育。他们把科学的实验法广泛地运用到教育研究的各个方面，成为教育实验的奠基性人物。

美国心理学家在教育科学化运动中将教育实验法广泛地运用到教育的各个领域中。桑代克说，教育心理学的目的在于阐明教育目标，用可测量的术

---

① 涉及教学论与心理学关系方面的实验，在数学教学心理方面有卢仲衡的"自学辅导教学实验"、刘静如的"现代学校数学教学实验"。在语文教学心理方面有"注音识字，提前读写"的语文教改实验、万云英的培养语文阅读能力方面。在差异心理研究方面有查子秀1978年开始的全国性协作调查和追踪研究等。结合教学整体改革进行的综合性研究，有冯忠良的"结构—定向教学实验"及林崇德的"中小学生心理能力发展与培养"的教学实验等。参见段惠芬、张声远、吴增强等：《我国教育心理学的发展与趋势》，载《教育研究》，1994年第1期。

② 安学慧：《教育实验研究20年》，载《高等师范教育研究》，1999年第3期；郝志军、田慧生：《20世纪90年代以来我国教育实验的新进展》，载《人民教育》，2007年第10期；石鸥：《对当前教育实验的反思》，载《中国教育学刊》，1996年第3期；张武升：《关于教育实验发展若干问题的思考》，载《教育研究》，1995年第7期。

语来为它下定义，从统计学的角度来论证达到目标的概率。① 斯金纳的行为的实验分析无疑是心理学中最接近常规科学的研究方案。斯金纳指出，心理学的目标是指明决定特定行为的特定因素，以此来分析行为，并把先行影响与随后行为之间关系的真正性质确定下来。他把前者，作用于行为的先行影响称为自变量，后者作为自变量的函数的行为称为因变量，有机体是变量的作用点，诸变量共同作用于有机体而产生行为，不存在什么中介于自变量与因变量之间的心理活动。斯金纳废除了心灵。② 变量之间的函数关系在科学上是否完善，有待控制来检验，也就是说，研究者不但要能够预测行为的发生，而且更要通过操纵自变量而影响行为的发生，否则就是不科学的。（我国 20 世纪八九十年代参与教育实验的理论工作者对这套实验术语和技术是非常了解的。）因此，为了某种目的而操纵行为的控制技术是斯金纳最关切的。在教育中，他应用强化理论，借助于机器装置改造美国学校抹杀学生个性的教学，实施个别化学习，他的理论被广泛地用于人的激励和行为改造上。

20 世纪中期，多元定性的方法打破了教育实验法的唯一性。1957 年，美国西北大学的坎贝尔（D. T. Campbell）发表《社会场景中实验效度的相关因素》一文，首次提出"实验效度"的概念。1963 年，他和斯坦利（J. C. Stanley）合作发表了论文《教学研究的实验设计与准实验设计》，第一次对实验效度概念作出明确解说，并将其划分为内部效度与外部效度，这就为确定教育实验的质量提供了客观标准，从而成为教育实验科学化研究中的重要进展之一。③ 1969 年，他和克龙巴赫（L. Cronbach）同时发表文章，批评当时广为流行的相关实验等定量研究方法。20 世纪 50 年代末期，在教育研究中，文化人类学方法、行动研究法、深度访谈法等定性研究方法不断兴

---

① Grinder, R. E., "Educational psychology: The master science", In Wittrock, M. C. &Farley, F. (Eds.), *The Future of Educational Psychology*, New Jersey: Lawrence Erlbaum Associates, Inc., 1989, p. 13.
② ［美］T. H. 黎黑：《心理学史——心理学思想的主要趋势》，刘恩久、宋月丽、骆大森等译，上海译文出版社 1990 年版，第 407 页。
③ 汪基德：《关于教育实验方法论的思考》，载《现代教育论丛》，2000 年第 2 期。

起。有学者认为,一些西方国家的教育文献中开始忌用"实验"一词。① 时至今日,近一个世纪过去了,教育实验并没有真正在教育科学的殿堂里站稳脚跟。一部颇有影响的《国际教育百科全书》(胡森主编),收录词目45000余条,却找不到"教育实验"这一术语,仅有"实验学校"和强调随机化的"实验设计"。② 西方心理学教育研究方法的多元化趋势都是基于教育研究对象的复杂性,要求研究人员必须深入到教育活动中去,成为教育活动的一员,从而观察、体验和理解教育活动中的各种现象及其意义。

(二) 中国:对教育实验法合法性的讨论与偏淡

党的十一届三中全会以后我国的教育研究迎来了科学的春天。许多教育研究者认为,我国教育学"不科学、不成熟",必须提高科学化水平,办法就是重视实证研究,特别是实验研究。有学者提出,"实验的自然科学加上实验的教育科学的大发展,必将为我们社会主义祖国迎来一个真正伟大的新时代"③。此后,强调在教育研究中运用客观化、数量化、形式化的方法风气日盛。

教育实验法的合法性讨论见证了四种代表性观点。随着教育实验运动的开展,教育理论工作者逐渐意识到教育实验和实验室实验的区别,用自然实验或者准实验冠之,以区别严格控制条件下的心理学实验。这大致可以说是一种基本的共识。第一种观点认为,既然认识到了教育实验的特殊性,那么就更应该按照自然科学实验的标准,加强教育实验的科学规范,竭尽全力向自然科学实验的标准看齐。这一类学者提出,教育实验如同科学实验一样,要探索教育现象内在的因果联系,要追求其效度和信度,对可能影响教育实验科学性的各种无关干扰因素进行避免、排除和平衡。④ 第二类学者认为,

---

① 杨爱程:《美国和其他一些西方国家教育文献为何忌用"实验"一词》,载《教育科学论坛》,1993年第6期。
② 柳夕浪:《"教育"与"实验"的"二律背反"及其抉择》,载《教育研究》,1996年第7期。
③ 胡克英:《提高教育质量,实验必须先行》,载《教育研究》,1980年第2期。
④ 陈社育、柳夕浪编著:《教育实验方法》,浙江教育出版社1991年版;张武升:《教育实验的本质、特点和类型》,载《教育研究》,1991年第2期。

教育实验是一种教育性的科研活动，又是研究性的教育实践活动，是实证的经验研究和理论研究的统一，实证的经验研究占主导地位，是基础，其目的还是揭示因果联系。此观点认识到了教育实验的经验性，但是没有跳出自然科学的框架。① 第三类学者明确表示教育实验乃是一种特殊的实验活动和教育活动，在自然科学实验引进教育学领域之前就已经存在。因此，它根本不是自然科学实验话语下的实验活动，可以引进后者的方法和技术，但是不能原封不动，而要进行改造。② 第四类学者从自然科学和人文科学的方法论角度分析了教育实验的困境，质疑自然科学规范能否衡量教育研究科学性的标准，提出要构建教育研究独特范式，找到中小学教育改革的逻辑起点以及实验研究的"切入口"。③ 如何改造？教育研究独特的范式是什么？人们在困惑中亲历中小学教育实验高潮的退出、行动研究的兴衰、教育叙事的兴起以及教育实验的不同际遇。

当今以"教育实验"命名的教育改革在方法上都有所创新。他们已然摆脱了传统意义上刚性的实验法，定量、基于或探究教育活动中的心理规律不再是教育实验的唯一条件或目的，实验过程也不再严谨地追求理论假设—施加变量—观察因果关系—探索规律等教育实验的程序。当今几大主要的教育实验如主体教育实验、新基础教育实验、生本教育实验、新教育实验和理解教育实验等，大致执行的是以整合和模糊方法为主要特征的人文主义研究范式，主观性、意义性、参与性和定性化是其主要的特点，但是不得不承认的是，这却面临着稀释人文主义所突出的理性主义精神的危险。与其说他们具备明确而具体的理论假设，不如说他们是以理论工作者的教育价值取向及教育学术思想引领实践一线教师开展课堂教学改革，以促进教师和学生的生命发展为教育实验的目的。

概而言之，教育实验法由兴而衰，教育实验在中西方际遇不同。在西

---

① 张定璋：《教育实验的历史考察和本质探讨》，载《华东师范大学学报》（教育科学版），1991年第4期。
② 王策三：《教育实验评价标准探讨》，载《教育研究与实验》，1990年第4期。
③ 杨小微：《处于两种研究范式之间的教育实验》，载《教育研究与实验》，1994年第1期。

方,教育实验一词少有人提及,毕竟直接把人或与人相关的教育方法或者目标作为实验的对象听上去总是不那么"厚道"。在实验学校开展的基于课堂教学的微观教育变革,其变革方法也不再是唯一的心理学实验法,取而代之的是多元的教育研究方法。在中国,近30年来,"教育实验"一词一直是教育研究者的所爱,但是历来都是为数寥寥的教育学者以基于心理学的教育实验法开展教育研究,虽然倡导多元研究方法,但是人文主义研究范式一直占主流。

总之,如果不把科学仅界定为"自然科学"的话,那么教育科学研究不再等同于教育实验。但无论是哪一种研究方法都离不开理论假设、实证检验和形上抽象,再以抽象的理论展开预测,实现自己所主张的教育。

三、实证主义:心理学的方法论主义和教育学的精神

就其思想渊源而言,实证主义继承了17世纪以来欧洲哲学中一直存在的经验主义传统,"以被观察到的事实为基础"是实证主义永恒的实证精神,这在一定程度上切合了教育学所具有的内容、经验和实践之学的特点。

(一)实证主义:心理学发展的方法论

实证主义心理学关心如何利用科学来预测、控制和改造人性,追问功能上的"为什么",这和美国气质"一拍即合",推动了美国取代德国成为心理学大国。美国实用主义哲学家和心理学家詹姆斯接受了这个学说,他的《心理学原理》和《与教师谈心理学》最根本、最直接地影响了教育学。教师的工作是使儿童这个"敏感的、冲动的、联想的和反应的机体"变成有目的的、能思考的和为争取更好的生活会最充分发挥才能的成人。逻辑实证主义引发了华生和斯金纳彻底的行为主义,华生的教育万能论给予普通人以巨大的希望,斯金纳主张科学的唯一目的就是要发现自变量与因变量之间有规律的联系,实现预测和控制,达到人的完善。如果人性包含着"德、智、体",那么"预测、控制和改造人性"的心理学实证主义似乎就是实现中国教育目的的手段的话语表达。

实证主义方法论的一大特点是方法中心，方法就是一切。美国心理学家科克（S. Koch）在 1959 年曾指出，心理学是一个奇怪的学科，它不是根据所要研究的问题确定研究的模式和程序，在心理学确立要研究的东西之前，它的研究方法和程序就已经存在了。科克所言是在行为主义遭遇内部反省和外部攻击的双重危机下的总结，这对于半个多世纪前的心理学是不公允的。心理实验法是心理学得以独立的标志性硬件。教育心理学如果不用科学的方法对学生的心理进行量化的处理，那么如何摆脱大众和教师对个体心理特征以及彼此之间差异的经验性判断方法？应此而生的教育测量与统计和智力心理学，回应了个体和社会对教育的要求。认知心理学把人的意识重新纳入了合法的研究中，它所确立的方法恰恰是与它的研究对象相恰切的实验法和测量法，也不乏调查法、观察法和访谈法的配合与补充。班杜拉（A. Bandura）采用观察法研究儿童的社会行为，创设了社会学习理论。方法中心的实证主义是实证方法在心理学和教育学发展中的异化，如布鲁纳将发现教学法推到极致，自主、合作和探究的学习方式假设人的知识建构的唯一方式是自主、合作和探究。

实证主义方法论把可证实性和客观性作为追求的最高目的，断言只有经过实证主义证明的客观方法才能够解释科学的心理学。这对于 20 世纪初的心理学致力于自我科学化，成为一种类似于物理学和化学的规范科学，进一步摆脱它的哲学母体来说，是有意义的。但是一些流派的心理学不惜损害心理活动固有的意义和结构，人为地将心理活动分解为可证实的资料。构造主义试图研究纯粹的经验，陷入人为、封闭的主观内省世界不能自拔。行为主义试图研究纯粹的行为，以行为的刺激—反应模式解释人的意识，成为没有"心理"的心理学。但是这样的偏执并不能抹杀实证的方法和实证主义以及实证精神的价值。

（二）实证精神：教育学从形成到独立所蕴含的精神力量

实证主义诞生于教育学独立之后，但是它所宣称的原则、目的以及特点等，无不蕴含在教育学从形成到独立的努力中。

夸美纽斯的直观性教学原则和赫尔巴特的自然经验观察法强调经验、事实和确证，这符合实证主义的原则，即"经验是知识的唯一来源，一切科学知识都必须建立在来自观察和实验的经验事实的基础上"①。例如，夸美纽斯说："在可能的范围以内，一切事物都应当尽量地放在感官的跟前……视官的跟前……听官面前。"② 赫尔巴特也表示，不管如何，我们应当把人作为客观存在的对象施以教育，而不去接受某些哲学观点。③ 他还反对从某种心理学中推断儿童的心灵以作为实验的理论基础，而是强调在实验中通过"教育要想得到什么"来观察儿童的心灵，获得他们心灵的见识。④

通过教育改造人性是教育学前辈的理性诉求。夸美纽斯坚信自然存在的"学问、德行与虔诚"的人性种子通过教育可以获得再生；赫尔巴特以"可塑性"为基本的概念，设定必然目的和可能目的，以心理状态意义上的兴趣表征可能性目的，根据兴趣设置课程，通过教学的形式阶段实现必然的目的。他们寻求教育的普遍规律，以规律预测可能的教育现象，以规律控制教育过程，提高教育效率，最终达到改造人性的目的。

教育学先辈们进行教育改革，开办实验学校，寻求教育见解和教育规律的可证实性。夸美纽斯继承了古希腊和古罗马的优秀教育遗产和兄弟会的教育传统，一边坚持在教学一线从事教学和管理工作，一边进行理论总结和修正。赫尔巴特树立了教育学理论、示范和实习为一体和互动的典范。他们解释了"教育是什么"，提出了"教育为什么"和践行了"教育怎么做"。

（三）反思性建构：当代中国教育研究方法论枚举

谨慎地说，教育学在批判和反思心理学实证主义方法论中获得了方法论和研究范式的理论发展，提出了自己的教育研究方法论。现枚举以下三种理论主张。

---

① 郭本禹：《实证主义与心理学方法论》，载《西北师大学报》（社会科学版），1998年第4期。
② ［捷］夸美纽斯：《大教学论》，傅任敢译，人民教育出版社1984年版，第89页。
③ ［德］赫尔巴特：《普通教育学·教育学讲授纲要》，李其龙译，浙江教育出版社2002年版，第44页。
④ ［德］赫尔巴特：《普通教育学·教育学讲授纲要》，李其龙译，浙江教育出版社2002年版，第12页。

1. 教育研究方法多元化的趋势①

教育研究领域中实存着自然科学取向的心理学和人文科学取向的心理学，这是教育研究方法多元化趋势的表现，倡导"向自然科学看齐"导致了教育学内部营垒的分裂。

教育研究方法的多元化趋势表现之一就是哲学方法、心理学方法和社会科学方法都对教育学产生了持久而巨大的影响。任何一种方法都不是突然产生的，在教育史上都有它的来龙去脉；对任何一种方法的优劣真伪的判断也不是一下子就能完成的，长期的、反复的实践才使人们逐渐变得聪明起来。用交叉学科的观点看教育心理学，将其看作是教育研究和心理学共属的分支学科，更有利于教育学的发展。教育研究方法的多元化并不是提倡无政府主义状态，而是在马克思主义方法论指导下，让人们在实践中自己去比较和鉴别各种教育科学研究方法的真伪高下。

2. 科学人文主义研究方法论②

心理学在确立自己学科地位上的经验教训也许值得教育学借鉴。心理学的科学化在极大地推动心理学发展的同时，其值得反思的是总想完全挤进自然科学的范畴，忽视了心理学的社会人文特性，忽视了心理学本质上是研究人的心理活动的这个特点。

教育既具有科学性，又具有人文性，是科学性与人文性相互融合的一种培养人的活动。教育研究必须同时运用科学的方式和人文的方式，坚持科学人文主义的方法论思想。教育学必须借鉴自然科学的研究方法和思维方式，但不能自然科学化，否则就忽视了教育学的人文性特点。

3. 教育研究的方法体系特征——哲学、科学与艺术方法的具体综合③

研究方法的单一性表现为两级。其一，把自然科学研究方法的移植看作是提高教育研究科学性水平的唯一希望；其二，满足日常经验的简单归纳。教育活动的复杂性要求我们克服简单、抽象、静止的思想方法，放弃追求万

---

① 毛祖桓：《教育学方法的多元化发展趋势》，载《教育研究》，1989 年第 5 期。
② 扈中平：《教育研究必须坚持科学人文主义方法论》，载《教育研究》，2003 年第 3 期。
③ 叶澜：《教育研究方法论初探》，上海教育出版社 1990 年版，第 325—331 页。

能、普遍的教育模式和教育规律,在方法体系上进行具体综合。系统、综合、定性的研究方法是教育研究在事实研究方面常用的基本方法,是主调。综合性是具体的、在多方面整体体现的,不是抽象、随意和局部的,同时并不意味着教育研究没有独特的方法。综合不仅是教育研究方法呈现的特征,也是教育研究方法及其体系的形成过程,教育研究方法要通过综合来体现。

4. 复杂思维方式①

思维方式是方法论的核心。科学主义方法论执行的是实体思维和简单思维。教育对象和教育研究对象的复杂性需要我们转变思维方式,由实体和简单向关系和复杂转换。复杂思维其实是从系统思维中生成出来的,虽然对复杂性科学的定义尚未达成共识,但是用复杂思维方式思考异常复杂的教育系统的问题,也初见端倪。相比于系统思维,它的新意表现如下。

在特定情境下寻找"突破口"……以教学为例,传统上认为语文、数学是"主要矛盾",是理想的"突破口"。然而改革的实践证明,有的学校在语文和数学教学中无甚建树,从外语教学改革入手,却带来意外的好效果。……以追求多种"可能解"为前提追求"最优解"(生成后的选择)。复杂思维并不一般地排斥"最优解",但它看中的首先是"可能解",并且这些"可能"不应是"预谋的"而应是展开性、生成性的。……关注"关系",但基本是关注动态过程中的关系,追求有"生成力"的互动关系。……"新基础教育"的教学研究在这方面作了有益的探索,它把学生作为教学资源的构成者与生成者,与作为教学资源的发现者、回应者与重组者的教师共同构成了富有生成力的动态相互作用关系。

复杂思维并不是对实体思维和系统思维的否定,而是将其放在一个复杂的教育变革过程中进行动态的生成和发展。否则,具体的突破口如何能根据规律和条件去寻找呢?又如何从找到的突破口中揭示、营造和强化去应对教育变革的复杂性呢?

复杂科学方法论一个突出的特点就是思维方式的"动态生成性"。它并

---

① 杨小微:《教育研究思维方式的类型分析》,载《华东师范大学学报》(教育科学版),2003年第4期。

不是对实体思维和系统思维的否定，而是将其放在一个复杂的教育变革的过程中进行动态的生成和发展，以根据规律和条件寻找具体的突破口，从而应对教育变革的复杂性。就具体方法而言，复杂科学方法论采取"参与式观察""深度访谈"等方法和手段，强调研究的定性化和研究个体特定的生活情境，同研究对象建立起某种关系，而不是自诩持一种超脱的客观立场。在学校变革的过程中，不少研究者试图通过"体验"和"理解"来研究对象，与教师、学生产生更多的"同情"与"默契"。

四、与心理学关系视野下的教育研究方法和方法论的整体性反思

教育最初是以"怎样教育"① 这一形式提出来的，它"并不是一种知识，而是一种行动。"② 教育研究事理学科的性质也关注"怎么办"的应用研究，它对应于"教育活动型存在"。它必然和方法、方法论以及有效、真实和经验等实证主义的一些特点相联系。

（一）学习心理学的实证精神，重证据和事实

教育学向心理学学习实证精神、重证据和事实是就微观的"怎么办"和"怎么教"而言的。所谓的实证精神就是按照"真实""有用""肯定"和"精确"这四层含义的要求对自然界和人类社会做审慎缜密的考察，以实证的、真实的事实为依据，找出发展规律。它讲究明确的目标和直接的效果。③ 很难想象，缺乏实证的精神，教育中最生动、丰富、多变和基本的"教育活动型存在"何以进行关涉到真实和效率的"怎么教"和"怎么办"之研究？试举两例加以说明。

---

① ［日］村井实：《什么是教育》，见大河内一男著：《教育学的理论问题》，曲程、迟风年译，教育科学出版社1984年版，第4页。
② ［美］卡洛斯·E. 奥利韦拉：《比较教育：一种基本理论在发展中》，载《教育展望》（中文版），1988年第18期。
③ ［法］奥古斯特·孔德：《论实证精神》，黄建华译，商务印书馆1999年版，第59页。

"对人性善恶的评价可转化为对人需要的研究"①，开展以学生成长需要为导向的学校教育改革，首先要分析研究对象的需要特性，用实证的精神解读学生。任何理论都无法穷尽现实。心理学自然科学取向更是使其理论具有固化性、普遍性、片面深刻性和简单性，而外部世界总是松散的、复杂的和生成中的，面向未来的学生也具有可能性、主动性、具体性、综合性和复杂性的特点。实证精神的追问包括：这些特点在"教育活动型存在"中的具体表现有真实的事实依据吗？这些事实又是如何发现的，是哲学观的演绎，还是实验的结论，抑或形而上和形而下的综合？所发现的事实与心理学已有的研究结论产生了哪些冲突？如何以严谨和规范的理论语言向心理学提出教育研究的新发现，以拓展心理学的研究问题和领域，实现其把儿童教得更好的社会价值和学科意义？如何从事实表象抽象出普遍的规律服务于事理研究的"是什么"和"为什么"，从而带来理论和实践双向互动的良性循环？

方法的合理性在于符合学生对教学内容可接受的心理顺序和心理状态，但学生的心理是内隐的，只能通过观察他以教学内容为载体的学习行为来加以判断，因此教学方法的选择要建立在对具体教学内容的分析上，更要建立在对学生学习内容的观察和研究上。教学内容是理论人士理性观念假设指导下的知识和文化的选择和重组，对学生来说，是基于普遍人假设的理性化了的学习材料。学生对学习内容的理解程度与他当下的知识和能力等心理背景和顺序相关，也就是说与他在上一个学习时段的"所得课程"所产生的心理状态相关，这种状态决定了他接受新学习内容的心理顺序，决定了某一种方法可能更适合他。换言之，把某一种方法视作唯一的不二法门，其实质是对不同认知背景的学生认识顺序和过程作了单一而普遍的假设，忽视了具体的教学内容、教学方法和个体之间的差异和相关度。对于"蒙娜丽莎的微笑"，想必没有老师反对任何一个学生对微笑后的秘密进行个人意义的创造。同一个数学教师对正弦定律讲解之后，学生的"懂"意味着该生的建构具有知识的客观性，除非假设教师的讲解是有悖科学知识的，"不懂"意味着该生创造了对正弦定律的个人意义，自然他的认知结构也改变了，那么这种创造的

---

① 叶澜：《教育概论》，人民教育出版社 2006 年版，第 184 页。

个人意义的价值值得进一步研究和探讨。

实证主义不是抛弃了对真实的追求，恰恰是要用对"实证"的界定来改变形而上学对真实的界定。当时的孔德（A. Comte）在学校开设实证主义课程，举办实证主义讲习班，成立实证主义教育自由协会，对普通民众、特别是工人群众进行实证主义教育，改造他们的意识，发展他们的理性能力。孔德这种实在的行为难道不正是中国当前一些旨在创立教育学派，发展中国教育学的理论工作者所践行的吗？只是后者更加地关注教师和学生（孔德语境中的"操作工"和"人民"）的实践逻辑，努力将其与理论逻辑互动和共生共长。简言之，执行理论与实践互动之方法论的教育研究特别需要发扬实证的精神。

（二）区分实证主义和实证方法，反对实证主义的教育实验法

实证方法包括实验法、观察法、测验法、调查法等基本方法，它们是心理学科学性的重要保证，与后来流行的实证主义并没有很大的关系。实证主义教育实验法以斯金纳为代表，追求片面的客观性、可证实性和方法中心。它遵循卡尔（H. A. Carr）的断言，即"一个探究领域究竟'科学'到什么程度，这归根到底决定于研究的方法，而不决定于研究的对象"①。他还主张像自然科学一样，在完全自然的状态下通过操纵变量和自变量，控制无关因素，进行准确的归因和纯粹客观解释，把学生的学习行为看作是一种和他实验中所研究的老鼠和鸽子的行为并无实质区别的动物行为，服从刺激—反应—强化的外在模式，学生没有自主性和主动性。

当代教学心理学的发展得益于实证的方法，而非以实证主义的教育实验法为唯一圭臬。加涅虽然被划分为行为主义，但是他吸纳信息加工心理学理论，在知识和行动上采取走向"现场"的行动研究。他广泛阅读文献，摆脱动物实验设计的狭隘思路，提出为了促进人的学习的教学设计的基本假设，进入到理论上的"教育现场"；他采用实验法、观察法和测验法等研究课堂

---

① ［美］杜·舒尔茨：《现代心理学史》，杨立能、陈大柔等译，人民教育出版社1981年版，第188页。

教学活动中真实的学生的学习和教师的教学，进入到实践和操作的"教育现场"；布卢姆的研究首先推翻心理学传统中的假设，提出心理测量意义上的新的学生观，设计达到目标的掌握学习。他在新修订版中还采用案例分析法，分析六位教师的知识教学过程，归纳出知识学习过程中的手段和单元教学目标之间的关系。

实证精神和恰当的实证方法是达到教育目的的必备条件。教育学以促进人的发展为目的，既要明晰"发展的内涵"，探寻"发展的规律"，也要践行"如何促进发展"，更要警惕理论所特有的普遍性和简单性所带来的难以避免的偏狭性，由此要以教育经验和事实谦虚地求证理论的恰当性。我们必须对实证主义、实证精神和实证方法加以区分，反对片面追求客观性、可证性和方法中心的实证主义倾向，而非反对以"实在、确定和实证"等为特征和构成要素的实证精神和实证方法。

（三）教育实验应以教育理论的形成和发展为旨归

我们似乎可以说，1978年开始的、以教育实验法为突出特征并包括其他实证方法的教育科学化运动表明，教育实验法机械的和条分缕析式的变量分析与人及行为的复杂多变性和教育领域的动态丰富性的不恰切导致了教育科学化运动风行的湮灭。然而，如果我们深入到苏联教育实验场域中的话，我们不得不思量这样一个问题，为什么他们有那么多从实验中抽象出的理论供我们"如数家珍"？我们的教师接受了大致相同的职前理论教育和师徒结对实战训练中的教学实践逻辑，他们生长和发展于趋同的文化环境中，手中握着的是相同的教材；他们所面对的学生处于相似的年龄阶段，接受着同一位教师相似的教育，面对着课堂上不二的学习内容，其学习的心理过程及其在此影响下的发展过程也许可以寻到一些规律，至少是概率性的规律，教师由此而展开的教学方法和采纳的教学模式就有章可循，新手教师就可以缩短他的不成熟期，从而更少地牺牲更少数量学生的利益。这是一种起码的教学伦理诉求。

让我们备感鼓舞和希望的是，由大学专家和中小学合作开展的、非自上而下的当代学校变革实验高潮孕育着中国教育学派的诞生。在考试文化特别浓郁的我国，"理解教育"从转化差生，消除误解，提高他们的学习成绩入手到提高整个教学效率，不能否认它在应试教育盛行的中小学能够受到欢迎；针对我国长期以来的以凯洛夫教育学体系为主旨的"师本体系"，"生本教育"提出了"生本体系"，不能不说是切中时弊；"主体教育"提出"发展学生的主体性"实质上是努力化解20世纪90年代市场经济体制建设对人的主体性需求和学校教育忽视学生主体性之间的矛盾；"新基础教育"研究透析了中国教育长期以来存在的对人的生命的漠视，提出"具体个人"的教育学人性假设作为教育学原点的生命，并提出哲学、科学和艺术等综合研究方法，在理论和实践的双向建构中相互推进的方法论等，具有导向性、前瞻性。

令人遗憾的是，当代教育学者主持的学校变革实验少有心理学者介入其中，心理学理论上的假设和指导也"虚席以待"，表现为以去心理学的人文性为突出特征。如果是怀疑心理学为教育学理论基础的合理性和合法性的话，希望上述几章的分析可以重建我们的集体学术史意识，即教育学的形成、独立和发展，教育学知识的流变，教育研究方法的转换无不以心理学为基础；教育学以心理学为理论基础，虽然不是教育学科学性的唯一表征，但是去心理学化的教育学难以成为科学的教育学。如果无方法论追问的教育实验是基于学科划界，那么我们至少可以以我们对教育理论的信念和信仰，以我们的实证精神和教育从善的基本底线对心理学理论进行选择、解释和检验，从而发现问题，向心理学提出问题，以教育事实修正和完善心理学的概念，并在此过程中完善自我的理论。如果去心理学化的教育研究是基于对心理学科学性的信仰，那么这起码不是以牺牲教育学的科学性和独立性为代价的，因为，教育学作为一门独立的学科，在人性假设、方法和方法论、思维方式、学科性质与定位等几大方面已卓有研究，与心理学存在着异同，这种异同提醒我们摒弃无立场的演绎思维。由此，本文接下来将聚焦于后两个"如果"，为的是治理我们在导论中提到的第二个危机，即对教育理论的虚无主义态度所导致的无从对心理学理论的判准，成为心理学理论的实验田。

概而言之，行文至此，就成书的初衷——治理教育学科学性的危机——

而言，本书走完了一半行程，即重建集体学术史意识和关注现实经验，深化对教育学以心理学为理论基础的合理性和合法性的认识。接下来，本书将继续下一个目标——构建教育学基础性理论，作为选择和解释以何学派何种心理学理论为教育学基础的立场和判准，以应对第二种危机，即功利主义和实用主义的抱守使我们失去了理论自觉，落入了心理学实验田的窠臼。

第四章 解释与建构：教育学与心理学关系的"应何"

心理学一直不懈地追问柏拉图理念世界中永恒的不可改变的形式，寻求发现亚里士多德世界中的能够解释宇宙的一种普遍的规律。这种学科特点在心理学脱离哲学的过程中，以及在其独立之后，嫁接了实证主义的翅膀，形成了自然科学的若干特点，强调定律的经济、永恒、普适和唯一。教育学是一门独立的社会科学，是具有复杂性、灵活性、独特性和多重性特征的实践之学，从心理学的知识和方法到其作为教育学的理论基础，有三道遥遥相望的距离需要沟通：从自然科学到社会科学，从心理学到教育学，从理论到实践。

一、学科的异与同：解释和建构的原因

教育学和心理学同为研究人的学科，它们在人性假设、事实与价值、问题与方法上既有相同之处，亦有所差异。这是教育学需要对心理学的知识和方法进行选择、解释和建构的原因。

（一）教育学和心理学学科性质与定位的差异

教育学和心理学的基础关系在于两者有着纠缠不休的学科渊源。随着彼此学科成熟度的不断提高，矛盾逐渐地展开，隐藏着的对立和区别因素充分显现。

1. 学科性质不同

心理学偏向于自然科学，当然在不同的分支学科中的社会性、人文性和自然性的倾向程度不同，学科性质定位也就不同。① 自然科学的秩序性和因果性假设被认为适用于心理学，因此也可以应用于学生的教育中。以桑代克和斯金纳为代表的行为主义假定人是自然界的一部分，人的行为则是一连串依照因果关系而行动的有秩序的事件，是科学研究的对象；个体的每种思想、感情、感觉和外表行为等都假定有它本身的原因，发现这些原因，把它们系统化，用数量表示出来，形成普遍性的规律，用于解决教育中的问题。如果说行为主义以动物的行为解释人的行为的话，那么认知主义就是以机器的模型解释人的行为和意识的心理机制，以计算机的心理流程描述认知的心理机制，这和行为主义一样，在本质上是一种机械还原论和简单论的观点。

教育学是事理学科。教育研究是"事理"研究，即探究人所做事情的行事依据和有效性、合理性的研究。② 它既要研究"是什么"，还要研究"为什么"，更加关注"怎么办"。教育学以"怎么教"出身，使学生由不知到知，由知之不多到知之甚多，由传递人类社会生存的经验到文化及其文化创造，把外在的知识、社会价值观念和规范转化为个人内在的精神内容和需求等，无不是价值活动。教育实践从来就没有不关涉价值的行为和事实，教育是一种崇善的理论和实践活动，是充满大智、大爱和大德的事业。例如，智力测验显示了约翰的智商和学习结果。但是这个结果是表示约翰在数学学习上需要特别的帮助，还是表示不应该让他继续学习数学，抑或他根本不适合学习数学呢？是表示他应该继续学习数学，还是应该转学其他科目，抑或是干脆就去学园艺呢？是表示应该把约翰放在一个和他相同智商的儿童一起学习，还是与其他智商水平与他不相上下的人一起学习呢？心理学家不回答这些关涉价值和目的论上怎么办的问题，但是他们会进一步研究，如果让约翰得到帮助会对他的心理产生什么影响？产生了影响又怎么样呢？他们可能还是不予回答。教育学将基于这个事实，进行教育干预，以具体个人的主动健

---

① 以教育心理学为例，潘菽和邵瑞珍都认为教育心理学是自然科学和社会科学的交叉学科，但是更具有社会科学的特征。
② 叶澜：《教育研究方法轮初探》，上海教育出版社 1999 年版，第 322 页。

康的发展为价值追求，研究具体个人的动态转化过程。

2. 研究定位不同

虽然从研究对象上来看，宽泛地说，二者都以人为研究对象，以人的发展为关注重点。但是，心理学主要是从存在（事实）的角度来考察人的变化与发展过程，而教育学则从价值（规范）的观点，把人的发展看作是一种实践行为。这种实践行为具有强烈的价值意识，引导人们朝向价值期待的方向发展，连接了存在和价值的两个方面。

3. 研究任务同中有异

教育学和心理学都要揭示规律。心理学研究的基本任务是探索心理现象的本性、机制、规律和事实。例如，对于机制，心理学上借用这一术语是指要了解心理的内在工作方式，包括有关心理结构组成成分的相互关系和变化、这些结构间发生的生理变化和相互联系。而教育学以研究教育的综合生成和动态转化过程，揭示这一生成过程的一般规律为目的，其中包括教育活动的价值取向及规律性演变（含教育目的的形成与变化）、教育过程的本质及规律研究（教育要素间动态的相互作用及转化）。把事理研究揭示的一般规律运用于对教育实践的直接具体认识及对其合理性、有效性的研究，可称为应用性教育研究。①

当然，教育学和心理学的学科差异，还表现在表达范畴、研究方法和前提假设等方面。例如，这些表达范畴相异却具有内在关联性。心理学最一般的范畴包括主体与客体、遗传与环境、个体心理的内容与形式等；教育学常见的表达是教师与学生、儿童的年龄发展阶段与教育、知识和能力之间的建构、教学内容与教学方法等。

（二）人性假设：心理学的"物化"和教育学的"具体个人"

1. 心理学"物化"的人性假设

经典的西方自然科学持机械论、还原论和自然论的观点。这种观点认为，世界就像是一个庞大的自动机，一旦给它编好程序，它就按照程序中描

---

① 叶澜：《教育研究方法论初探》，上海教育出版社1990年版，第324—325页。

述的规则不停地运行下去，宇宙和人类都是从属于自然规律的机器。科学就是要用经验的、客观的和合理的方法发现这大机器运转后面的机制，并用最简单、最经济的规律表达出来，这些规律又可以还原，用来解释自然和社会的一切现象。心理学作为经验科学，乃是自然研究的一个幼苗和分枝。为了经得起严格科学的考验，心理学方法的一些早期建立者无处不向物理学模仿，把众多的复杂现象化解为一简单的基本现象之上。这种基本现象只要一旦被发现，就被认为是发现了永恒和唯一且不变的柏拉图式的形式，不但意识的所有不同的内容，甚至一切意识操作和意识过程都可以由此导出。

自然科学的这种机械论、还原论和自然论反映在心理学的人性假设之上。因此，心理学的研究对象虽然是人，心理学的研究主体也是人，心理学的存在依据以及生存价值亦蕴含于人身上，但是心理学一直没有摆脱将人"物化"的错误预设，在"物化"的人性假设基础上进行着"目中无人"的研究。行为主义心理学的创始人华生在《行为主义》一书中直言不讳地指出："只要花一个小时的时间来研究，就可以晓得，人的身体，虽然是由各种器官很巧妙地结合在一块以使其能做许多事情，但并不是一个神秘之窟，而只是一种很平常的有机的机械。"① 这是继承了笛卡尔的机械论。人的行为就像机器一样是由外部刺激发动、制约与控制的，环境刺激引起的反应就是行为，刺激与反应之间不需要任何中介，一切关于心理、意识的假设都是多余的，心理学成为"无头脑"和"无灵魂"的心理学；弗洛伊德混淆了人与动物的根本区别，一生致力于将人的全部行为、心理还原为病态，还原为潜意识或性、童年期经验、动物行为等，并以精神错乱者、精神症患者等作为研究的样本，以潜意识为研究对象，影响了社会科学的许多领域，开创了心理学研究的新纪元；信息加工认知心理学将人脑与计算机进行类比，认为智能的本质就是对信息的加工，人的认识过程就是信息加工过程，人脑是一个物理符号系统，人脑中的各种概念、观念也都是符号，通过类比，就可以根据计算机工作原理建立关于人的心理活动机制的认知模型，从而将头脑中

---

① 高峰强、秦金亮：《行为奥秘透视——华生的行为主义》，湖北教育出版社2001年版，第116页。

的符号加工过程变成可以客观描述和研究的具体过程；人本主义心理学过分强调人性自然因素的作用。马斯洛（A. H. Maslow）公开承认："我们认为我们的研究是经验的和自然主义的。"① 它力图揭示人的本性是由自然演变过程中逐渐形成的人类所特有的似本能的内在潜能所决定，忽视宏观社会环境和社会实践在形成和发展现实人性中的决定性意义，在封闭的主体内在世界中寻找人性的根源。

　　心理学既然宣称为自然科学，那么正如自然的研究一般，心理学的首要任务就是要脱离经验哲学概念的枷锁和去除内省精神生命。为了达此蹊径，心理学除了把人性假设物化，实无它途可涉。心理学所取得的许多成就，也正是建立在这种物化的人性假设之上的。如行为主义和信息加工认知心理学以客观的、可检验的和可证实的方法分别将行为和意识纳入到心理学的合法研究范围，使心理学在学科性质、研究对象和研究方法上接受自然科学的检验。

2. 教育学关爱具体个人的可发展性

　　在赫尔巴特提出"教育学的基本概念就是学生的可塑性"② 之前，各种哲学体系中的人性假设直接演绎为教育学人性假设。在人性善恶上，古希腊柏拉图的善恶因素皆备论、中世纪的性恶论、文艺复兴主义者的性善论等，都是他们教育主张的前提和基础，对他们的教育思想产生了决定性的影响。卢梭的性善论首先代表的是一种政治哲学，其次才代表一种教育哲学。赫尔巴特说，宿命论和先验主义关于自由的概念的各种哲学体系，"其本身都是排斥教育学的，因为它们都不可能毫无疑义地接受这种由不定型向定型过渡的可塑性的概念"③。由"不定型向定型过渡的可塑性"之说，包含着极深的教育学意蕴：儿童具有极大的发展潜能，是发展方向未定之人，是具有未

---

① ［美］马斯洛：《人类价值新论》，胡万福等译，河北人民出版社1988年版，第278页。
② ［德］赫尔巴特：《普通教育学·教育学讲授纲要》，李其龙译，浙江教育出版社2002年版，第207页。
③ ［德］赫尔巴特：《普通教育学·教育学讲授纲要》，李其龙译，浙江教育出版社2002年版，第207页。

来的可能性和发展的现实性之人,这种现实的可能性和未来的现实性的实现及其方向由教师掌控,学生对教师保持一种被动的状态。赫尔巴特在否认学生自由意志的同时,极大地提高了教师的作用;在张扬为学科的发展坚持不懈的精神和独立的学术品质的同时,走入了"知识静听""学生被动""标准统一"和"社会取向"的教育学,以提供反思的方式为教育学的人性假设和发展指明了另一条道路。

何谓"具体个人"?早在20世纪70年代初,以提出"终身教育"理论闻名于世的法国教育家保尔·朗格朗(P. Lengrand)指出,"教育的真正对象是全面的人,是处在各种环境中的人,是担负着各种责任的人,简言之,是具体的人"①,是具有"作为一种物质的、理智的、有感性的、有性别的、社会的、精神的、存在的各个方面和各种范围。这些成分都不能也不应当孤立起来,他们之间是相互依靠的"②。"具体个人"的假设意味着人是在生命中,为了生命和通过生命而创造生命的主动健康发展的人,是唯一性和独特性、普遍性和共通性、个性和群性具体统一的人,是生理的、心理的、社会的、物质的、精神的、行为的、认知的、价值的、信仰的综合生命不可分割的人。近年来,兴起的"叙事研究""教师成长档案袋""学生成长记录""教育(教学、德育)回归生活"等新的探索反映了教育及研究领域对具体个人的关注。

何谓"抽象的人"?正如有学者所言,抽象的人在教育学中的典型表现,是把"人"当作与客体相对立的独立主体,把"人"的发展看作是由遗传与环境这些不能由发展主体控制的因素相互作用的结果,强调教育对人的塑造作用,突出教育目标的划一性、教育内容的统一性和教育过程的操作性,教育常常被比喻为"生产",教师是"灵魂的工程师",学生则成了加工的"对象"与"产品"。在这样的教育学中缺失的是"具体个人",而教育真正

---

① [法]保尔·朗格朗:《终身教育引论》,周南照、陈树清译,中国翻译出版公司1985年版,第87页。
② [法]保尔·朗格朗:《终身教育引论》,周南照、陈树清译,中国翻译出版公司1985年版,第88页。

面对的恰恰是"具体个人"。①

"抽象的人"在心理学中也有着具体的表现。心理学假设可以寻找到人的认知、情感、行为等背后的普遍心理规律，对人的心理现象进行解释和预测。这种"抽象的人"的人性假设随着心理学对教育学的强势影响，一直影响着教育学理论的发展，如行为主义假设人为机器，只要进行某种刺激，就能产生预期的反应，从而可以控制行为。在教育学理论中表现为以教师为主导的目标教学。备课时的"备学生"之"学生"是抽象的人，它假设他们都具有了某种共同的教学起点，通过亦步亦趋的教学控制，他们可以达到统一的目标，这个目标也是根据抽象的人的知识和能力水平制定的；教学实施中，为了实现既定的教学目标，它假设学生可以接受和消化教学内容，忽视教学过程中学生个体生成的个性化教学资源。这种目标导向的教学符合工业化社会对效率的追求，但却是以牺牲个体生命发展为代价的。

以"具体个人"为教育学人性假设并不是否认目标导向的教学，也不是完全摒弃其背后的行为主义理论支撑，而是认为，在通向信息化的社会中，每一个个体都是信息上的一个节点，都可以引申出无穷的资源，具有同等的价值和促发变革以及实现目标的力量。在复杂而开放的教育系统中，师生和他们周围的环境交换着能量和物质，实体转移到关系，转移到信息，转移到时间，如果仅仅用机械的方法去认识他们，是肯定不全面的。

3. "物化"与"具体个人"从不同的角度对教育作出解释

自然系统和社会系统彼此纠缠着镶嵌在世界或宇宙这个大系统中，从不同的角度解释着世界。科学哲学家们运用自主的历史哲学观解释自然科学发展的历史，期望通过自然科学发展中的"人"挖掘出科学嬗变的规律。对于科学共同体，库恩（T. S. Kuhn）和默顿（Morton）进行了不同的、几乎是不可通约的社会学的说明，揭示了不可通约性在于各自科学观念的本质差别。他们都希望通过历史学和社会学的分析，高度概括自然科学发展的轨迹，正如当年的分析哲学的目标便是分析科学方法，把所有的概念公理化并清晰地

---

① 叶澜：《创新时代的社会哲学笔谈·教育创新呼唤"具体个人"意识》，载《中国社会科学》，2003年第1期。

表述出来；逻辑实证主义者想对已告完成的科学体系进行严密的表述，使科学程序形式化，为其他科学提供一个努力的目标。他们所暗含的价值在于许多科学的假说、理论、隐语和模型，不论科学家作出怎样的选择，其形式都是由来自实验室外的经济、文化和政治力量所决定的。上帝把技术上的细节交给了自然科学家，而把人的本性这样的大问题交给了社会科学家，让他们在上帝所设置的范围之内进行自由意志的选择，表达着世界隐藏着的秩序性。技术上细节的解决提供了解释世界的工具，而对人的本性的辨析则提供了在细小的技术上解释世界的世界观。形式是简洁和严谨的，但是形式所来自的实在世界却是丰富多彩的。除非把这些细节从整体的环境中孤立出来，"设其他情况都相同"，否则将形式直接还原到实在世界中的解释内容肯定是不合适的。两种不同取向的视角互不拘泥于自我，相互补充和彼此理解才更有利于建造出人性对教育的丰满解释。

　　心理学人性假设上的"物化"隐喻着机器世界的普遍性、简单性、永恒性和封闭性。在向自然科学"靠近"的努力过程中，内省的基本事实是心理学在传统上一直孜孜探求的。然而，内省或者意识，内隐于人的"黑箱"或"灰箱"之中，看不见，摸不着，具有实证主义所极力批判的非客观性、难以证实性和思辨上的合理性等虚幻性特征。这有违实证主义的基本原则，即以实证的知识，如具有"实在""有用""确定""精确""肯定""相对"等意义的东西，能通过感觉来认识的东西，来代替神学和形而上学的思辨哲学。把人"物化"为机器，不仅规避了人的精神、意识或主观现象等复杂性因素，而且满足了硬性、简单、机械而又概括的经典自然科学的要求。那么，这种在封闭系统和线性关系系统、在强调稳定、有序、均匀和平衡的机器时代思维下发现的人的发展和学习规律是否能对处于复杂和开放系统中的教育作出解释呢？答案是肯定的。

　　首先，人，作为自然中的一个成员，作为与动物心理具有一定连续性的高级灵长类动物，作为社会中的一个分子，作为类的存在，有其自然性和群体性的一面，学生在学习过程中有一些普遍的规律被心理学家们所揭示，也得到了实践的验证。这是教育学的一笔丰厚的财富。例如，几十年对学习迁移的研究表明，任何学科和任何为了训练学生的概括方法而进行的教学，都是一个非常有益于智力训练的源泉；任何一门着重某一特殊知识门类，但并不促进概括化的学科，在教育上则都是无效的。① 布鲁纳将其概括为学习知识结构有利于学生产生知识的迁移。还有关于学习中相关背景的重要性的研究，从赫尔巴特观念的机械联合，到桑代克刺激—反应之间的联结，再到奥苏伯尔的同化和皮亚杰的图式，以及加涅在教学设计研究中提出的确定学生的学习起点，信息加工心理学家们对专家—新手的研究等，都从不同的方面，面对不同的学习内容，得到了教育学的肯定。

其次，人，作为社会和自然界中的成员，又更是特立独行的个体，因此，心理学中的普遍结论并不一定能预测和解释每一个具体的个人。特别是在动态丰富的课堂中，充斥着多层次性、多元性、关联性、复杂性、随机性、控制性和不确定性因素，操作性和模式化的心理学理论需要进行灵活的变通。例如，加涅创造性地把教学设计和学习阶段与心理现象一一对应，但是在具体的教学过程中，教学阶段不一定就能和学习阶段一一对应，如教师可以在每一个教学阶段激发学生的动机，提供反馈也可以在每一个阶段进行。再如，斯金纳的程序教学设计中的那些亦步亦趋的原则，对于思维具有跳跃性和独创性的学生而言，是无法满足的。再如，在动态生成的教学视野下，基于客观主义的教学设计理论也不能完全解释课堂上师生之间的互动。

无论是心理学，还是教育学，"某种形式的普遍主义是话语共同体的必要目标"②。它其实就是教育学和心理学对教育的共同解释。教育学面对抽象的形式，基于自己的情境和立场以及教学内容，在对它进行解释、转化和讨论中发展。例如，皮亚杰采取生物学的视角，对康德的先天知性范畴进行了重新考察，认为发展的首要动因是天赋，教育要尊重儿童的主体性和个性，学习要服从发展。教育学认为，教育促进人的发展，人的发展是全面的发展，是动态变化的过程，是人的身心两方面不断变化、建构的过程，是发展主体——人的自由意志作为目的和手段不断自我实现的过程。因此，

---

① [澳] W. F. 康内尔：《二十世纪世界教育史》，张法琨、方能达、李乐天等译，人民教育出版社1990年版，第243页。
② [美] 华勒斯坦：《开放社会科学》，刘峰译，生活·读书·新知三联书店1997年版，第63页。

影响发展的因素是复杂的,它包括可能性因素和现实性因素两大类,前者包括个体自身条件和环境条件,后者是指个体在发展过程中的各种实践活动。心理学家们所揭示的人的心理发展特征可以作为教育学者在分析人的发展相关因素中,根据具体个人和内容,进行理论和实践方面的调试的借鉴。也就是说,在何种情况下,面对何种教育对象和内容要尊重和服从,尊重和服从的得失,都要根据具体的情况,在彼此的关系中进行思考。

教育研究方法论研究教育中的对象与方法的关系及适应性问题,揭示适合于教育研究方法的核心构成及其基本特征。以上分析了心理学"物化"的人性假设和教育学可发展的"具体个人"的人性假设,它提醒我们,教育实验不能也无法照搬心理学的实验方法。教育实验研究的对象不仅仅为抽象的人和虚化的人,它具体化为不同年龄发展阶段的人的品德、兴趣、学习规律,不同学科的教学和学习方法等。当儿童学习一元一次方程的时候,他在受着兴趣、教学方法等影响的同时,最根本上还无疑是将其作为固化的客体来处理的。而如果正如模块心理学而言,人的头脑中确实有先天的数学模块的话,那么如何在文化中研究这种生物性模块发展的速度和质量,如何在文化性和生物性的互动中促进具体个人的发展,离不开在实验室和自然条件下的教育实验的假设、控制和预测。这需要思维的分析和线性品质处理变量之间的关系。而教育系统的无比复杂的特性,如非线性特征、不可还原性、锁定效应和自组织等,又必须借鉴复杂科学方法进行教育研究。[①]

简而言之,封闭的机器世界中发现的规律或形式对开放系统也具有较强的解释力度。没有人可以或者应该否认牛顿、伽利略的智慧,机械运动定律并不虚假。但是随着人们对世界认识的不断加深和丰富,它可能是不全面的,需要从不同的角度对世界作出解释。教育学和心理学共同面对一些问题,但是它们也许用不同的方法去解决,这并不奇怪,因为它们的人性假设不同,发展方向及其发展意识不同。以知识演绎的方式解决教育问题是一种虚幻,纵然暂时繁荣,也难以为继。

---

① 杨小微:《从复杂科学视角反思教育研究方法》,载《教育研究与实验》,2000 年第 3 期;杨小微:《教育研究思维方式的类型分析》,载《华东师范大学学报》(教育科学版),2003 年第 4 期。

(三）方法论：心理学的还原论和元素主义与教育学的整体、综合和动态生成

为了把儿童教得更好，教育学和心理学走到了一起。这既是它们的社会使命，也是它们的价值所在。为了"把儿童教的更好"，教育学和心理学共享着许多认识和实践。实证主义无疑是心理学最主要的方法论，由于前面对其有了不少的介绍，这里就仅分析它的两大主要特点，即还原论的思维方式和元素分析的策略，两者恰如"一个硬币的正反两面"。

1. 心理学还原论的思维方式

心理学还原论的思维方式表现为以部分解释整体，以对动物的研究结论外推为人的心理规律，以元素的组合探讨现象的整体，以生理现象解释心理现象，以简单和低级心理现象解释复杂和高级心理现象等。其实质是寻求对现象的终极解释，而这种终极解释又是以某种绝对不可再分的物质结构实体为前提的。[①] 这是实证主义的思维方式，它既推动也阻碍了心理学的发展。

还原论是推动心理学发展的主要思维方式。总体而言，科学心理学研究执行的是从个体或者样本推向总体，得出普遍结论，再将普遍结论用于预测与解释个体行为的基本研究路线。心理学家们相信，从当前研究中引出的经验教训，具有迁移性。他们也相信，如果采取严格和正确的抽样方法和程序，样本的结论是可以预测与解释总体趋势的。这种思维方式之后的假设是人的心理像自然中的物理现象一样，具有某些普遍的特征，通过观察和理性的推理，能够对此作出假设，进行分析和检验，再将其在实践中进行验证，或者用于预测某种行为或者倾向。

在人性假设上，如行为主义将人比拟为机器，精神分析理论将人比拟为动物，信息加工认知心理学把人脑比拟为计算机，再进行要素分析，然后把研究结论直接还原到人的身上，解释人的心理规律。这是心理学探求人心理规律的传统。无疑，如果人类确实与动物来自同一个祖先，那么动物和人的心理就具有一定的连续性，动物的学习规律与人类的行为操作之间就有一定

[①] 孙荣：《还原论思维方式的终结》，载《哈尔滨师范大学自然科学学报》，1995年第1期；叶浩生：《现代心理学的困境与出路》，载《国外社会科学》，2002年第4期。

的关系,从较简单的过程外推到较复杂的过程在某些方面就具有一定的可信度。如信息加工认知心理学家对记忆、思维、认知等进行要素分析和描述,"黑箱"逐渐变成了"灰箱",有关大脑学习的越来越多的秘密被昭示于众。

针对还原论的危害,有心理学者提出了思维方式的转换。心理学家长期以来类似于盲人摸象:行为主义者只看到行为;精神分析学者只注意潜意识;认知心理学家仅关注认知过程;人本主义心理学家视人为趋向自我实现,各自都把自己研究的方面放大还原为心理学的全部,而对其他方面视而不见,充耳不闻,丢掉了"大象"的整体,其片面性反映了以偏概全、一叶障目的传统自然科学机械论的影响,阻碍了心理学的发展。心理学家不能再局限于传统的还原论的思维方式,需要实现从还原思维向整合思维的转变、从线性思维到非线性思维的转变,综合地考察系统内的各组成部分之间交叉往复、互为因果的关系;从元素组合认识方式到综合分析认识方式的转变,分析不离整体,综合不忘精细,辩证地看待问题;从"上向因果关系"的单向思维到"双向因果关系"思维的转变,双向和互为因果地考虑各层级之间的关系、彼此的影响和制约。①

2. 心理学元素分析的策略

元素分析来自自然科学的传统,推动了自然科学和心理学的发展。为了理解大脑,我们需要知道神经细胞的各种相互作用,而且每一个细胞的行为需要由组成它的离子和分子的行为加以解释。为了理解人的认知,心理学家将其分析为心理过程和个性心理特征,它们又分别由感觉、知觉、记忆、想象、思维和情感、意志、性格、气质等构成。布卢姆站在行为主义的立场上主张用外显行为方式来陈述目标,而且认为复杂行为是由简单行为构成的,因此可以设计一个由简单到复杂的按层次排列的目标体系,如他把认知领域的目标分为知识、领会、运用、分析、综合和评价。

元素分析把儿童的心理世界分解得尽可能小、尽可能简单,造成了科学上越来越多的碎裂片。就像心理学史家评论的那样,"实证主义好像解剖尸

---

① 叶浩生:《思维方式的转变与心理学的整合》,载《南京师大学报》(社会科学版),1999年第1期。

体一样,将科学剖析为包括公理、原理、预测、证明的一种连贯的逻辑体系"①。在中国学术期刊全文数据库之《心理科学》杂志中以"儿童"为关键词搜索,从篇名可知其研究领域和内容的细化以及技术化,例如,《儿童对情绪表达规则的理解与策略的使用》《3—6岁儿童图画讲述能力的发展特点》《自闭症儿童的中心信息整合及其与心理理论的关系》《儿童二级错误信念认知与二级情绪理解的发展》《工作记忆子成分在听觉障碍儿童心算过程中的作用》《基本认知训练对3—4岁儿童分类能力发展的影响》《童年中期同伴关系的变化对孤独感的影响》等。这种元素论模式使得心理学家们把关注的重心放在细小的问题上,完整的心理现象被分割成互不相干的碎块。②例如,3岁儿童图画讲述能力的发展和分类能力的关系何在?又与二级错误信念认知和二级情绪理解有什么关系?这显然背离了儿童真实的内心世界。即使获得了可信的研究结论,也并不能从这些最简单的、细化的基本规律着手,通过还原的方法,完整地重构儿童的心理特征。

元素分析的方法是深度学科研究过程中必然性的初始步骤。如果把研究的问题放大到学科来看的话,每一个学科都是研究宇宙的一个要素。教育学和心理学同为研究人的学科,它们最初统一于哲学之中,随着人们对彼此之间异同的认识不断地加深,各个学科的知识不断地丰富,方法不断地更新,才产生了术有所攻、业有所精的专业分化。这种分化既是人为的,也是学科发展的必经之路,没有元素主义的推到极致地进行细致、透彻的追问"是什么",何以在未来的综合之中捍卫自己的领地?何以能根据自己的独特性在关系的世界中摆正自己的位置?否则所谓的综合只是"杂乱的丰富性",非常泛化地等着自我的澄清和他者的剥离。

元素分析纵然有诸多的不是,但是想必没有人敢于否认这300年来的科学家们的智慧和贡献,他们还发现了比夸克还小的光粒子成分,因为物质的无限可分首先是物质的客观存在,关键在于是否有"发现"的眼睛。虽然科学家们最终又开始把这个程序重新颠倒过来,研究分子、原子、核子和夸克

---

① [美]T. H. 黎黑:《心理学史——心理学思想的主要趋势》,刘恩久、宋月丽、骆大森等译,上海译文出版社1990年版,第458页。
② 叶浩生:《现代心理学的困境与出路》,载《国外社会科学》,2002年第4期。

是如何融合在一起的，形成一个复杂的整体，而不再去把它们拆解为尽可能更简单的东西来分析。① 但这首先是因为他们了解了融合的要素，以及各个要素的独特性，才能按其特点"取长补短，此消彼长"地将其融合在一起，获得对世界的深刻而全面的认识。

3. 教育学的整体、综合和动态生成的方法论

依系统学观点来看，系统即整体，整体即系统。系统是由相互作用的若干要素构成的有机复合体。整体与部分之间，系统与要素之间呈现出一系列辩证关系。系统论并不摒弃分析，只是这个分析是把认识对象作为整体中的一个部分，放在它所实际隶属的系统中，通过它与系统的各种联系来对它进行分析。在整体思维的审视下，教师、学生、教学内容不仅是人类教育活动中不可缺少的要素，教育目标的实现是通过师生一系列不同内容和不同方式的教育和教学活动来实现的，而且强调整体的目标，关注作为人的整体性的教师和学生，整合教学中的认知和德育中的情、意，还具体研究如何在每一类活动中以其特有的方式和组合服务于整体目标的实现，使师生双方的生命活力在活动过程中得到有效、有机的发挥。

系统学观点的整体思维和中国人传统思维定式中直觉的整体性既有关系又有区别。直觉的整体性便于人们从整体上、全局上把握客体，但它不可避免地造成了思维的模糊性和笼统性，遏制了思维向形式系统方面的发展，即忽视形式逻辑、定量分析、细节研究；类比、比附的现象很多，造成了思维的不科学和不严密。在需要对教育实验变量进行界定和分析时，这种思维方式难以相对准确地离析各部分之间的界限和外延。《教育实验学》② 附录中转引了四个实验，即《小学生运算思维品质培养的实验研究》《"注音识字、提前读写"实验报告》《中学数学自学辅导教学实验81届扩大研究结果》和《充分挖掘儿童青少年智慧潜力的探索》。笔者发现只有最后一个实验有"实验的变量"分析。

实验的变量主要有三个方面：从系统论的观点出发，对课程设置、教材、教法、教学组织形式、考试评定方法等作整体改革；数学、语文、自然

---

① [美]米歇尔·沃尔德罗普：《复杂》，陈玲译，生活·读书·新知三联书店1997年版，第2页。
② 王汉澜：《教育实验学》，河南大学出版社1992年版，第505—597页。

科学三门学科使用自编教材；创设民主的教学环境，使师生之间、同学之间有一种畅所欲言的、生动活泼的教学气氛，取消统考束缚。

显然这些更是实验内容或目的，而非严格意义上的变量。有心理学学者认为，心理学研究在绝大多数情况下都是在探讨和研究变量之间的关系。① 从科学的定义上来说，自变量是被操纵的变量，而因变量是被测定或被记录的变量。再如，有实验称其自变量是"营造书香校园""师生共写随笔""聆听窗外声音""双语口才训练""建设数码社区"和"构建理想课堂"，因变量是"学生的生存状态、教师的行走方式和学校的发展模式"。甚至"十大领域"都可以被视为"因变量"，也就是说，实验的最终成果将体现在德、智、体、美、劳以及学校、教师、校长、学生、父母发生正向改变的"理想度"上。②

在教育实验中，如果学者至少在理论构想上不能从整体中剥离出假设、自变量、因变量、控制变量等因素的话，那么再把它们放到整体中去就没有可能，所谓的整体自然也就是空泛的口号和门面了。对于这种思维方式的局限性，有论者对单科单项改革之后的整体性改革的遭遇作了精彩的评论：

> 津津乐道于整体性、系统观，但实际运用上仍停留于一般原则。在这一时期我国教育理论界也像在哲学界已经发生过的那样，掀起了一股整体热，不少教科书将整体性列为教育或教学的基本原则，在教育实验方案中加进一条整体性原则成为一种时髦。……其实是将其贬低为空泛的口号。有人挖苦说，"整体改革是个筐，什么都往里面装"。往这个筐里塞的私货越多，甚至扔的垃圾太多了，结果撑坏了这只筐。③

---

① 莫雷：《心理学研究方法的类型分析和体系重构》，载《心理科学》，2006 年第 5 期。
② 本刊记者：《"新教育实验"：意义、谱系与展望——朱永新教授访谈录》，载《教育研究》，2005 年第 6 期。
③ 杨小微：《转型与变革——中小学改革与发展的方法论》，湖北教育出版社 2004 年版，第 179—180 页。

借鉴复杂科学方法论中"动态生成"的思维方式去研究教育实验,应看到实验变量之间的无序性、偶然性和多变性。它首先体现在教育实验过程的不断反馈调节,教育实验计划的反思与重建:

> 在现今涌现的教育实验中,在思维方式上具有动态生成特征的是叶澜主持的"新基础教育"实验。"新基础教育"实验在课堂的互动生成式教学逻辑下,"树立起学生也是教学资源的观点",教师要通过开放式的问题、情境、活动,使学生能联系自己的经验、体验、问题、想法或预习时收集的信息,进行交流,开发学生的"原始性资源",实现课堂教学过程中的资源生成;再通过教师(学生)的评价、反馈,生成与教学内容相关的新问题"生长元",继而经网络式的生生多元互动,形成对新问题、多解的问题解决的"方案性资源",然后,再就方案性资源进行研究讨论,形成更丰富、综合、完善的新认识,进而引出新的开放性问题。整个实验过程经历一个"设计—实践—反思—重建"的动态生成过程。其次,在具体方法上,建议采取"参与式观察""深度访谈"等方法和手段去理解、体验研究对象。①

一方面是整体中的要素和属性研究的精细与严谨,一方面是组织结构中的整体和综合的统一与整合,如何处理它们之间的关系?这是教育研究思维方式中尚待突破的难点。整体主义是否需要要素主义?这个封闭的简单的问题,其答案不言自明。那么整体主义中的要素主义与单纯的要素主义有什么不同?也许我们始于问题,终于更大的问题。但是无论如何,离开了分析,就是无内容的空洞的综合,而所有分析都不是认识的目的,只有对部分、要素、方面的综合,才能从整体上把握在部分分析中看不到的事物的本质。

在复杂世界的图景中,每一种思维方式都有着其存在的价值和必要。教育学者在思维方式上要克服分析性不深入、整体性不抽象、替代性不包容的不足之处。唯教育研究复杂,我们才需要培养各种不同的思维方式,以实现

---

① 寇琼洁:《教育实验发展的方法论反思》,河南大学硕士学位论文,2007年。

教育研究方法论的变革。

4. 方法论相互融通的现实性

元素分析的方法对于深入探究各个元素的规律，透彻了解其作用机制是非常必要的，它是进行整体综合分析的必经步骤，但是需要在整体思维关照下的对每个元素以及元素之间关系进行透析和审视，而且任何一个元素的分析最终都是为整体性把握做准备和服务的。当我们把元素综合在一起进行分析时，我们又在采用还原论的方法。

（1）元素分析和还原论是教育研究的实然存在

已有的教育研究成果表明，教育研究需要恰当的元素分析和还原论策略。如课堂教学的三个基本要素是教师、学生和教学内容，这可以说已经是不争的共识。这显然是在经历了学术思想上的论争，对三个因素"各个击破"之后，才认清了教学方法、教学手段、教学环境和教学技术等是以上三个基本元素的派生物。也有学者把教学环境放大为"影响人的学习生命存在及其活动的各种文化因素的总和"，涵盖实体性环境和功能性环境，后者又包括生理文化环境、心理文化环境、物质文化环境、交往文化环境、符号文化环境和活动文化环境①，这也是一种元素分析。再例如，我们在课堂教学评价中，教师的教学质量被各种要素以高低不等的分数等级所代表，如教学重点和难点的把握、教学任务的完成、教态和教学语言的标准等。最后的得分被还原为教师的教学质量。此外，在我国第二次教育实验运动高潮中，许多学校的变革是以单项改革开始的，以单项改革的成就解释学校发生的变革。单项变革自然不能解释学校的整体变革，但是如果没有单项变革的成就，整体变革也难以全面、深入和透彻。教育研究中的这些方法其实已经对心理学的还原论和元素分析进行了改造，它介入了价值判断和整体综合的分析。复杂系统并不一定充斥着杂多的因素，而是因素之间有无数可能的方式在相互作用，发生着复杂的关系。

教育研究也存在着不恰当的还原论表现，其一是将生物意义上的结论外

---

① 黄甫全:《当代教学环境的实质与类型新探：文化哲学的分析》，载《西北师大学报》（社会科学版），2002年第9期。

推到复杂行为和认知上。杜威认为,最重要的本能是制作即动手做的本能,它可以追溯到人类起源时为了生存而进行的艰苦劳作。它推衍到教育理论中即是活动课程和做中学的教学方法,在当今发展为综合活动课程和自主、合作与探究的教学方法。综合实践活动以学生的直接经验或体验为基础,鼓励学生自主选择,将需要、动机和兴趣置于核心地位,回归尊重儿童本能的理念追求,采用探究式的教学方式。这对于克服当前基础教育课程脱离学生自身活动和社会生活倾向具有很大的价值。但如果把一切知识的获得途径都还原为经验或生活课程,就混淆了生物意义上的、作为人的本能的、为了生存的发展与作为人的精神的和理智追求的、复杂的符号学习上的发展。真正的学习是以人的理性思维为支撑,我们所津津乐道的皮亚杰的"儿童活动",其实质是儿童沉浸于自我图式和外在物理环境中的"孤胆英雄式"的思维建构,而非仅仅手部的操作。有论者指出,当前课程改革存在着教师引导作用与指导作用不够,"流于形式,讨论的有效性不高,课堂的交流与生成不够,学生收获不大等问题"[①]。

(2) 学习科学以整体、综合和动态的视角研究学习的复杂性

正如前面所言,心理学的思维方式以还原论为其典型特点,它以某种绝对不可再分的物质结构实体为前提。它们多从单一的维度解释学习心理。例如,行为主义从行为,认知主义从认知等,缺乏整体和综合的视角。随着心理学家对学习的复杂性机理的不断认识,有心理学家开始以综合的视角研究学习的复杂性。学习科学研究就是明证。

在20世纪90年代,学习科学研究在美国及欧洲发达国家兴起,当前已在国际上壮大发展成为一个方兴未艾的交叉型基础性学科。它有着本体论意义上严格的方法论和假设检验体系,包括建构主义认识论影响下的研究方法论和方法系统,以及基于设计科学、实验和技术的多样化的实证手段;追求对不同情境下的学习发生机理的合理解释和科学建模。它旨在通过对不同场景(包括学校及校外各种学习场景)中教与学活动的跨学科研究,形成对最有效学习的认知和社会过程的全面理解,从而使教育者能够运用这些知识设

---

① 《来自课程改革论坛的声音》,载《课程·教材·教法》,2004年第8期。

计课堂以及其他学习环境，帮助人们更深入、更有效地学习。①

始于 20 世纪 80 年代的瑞士日内瓦大学科学认识论与教学实验室（LDES）的变构学习（allosteric learning）② 研究开始引起了我国学界的关注。他们发现，真实的学习一定是整合了多维度、多功能、多境脉的活动，单一维度的理论模型在真实的学习情境中都会遭遇变形和弯曲，需要考虑从一个综合的维度来揭示其发生机理。它假设，学习者的概念体或概念系统先存于学习者头脑里的概念系统（或概念胚胎）的生成与更新，是学习者主动对所记录观念建立关联，并使这样的关联活化；其次是学校教师及其他教育者通过操作教学的环境来干预学习者的概念系统，从而促进他们的学习。在知识的发送和接收过程中有很多参数进行了干预。

概念系统不仅包括学习者源自先前生活情境的关于世界的心智图景（如自然的和地理的、家庭的和情感的、文化习俗的，甚至社会经济等方面的经验感知，这些都关涉到一定的社会范式和价值体系），还包括他们进行判断和行动时所运用的推理方式。两方面的结合，使个体可以从周围的世界中获得意义；获得知识必须经过一个叫作"概念炼制"（elaboration）的活动，它是指学习者借以把新信息同所调用的知识进行对照并生产出对解答他们的问题更为适当的新意义，从而实现概念系统转换的手段，它实际上是心智结构进行全面的重组过程，从教师到学生的简单单向传递不会产生这个结果；从知识的发送到接受的干预参数构成一个复杂函数，可以用数学公式 $CONCEPTION = f(P, R, M, N, S)$ 表示。其中 P（problem，问题）、R（set of references，可参照知识的状态，或称作参照系）、M（mental processes，心智处理）、N（semantic network/grid，语义网络或语义网格）、S（signifiers，意义符）。学习就是这些参数的交互作用的结果。

对大多数学生来讲，必须在指导性学习环境（didactic environment）的帮

---

① Keith Sawyer, R. (ed.), *The Cambridge Handbook of the Learning Sciences*, Cambridge University Press, NY, 2006, p. 11.
② 变构学习（allosteric learning）是一个关于学习的化学隐喻。"变构"是指一种叫作变构蛋白（allosteric proteins）的物质所具有的结构和功能。这些生物酶是生命的基础物质，它们的形态和功能的变化依赖于其所得以形成的环境条件。

助之下，借助"解构—建构"的手段，对现有知识进行转换。这里的指导性学习环境，是指在真实学习情境中，教师及中介者为学习者解决问题、提供帮助时所必须借助的各种条件性要素（参数），包括激发学生与启动学习、诱发概念系统失衡、护卫与引领学习者的探索、制造想象与创新机会、营造知识的"再投资"情境、引导学习者学会关于知识的知识、帮助学习者启用思维助手；概念系统转换的实现是经由学习者自主发生的八个正向过程的交互而完成的，即主动提取知识意义，对抗自我，感触困惑，大胆发表，善于想象，勇于探索，调用自己的知识，按照自己的知识思考或实施，善用思维助手。由于学习者建构知识的机会和方式是多种多样的，因此指导性学习环境应是动态的，即所有学习环境要素只有发生相互作用并与八个正向学习过程进行交互才能实现对学习的有效干预。

变构学习模型认识到了真实的学校学习情境的复杂性，从学习—教育—文化的整个维度，综合多种性质不同的参数研究学习问题，摆脱了单纯的还原论思维方式，力求在师生活动、学习内容的动态互动中寻求发现学习的生理、心理机制，并由此科学建模。

学者对科学主义研究范式和人文主义研究范式走向融合多有论述。就教育学和心理学两个具体学科而言，教育学者往往在科学主义范式中进行探讨，心理学者更多地是从文化心理学的角度而言的。教育学和心理学在教育研究方法论上相互借鉴的可能性是因为寻找到了研究对象与思维方式上的结合点，即教育学和心理学的终极目标在于促进个体的发展，它在复杂而变动不居的"教育活动型存在"中，以学习为条件和手段，寻求促进发展上的"综合性一般"和"历史性一般"。

行为主义的兴起有两个使人困惑的方面。其一，当行为主义1913年诞生的时候，行为主义的哲学基础实证主义和当时的量子物理学和爱因斯坦相对论等最新的自然科学成果出现了难以调和的"冲突"；其二，当经典的行为主义向新行为主义转型时，一些著名的学者，如卡尔·波普尔（Karl Popper）等人，出版了著作给实证主义以相当决定性的驳斥，然而，这并没有阻挡住行为主义的潮流。心理学中的行为主义在很大程度上是根据"实证主义的分析是正确的"这个前提而前进的，它所采用的方法和理论是与实证主义的原理一致的。它诞生在实证主义受到科学实践和科学哲学的严峻挑战的时候，不仅它的哲学基础——实证主义，飘摇欲坠，而且行为主义自身也没有追随自然科学发展。① 这既说明了形而上的哲学有待于与具体学科沟通和跨越彼此的理论距离，也说明了自然科学系统与以人为研究对象的社会系统②和生物系统的区别。既然哲学和科学实践不能在某段时间之内放慢行为主义的兴起步伐，那也就难以在某段时间之内推动它的消亡。取而代之的信息加工的认知心理学与行为主义分歧最少，也具有浓厚的实证主义味道③，智能并不在计算机程序中，而是在程序设计者脑子中。甚或可以说，生活在自然系统和社会系统中的人，其本身就具有被控制和被决定的一面。因此，心理学强调以实证主义方法论为基础，以求发现规律，进行预测、控制和改造，仍具有较高的可信度。

（四）事实与价值：心理学的一元价值和教育学的多元价值

心理学把前提性的人性假设中的人"物化"，其根本原因在于试图对事实进行客观而忠实的观察，寻找诸现象之间经验的联系，对假设进行证实，发现规律。以儿童的发展为例，心理学家把儿童的发展作为事实进行研究，发现发展的规律；教育学为了促进儿童更好地发展而寻找如何更好地促使儿童发展的规律。我们归根到底所关注的东西是教育的价值。

教育学的价值是多元的。赫尔巴特在提出"教育学的基本概念就是学生的可塑性"之后，在接着的"评注"中强调"我们只能从人身上看到意志转化为道德的这种可塑性"④。暂且不论这种意志是否为自由意志，他无疑提

---

① 步量子力学发展后尘的是兴起在德国的格式塔心理学，但是它在美国并没有很大的市场。可见，国家气质和时代精神的巨大影响力。
② 此处的社会系统既指心理学所研究的系统，也指其他以实证主义方法论为基础的社会和人文学科所研究的系统，这是因为行为主义的社会特征。追求对人的控制是从华生到斯金纳的行为主义的特征，而美国当时的社会改良主义者都乐意接受行为主义。
③ [美] T. H. 黎黑：《心理学史——心理学思想的主要趋势》，刘恩久、宋月丽、骆大森等译，上海译文出版社1990年版，第486页。
④ [德] 赫尔巴特：《普通教育学·教育学讲授纲要》，李其龙译，浙江教育出版社2002年版，第207页。

出了教育学的终极价值在于道德，儿童通过接受灌输给他的观念，通过兴趣——可能的教育目的的培养，形成这种道德。尽管这种道德价值的最终取向是社会或者国家的，但是儿童在知识的接受过程中，情感、兴趣、意志和美德都获得了发展，因此赫尔巴特教育学的价值，就教育实施过程而言，依旧是多元的。随着教育学的发展和走向成熟，教育学的理论价值在教育决策、教育改革发展中得到体现，教育学的实践价值在政治人才培养、经济发展和社会发展中得到彰显，教育学的人文价值在学生的全面而健康的发展中，在教师的职业尊严和职业快乐中，在家长的教育配合和安心工作中得到凸显。以制定教育目的为例，作为一个合理的和可能实现的教育目的，至少要考虑到三个方面的价值：一是社会的价值，社会发展对人的基本要求和对各种人才基本素养以及专门素养的要求；二是个体的价值，教育对象个体所处的年龄段具有共性的社会生命体的发展任务以及个体发展的差异性需求；三是心理和逻辑上的价值，某一阶段教育目的与前、后阶段发展之间的关联性和差异性。教育学的价值，在实在层面，历来是多元的，只是随着我们对教育作为动态、开放和复杂的系统认识的深入，在理论层面，对其认识也不断丰富。

　　心理学的一元价值体现在工具的实用性上。这种技术上的实用价值观其实是力图达到对整个现实的一种纯"客观的"认识，摆脱除实用或控制以外的一切价值，是绝对理性地摆脱一切个体性的"偶然性"的一元认识论。正如罗素（B. Russell）所批评的那样，实用主义是唯一的美国哲学，它是一种根据成功和情绪感染力来判断真理的哲学，真理就是有效用的东西、能解决问题的东西、能带来成功的东西。在心理学上，意识的内容不如意识的效能重要，值得重视的是机能，而不是内容，这种机能就是适应，它是真正永恒的。它导致方法中心主义，认为只要掌握了某种方法，就可以解决问题。它还导致理论的虚无主义，正如实用主义创始人詹姆斯曾承认过的，"在把抽象概念还原为与具体经验和情感的一致性这方面，实用主义者是反理智主义的"①。

心理学在实用技术上的一元价值论导致它关心如何利用规律来预测、控制和改造人性,并将规律作为控制的手段和目的。桑代克明确地指出,教育心理学就是要提供人性方面的知识,使人们能依照智慧、性格和才能,去发现人之本性以及矫正或学习的规律。② 在斯金纳看来,控制是一种最后的检验标准,能够通过操纵自变量而影响行为发生时,才可以说明行为。试以布鲁纳的发现教学法为例说明心理学是如何把规律作为目的和手段的。布鲁纳认为,发现教学法可以提高学习者的潜力,促使他们的外在动机向内在动机转移,可以有助于记忆的保持。这是布鲁纳所发现的教学规律。在教学中把发现教学法作为手段意味着在教学中实施发现教学法,也就是以发现教学法控制教学过程,其目的在于证实发现教学法确实可以提高潜力、激发动机和保持记忆,即把发现教学法的规律作为教学的目的。因此,接下来的结论就不难得出,即任何教学内容,不论学科、学生、教师和条件都应该实施发现教学法。任何单个的教学事件,采用发现教学法学习的儿童,运用发现教学法进行教学的教师,只有作为典型,即作为发现教学法规律的解说性代表,才得到考虑,才具有价值。当黎黑评注心理学家们不断追问宇宙运转秩序永恒形式的时候,当实证主义者以方法为中心的时候,可能的原因恰恰就在于其一元的实用价值,在于心理学家们将规律作为控制的手段和目的。

如果教育学也把心理学的规律作为目的的话,那么在教育实践和理论不符合这个心理学规律的时候,自觉或者不自觉地把心理学规律作为目的的学者就将断言,教育理论和实践需要按照这条规律进行改造,以证明规律的正确。这是"视心理学和教育学一样",把心理学的普遍性规律迁移到教育学中。但是,既然心理学是教育学的基础,借鉴其知识和方法就是不可避免的,于是问题就在于,我们如何规避这种无立场的迁移,如何规避手段目的化。

---

① [美] T. H. 黎黑:《心理学史——心理学思想的主要趋势》,刘恩久、宋月丽、骆大森等译,上海译文出版社 1990 年版,第 343 页。
② 高觉敷、叶浩生主编:《西方教育心理学史》,福建教育出版社 1996 年版,第 2 页。

二、教育学基础性理论：教育学对心理学的解释和建构之立场

教育目的和价值在于通过学生的学习促进师生的发展，教育学是研究实现这种目的和价值的一种理论。学术史和现实经验表明，以心理学为教育学的理论基础来实现教育目的和价值具有合理性和合法性，"设教育学和心理学一样"的危害性也已经阐明。由此，我们面临着一种紧张，一方面教育学需要以心理学为工具实现自己的价值和目的，一方面教育学的目的和价值又要避免被手段化和工具化，即避免成为心理学的实验田。这就需要发挥教育学的主动性，选择和解释恰当的心理学，实现目的—手段的内在合理性和一致性。那么，何为选择和解释的标准？这基于我们对"教育是什么"的理性认知和感性体察，包含着行进在"成熟"路途中的历史性和开放性的教育学基础性理论。无此，检验、观察、调整和建构都将退回到前教育学的时期。正如赫尔巴特的警告："假如教育学希望尽可能严格地保持自身的概念，并进而形成独立的思想，从而成为研究范围的中心，而不再有这样的危险：像偏僻的被占领的区域一样受到外人的治理，那么情况可能要好得多。"①

本书提出的这些或实然或应然的理论设想并非都是被公认的，肯定还有其他的理论框架、其他的方法和视角。但是，无论如何，我们对教育学和心理学未来关系的考察，一定要深入到"教育是什么"的层面，并在此基础上进行转化和建构。而要达到这一境界，还需要在自我维护的努力中开放、吐故纳新、变通，还需漫漫长路，上下求索。

（一）以连接存在、价值和实践为一体的教育学的事理学科性质为底线

教育研究是"事理"研究，即探究人所做事情的行事依据和有效性、合理性的研究。② 它既要研究"是什么"，还要研究"为什么"，也关注"怎么办"。

1. 解释和选择意味着什么

---

① ［德］赫尔巴特：《普通教育学·教育学讲授纲要》，李其龙译，浙江教育出版社2002年版，第11页。
② 叶澜：《教育研究方法轮初探》，上海教育出版社1999年版，第322页。

"怎么办"的研究特别需要以心理学为理论基础，但又要摆脱工具理性的过分张扬。"怎么办"的研究对象是"教育活动型存在"，它包括一切以影响人的身心发展为直接目标的具体而微观的教育实践活动，它把人类共同的文化转化为课程内容，把教师教育活动转化为学生的学习活动的阵地。设置符合学生普遍心理结构的课程，根据具体教学班级和教学个人的知、情、意、行实施教学，它们无不关涉到心理学的应用。但是如果一味抱守实用主义的取向，就会形成如杜威在《教育科学的来源》中所主张的那样，否认教育科学有自己的内容，认为来自任何一门学科的任何方法、事实和原则，只要能帮助解决教学和教程问题，对教育领域都是有用的。① 这种实用主义的观点把教育理论推向了理论上的虚无主义。②

以事理学科的性质为底线意味着以"是什么"和"为什么"的研究为标准或立场选择和解释以何种何派的心理学为工具，实施"怎么办"的教育研究，合乎教育学以心理学为理论基础的科学合理性和价值合理性的判断。"是什么"和"为什么"的教育研究包括教育的本质、教育的价值、教育的目的、教育的功能和教育过程以及教育规律的研究。

这里试举两个例子进行初步的简单说明。在"采用某种方法，提高教学效率"的实验过程中，如果为了检验 A 教学方法确实优于 B 教学方法，教师就必须控制所谓的无关变量，诸如拒绝在课后回答控制组或者实验组中的学生的疑问或者进行其他形式的辅导，或者截断学生利用双休日的时间寻找其他老师补课的意图和行动，等等。这样的一种研究似乎是"严谨的""科学的"，却是损害教育价值的；再例如，一方面我们承认，任何一种学习的发生，无论是动物学习还是人类学习，无论是生存上的技巧训练还是文化上的

---

① 参见［苏联］斯卡特金主编：《中学教学论——当代教学论的几个问题》，赵维贤、丁酉城等译，人民教育出版社 1985 年版，第 33 页。
② 文中所提供的理由是：首先，他对"教育科学"采用了实用主义的态度，不主张在教育研究中形成一种独立的"有组织的知识"；其次，他具有重活动（实践）轻理论的倾向，思维的客观性如何，只能看思维操作的结果如何，事物发展的最终结果是不能预料的。所有这些，使得杜威的"教育科学"观蒙上了某种不可知论的色彩，走向了理论虚无主义。（方展画：《教育科学论稿》，上海教育出版社 1995 年版，第 32—33 页。）

理智学习，都诚如建构主义所言，都要经过经验的重组、转换或者改造。另一方面，就基础教育阶段的学生而言，他所接受的教育活动的本质是有目的地使社会对学习者的发展要求向学习者的现实发展转化，是一种社会性转化，最终形成"社会能力范本"。因此，"经验的重组、转换或者改造"不是学校中的学生有效学习和发展的本质，即使它是结果，也是过程性的结果，而非方向上的结果。教育是培养人的崇善事业，教师必须面对这种过程性的结果，即学生的学习是具有个人意义的，但是必须在"社会能力范本"的方向和性质上追问这种结果。

2. 教育学基础性理论对建构主义学习理论的解释

教育学基础性理论虽然现在还不是很系统和成熟，但是已有的一些公认的结论和规律足以使我们对心理学的理论作出选择和解释。试以应对建构主义学习理论的挑战为例。

我国教育学者所解读的建构主义学习理论的基本主张如下所言。"我有一个看法，概念重建是课程改革的基本前提。"①"（1）知识习得是学习者经验的合理化或实用化，不是记忆事实；（2）知识（意义）习得不是被动灌输，而是主动建构的；（3）知识习得是学习者与他人互动与磋商而形成共识。……传统教学的基本原理是与建构主义背道而驰的。""归根结底，课堂教学将从'人（教师）—课程（教学内容）—人（学生）系统'转变为'人（学生）—应答性环境系统'……学生作为学习的主体直接作用于应答性的'互动型学习环境'。……而教师的作用就在于组织这种'互动型学习环境'。""这也就是我们强调的从'灌输中心教学'转型为'对话中心教学'的基本含义。"②

其一，它挑战了教学的三个基本要素。众所周知，教师、学生和教学内容是教学的三个基本要素，从"人（教师）—课程（教学内容）—人（学生）系统"转变为"人（学生）—应答性环境系统"是试图消亡"教师"要素，把学习方式（应答性）和教学情境（环境系统）上升到基本要素的地

---

① 钟启泉：《重建学习的概念》，载《福建论坛》（社科教育版），2005年第5期。
② 钟启泉：《概念重建与我国课程创新——与〈认真对待"轻视知识"的教育思潮〉作者商榷》，载《北京大学教育评论》，2005年第1期。

位。教育发展历史表明,每一次信息技术发展给教育带来的变革都催生了人们对"教师消亡"的讨论,从斯金纳发明的"程序教学机"到当代的慕课和微课无不如此。如今,"人工智能"的发展将导致若干行业消失的讨论不绝于耳,但迈克尔·奥斯本(Michael Osborne)和卡尔·弗里(Carl Frey)的数据体系分析表明,小学教师这个职业被机器人取代的可能性仅为0.4%。① 世界上任何一个国家都非常重视教师队伍的建设,因为教师影响学生德智体美劳发展的功能是任何机器都无法取代的。我们可以转变看问题的视角,但是我们不能无视教育事实的存在。

其二,它挑战了"教书育人"的中外传统。"教师的作用就在于组织这种'互动型学习环境'"是一种"教师消亡论",它有损于教育的价值。"教书育人"是我国优秀的教育传统,也是几千年以来教师秉承的教育信念。赫尔巴特也说:"在我这里我首先必须承认:我对于教育的概念不能离开教学,在其反面正如我不能承认无教育作用的教学一样。"② 中外教师在"教学具有教育性"的规律之下为社会培养了赖以延续的人才,这一规律也接受了教育实践的检验。简而言之,这种建构主义理论违背了中外教育史中基本的教书育人的信条。

其三,它挑战了教育学的人性假设。建构主义消解教师之教的原因之一是它的人性假设是人性善的,学生是天生的探究家,知识是学生主动建构的,知识习得的过程是学生与他人互动磋商的过程,学生是能够主动发展的,教学要从儿童的天性开始等。这些都是人性善的教育理论的基本假设。中外教育史告诉我们,在教育中的人性善和人性恶的假设都是不正确的。教育学的人性假设是,人是可塑造的,人是可发展的,人是可发展的具体个人等。人的发展的可能性、现实性和理想性是在教师的教育过程中实现的,实现人的发展才彰显了教育的力量和教育独特的育人价值。

其四,建构主义消解了统一和规范。多元和个性发展是现代社会的必然

---

① Osborne, M. & Frey, C., "The future of employment: how susceptible are jobs to computerization?" *Technological Forecasting Social Change*, Supple 2, 2013, pp. 25 – 26.
② [德] 赫尔巴特:《普通教育学·教育学讲授纲要》,李其龙译,浙江教育出版社2002年版,第297页。

追求。传统的教育学强调统一和规范,给学生的生命发展确实带来了不利的影响,但是统一和规范与多元和个性并不是一对你死我活的矛盾。建构主义走向多元之极势必导致个人主义的膨胀。

其五,建构主义挑战了教育传递文化的本质属性。建构主义强调知识的个人意义的建构和知识的主观性。这种取向确实有利于教师基于学生的不同认知背景因材施教,但是因材施教并不等于不将共同知识纳入个人知识系统。众所周知,教育的本质属性之一是传承文化。对于学校教育来说,文化就是人类几千年积累下来的一套符号系统。毫无疑问,就一个非常长的时段而言,知识确实是动态发展,而不是静止的,因为人们对世界的认识是不断发展的。但是就此时此刻的科学发展和人类进步而言,就此时此刻处于这种时代的学生而言,知识是静止和客观的,否则知识的客观性之"罪"只能追究于教科书的内容体系和编制了。从牛顿的质量守恒到爱因斯坦的相对论,跨越了三个世纪,而且彼此之间还不是非此即彼的替代。如果不将人类认识世界的共同符号系统地纳入学生的个人知识之中,那么文化何以能够传承?文明何以能够继续?教育基本的文化属性受到颠覆,将直接威胁到教育和教育学的生存和发展,更谈不上教育的育人价值。

其六,建构主义理论挑战了传统的教学和学习方式,但其本身又缺乏可操作性的研究。建构主义学习理论大致也可以称得上是以儿童为中心的,然而当下的研究视角却是以教育哲学的视角研究西方心理学化的"儿童中心论",而且对于何为儿童中心论的"中心"语焉不详,导致了对先进的教育理论的误识与误用,乃至教育实践的难为。[①] 国外在对建构主义学习理论进行哲学层次上的讨论的同时,也进行了大量的深入实际的教育心理学和教学过程的研究,而我国似乎主要停留在前者。我国目前以建构主义为指导思想的基础教育改革,不少流于形式,有些甚至走向了传统模式的另一个极端:放任学生自由"建构"。有些活动课、研究性学习能"放"不能"收",丧

[①] 罗德红:《何谓儿童中心论的"中心":心理学维度的审视和跨学科研究的试探性建议》,载《西北师大学报》(社会科学版),2009年第6期。

失了教育的标准。①

以教育学基础性的理论对发出挑战的心理学理论进行选择和解释,将可能面临着完全相反的双重际遇。危险的一面是故步自封,只要是和基础性理论相冲突的,则将其摒弃在外;积极应对挑战则是基础性理论发展的机遇。我们需要以整体、综合和动态生成的思维方式,将挑战作为假设放在教育理论和实践的互动中进行检验和修正,考量它的科学合理性。历史经验和教育事实表明,教育学的发展极大地得益于心理学的贡献,然而只有那些经历了检验、修正和融合的心理学理论,才能沉淀为教育学的知识,进入到诸多的教育学教材中。

(二) 以理论与实践的双重建构为研究范式

实施理论与实践双重建构的研究范式是教育学研究传统,也是独特的教育研究范式,其目的在于提升理论自觉,摆脱理论虚无主义的纠结,型构教育学基础性的理论。

1. 理论与实践的双重建构是教育学的传统研究范式

演绎式的研究方法将心理学或者哲学的理论直接搬到教育活动中,并且以它来作为判断教育理论与实践合理性与否的标准,如果与这个理论不相符合,则提出教育理论和实践需要按照这种理论标准发生变革。例如,持这种教育研究演绎观的人认为苏格拉底教学方法有利于融洽师生关系,培养学生的质疑和探究精神。当他以苏格拉底教学法考察教育实践时,他发现教师们并没有采用这种教学方法,于是他认为教师的教学方法存在着问题,是落后和过时的,教学实践中存在的问题根源就在于教师没有采用苏格拉底教学法,再接着他断言,如果教师采用苏格拉底教学法的话,那么不仅可以融洽师生关系,而且可以培养创新型人才,更为重要的是,教育实践中存在的诸多问题都可以一并解决。毫无疑问,用演绎心理学的理论来关照教育理论和实践,有利于提高教育学的理论品味,但是这是一种把特殊理论作为一种普

---

① 张红霞:《建构主义对科学教育理论的贡献与局限》,载《教育研究》,2003 年第 7 期。

遍知识和方法僭越到另外一个特殊的领域中，并试图使这种特殊理论成为另一个特殊领域中的普遍知识。首先，它跨越了两个学科之间的鸿沟，其次，它跨越了教育领域中理论和实践之间的鸿沟，这种跨越使它难以成为教育研究的特殊方法。

归纳法既是广大教育实践工作者发现教育问题的一般途径，也是理论工作者充分利用直接或间接实践经验发现教育问题的有效途径。它难以超出经验的总结和反思的范围。如果没有一定的抽象和归纳能力，它很可能只是教育教学的经验总结，难以概括出需要解决的问题，也不能发现教育的客观规律，因为事物的客观规律不能作为思维的直接对象进入到人的意识中，它需要跨越理性和感性、特殊与一般、表象与实质之间的鸿沟。正如康德所言，"思维无内容则空，直观无概念则盲"。可见，它也难以独立地成为特殊的教育研究方法。

从教育历史事实而言，夸美纽斯和赫尔巴特的教育研究范式就是理论和实践之间的双向建构，通过彼此不断的调适和创生，逼近了历史性的教育客观真理，为教育学的独立和发展作出了永不磨灭的贡献。

初为人师以前，夸美纽斯在德国读大学，研读了古代思想家以及人文主义思想家的大量著作。《大教学论》成书（1632 年）以前和撰写期间，夸美纽斯在大学和在法国黎撒流亡期间广泛研究了古希腊和古罗马的优秀教育遗产，曾担任兄弟会（教育是兄弟会主要关心的事情。他们建立在家讲授宗教的传统，并支撑了小学和中学，使布拉格大学成为全欧最进步、最有生气的高等学府①）拉丁学校的教师、校长和教会负责人以及文科中学的校长，便进行教学边撰写理论文章；《大教学论》正式出版（1657 年）之前，夸美纽斯应邀到英国、瑞典从事"泛智学"教科书和教学参考书编辑工作。可以推论，他毫无疑问会根据他所从事教育改革的经验对《大教学论》进行理论修正，提高其对实践的符合和解释力度。

赫尔巴特的教育学体系是他的心理学演绎的结果吗？我们从两个时间

---

① ［美］S. E. 佛罗斯特：《西方教育的历史和哲学基础》，吴元训等译，华夏出版社 1987 年版，第 255 页。

段进行考查。1806年出版《普通教育学》前,他主要从事教育教学理论和实践工作。1802年和1804年,他主要研究裴斯泰洛齐的教育思想,发表相关文章六篇。同时他还一直担任大学教师,且有过三年的家庭教师经历。在此前后,他出版了主要的哲学著作。1808年始,他创办了教学论研究所、教育研究所、师范研究班、师范附属实验学校,培训教师,注重教育实践,引导学习者进行实习,对不同的讲课方法进行比较,并且亲自教授数学,与学生举行教学与训育的周会。第二段时间从1814年起,他开始发表系列心理学的文章,并于1824—1825年发表了心理学代表作《作为科学的心理学》①,明确地在其中提出"教育学作为一种科学,是以实践哲学和心理学为基础的……"②《教育学讲授纲要》出版于1835年,即他去世的前六年。从他的心理学代表作和教育学代表作的出版年来看,他在系统地论证科学心理学之前,已经建构了他的教育学理论的上半部了,说赫尔巴特把心理学理论演绎到他的教育学理论之中颇为牵强,毋宁说,他的教育理论和教育实践为他的科学心理学作出的贡献倒不为虚言。公允地说,这是理论与实践、演绎与归纳、教育学与心理学起起伏伏、兜兜转转、历经磨炼的互动结果。

2. 以验证、发现和建构为内在的理路

为了把儿童教得更好,我们总是需要借鉴心理学的理论解决当下面对的教育问题。心理学的理论实为一种假设,我们期望着这个假设具有预测性,尝试着以它来指导我们的教学,创新我们的教学,实现我们的目的。这种尝试和创新就是一种教育实验。如果我们仅限于把心理学理论作为一种实用的工具,那么教育学就仅为应用工具解决问题的场所。这固然重要,也可以发挥教育学和心理学的价值,但是或许更为重要的是,我们需要把解决和未解决的问题作为目的—手段合理性或非合理性的"理论范本",成为学科理论发展的依据和预见未来问题解决以及提高教育效率的依据。

---

① 从他的心理学代表作和教育学代表作的出版年来看,甚或可以推论说,他的教育理论和教育实践为他的科学心理学作出了贡献也是有可能的。
② [德]赫尔巴特:《普通教育学·教育学讲授纲要》,李其龙译,浙江教育出版社2002年版,第207页。

从教育实验的研究性目的而言,教育实验研究范式可以分为验证(证实与证伪)的范式、发现的范式和建构的范式。它们既是教育实验的时间序列,也是相互缠绕着彼此说明的内在理路。将其放在教育学与心理学关系的视野之下,验证的范式是以教育实验验证某一种心理学理论和方法在教育实践中是否具有外在效度。从自然科学到社会科学、从心理学到教育学、从理论到实践,其间沟壑的深度和广度必然可以使具有实证精神的教育理论工作者和具有教育研究精神的实践工作者在独立或者互动的学术追求中发现且向心理学提出新的研究问题。在学习问题日益成为多学科和多群体,且正在走出学校教育传统时空的时代,建构的范式呼唤教育学者在验证和发现中建构自己的"教育本体论"立场。正如蒯因(Quine)所指出的那样,几乎每一个科学理论都有本体论的承诺。① 它是教育实验的起点。

学校无疑是证实心理学理论的经验场所,教育实验虽然对于发现新理论的确不具有主导性,但是它对业已发现的新理论的确证却是至关重要的。在斯金纳看来,控制是一种最后的检验标准,能够通过操纵自变量而影响行为发生时,才可以说明行为。正如赖欣巴哈(H. Reichenbach)所言:"通过猜测而发现理论的科学家,只有在他看到他的猜测已为事实证实了以后,他才会把他的理论介绍给别的科学家。"② 布卢姆的目标分类学及其诊断性、形成性和终结性评价经历了半个世纪的时间考验,为中国选拔了大批合格的社会主义建设人才;加涅的教学设计理论使教师的课前备课摆脱了经验性和随意性,有了明确的目的和程序。这些被证实的心理学理论和教学理论相互融合在一起,构成了教育学的知识内容。

证伪是对心理学知识和研究方法的证伪。心理学的理论只是对人的心理现象的假设,其规律性的结论是暂时性的,受着人的认识水平以及实验技术和工具等的时代限制,总有这样那样的不断逼近真正客观现实的"进步"。另外,对于自然科学来说,规律越是普遍有效,就越重要,越有价值;对于教育中的具体个人和内容的认识来说,由于他们是充满着历史和文化特质的

---

① 陶渝苏:《知识与方法——一个科学哲学的研究纲领》,贵州人民出版社1998年版,第141页。
② [德] 赖欣巴哈:《科学哲学的兴起》,伯屈译,商务印书馆1966年版,第230页。

现象，而最普遍的规律其内容是最泛化的，所以通常也是难以从理论直接还原到复杂和多变的教育实在的，规律的解释和预见力度并不像在自然现象中那么高。在教育中，决定着具体教学内容成效和具体学生与教师在成事和成人中发展结果的原因，其数目、层次和种类始终是多样的，而且没有任何蕴含在事物自身之中的特征可以把它们的一个部分分离出来单独进行考虑。教育实验法曾经带来了客观化、数量化和形式化等研究方法在教育研究领域中的风行，而又以它特有的方式湮灭了这种风行，从而以实践形态提出了教育实验研究的对象和教育实验方法之间的关系问题。对心理学知识和研究方法的证伪并不必然影响到教育实验的求真与求善，因为教育研究方法的多元化，理论基础也并非是单一的心理学，教育理论和实践的差距，实践逻辑所自有的免疫能力，教育求真与求善的本质，这些都可以化解知识和方法的证伪对教育结果的负面影响。

以教育理论形成和发展为旨归的教育实验必然需要理性的思维，在对心理学知识和方法证伪的过程中，向自己和心理学提出问题。教育学将把研究引向更清晰地把握教育事实中那些非心理学规律能够解释的学习特性上，将考虑教育中涉及具体各方面的价值和事实，如教学内容、具体的学生、具体的学科、具体的教师、具体的教学班，甚至具体的教学目的，他们的文化和历史，共时态和历时态因素等，追问被证伪的深层次原因。向心理学提出问题的过程就是用严谨、简洁和精确的学术语言与心理学平等交流的过程，是谋求共同的理论建构和学科发展的平台和愿景的过程。这首先需要教育学者对所发现的具体个人在复杂的教育实验活动中的事实进行普遍化的归纳和抽象。正如柏格森（H. Bergso）所清楚地阐明的那样，直觉不能产生某种体系，只能产生一些永远是部分的和不能一般化的结果，与此相对，一般化却是智能的一种属性。① 它是理论建构和传播的必然要求。

既然教育证实了自己的、就心理学知识而言的非普遍性和真实性，那么既需要对教育事实和现象进行改造，也需要对心理学知识进行再次"炼制"，

---

① ［比］伊·普里戈金、［法］伊·斯唐热：《从混沌到有序——人与自然的新对话》，曾庆宏、沈小峰译，上海译文出版社1987年版，第132页。

更需要在两者之间不断调整和建构。我们需要始终清醒地意识到，心理学的知识和教育事实是两件必须严格区分开来的事情。我们既不能以他者的规律来改造自我的存在和行动，也不能把教育世界描述成我们愿意看到的那个样子，我们只能把教育世界描述成如我们在检验结果和新理论概念的联合作用中所看到的那个样子。这是一个教育学者、心理学者和教育实践工作者的知识和方法相互建构的过程。

泰戈尔主张，即使存在着绝对真理，它也是人的思维所难以接近的。科学（含自然科学和非自然科学）理论，暂且将其最初始的来源搁置存疑不论，它作为对事实和实践活动的抽象和归纳的结果，是经常产生和改变的，因为观察总是受到理论"污染"的，但它是不断逼近我们也许永远未可知的客观真理的。科学理论总是无法穷尽现实的，而外部的自然世界和社会世界总是复杂和松散的。它们都是实在的，但却又有区别。科学理论通过理论工作者和实践工作者的实践与实在世界发生联系，它们不可分割地结合在一起，共同演变。演变的过程也就是科学理论和实在世界相互影响的过程。科学理论并不必然是反映了实在世界的真理，实践也不一定能够有效地作用于它预定要作用的实在世界，其有效性取决于实在世界的性质和实践者的常识性理论。这种常识性的理论，无论实践是否有效，都会在与科学理论共同演变中，演变成为科学理论，同时也丰富了常识性理论。也就是说，科学理论、实践和常识性理论是共同建构的。以这种理论实践相互建构观来看心理学和教育学理论的话，它们都需要在实在世界中，通过与实践的共同建构和演变来审视其科学之真。

（三）理论与实践双重建构的一个设想性范例：以三个逻辑的统一关照可发展的"具体个人"

赫尔巴特提出的人的"可塑性"概念是从教师的角度提出的，如果我们将其转换为学生的角度的话，那么"可塑性"就是人的"可发展性"。人的"可发展性"成为教育学的人性假设。但是赫尔巴特的"可塑性"概念，或者转换了的"可发展性"概念隐含着的人的被动、静止、单一、稳定、普遍和抽象，明显地受到了工业时代和近代自然科学思维方式的影响，即大自然是一架永动机，人和自然一样遵循着同样的发展规律。简而言之，这里的"人"是抽象的人，而非具体的人。

"具体个人"的人性假设使教育学的立足点和视角发生了诸多的相应变化。教育学者叶澜指出：

> "具体个人"作为教育学的一个基础性观念，至少意味着我们对"人"的认识要发生一系列的变化。……我们不会只关注教育的社会价值，忽视教育对每个人在社会中生存、发展和实现人生价值和幸福的意义；不会把个体成长只作为起点去研究，而是作为教育中个体重要的内在需求与动力去研究；不会把教育只看作是知识和技能的传递过程，而是看作必须提升人的自我超越的意识和能力，提升人的生命质量和创造能力的过程；不会把个体之间的差异看作问题，而是当作教育的资源和财富去开发；不会只根据人的今天去判断去决定他的明天，而会把发现人的发展的可能并使这种可能转化为现实，作为教育学研究的重要课题。①

促进具体个人的发展，需要了解具体个人心理的独特性和差异性。虽然我们不能完全说它们一定是教育的结果，但它们无疑是实施教育的条件。

1. 三个逻辑的统一是教材逻辑、教学逻辑和心理逻辑的相互规约

以三个逻辑的统一关照具体个人的发展，可以看作是理论与实践双重建构的一个设想性的范例。

（1）三种逻辑凸显了普遍人和具体个人在教育情境下的张力

首先需要指出的是，这里的心理逻辑和教材逻辑与杜威所提出的知识逻辑和心理逻辑不同。其一，杜威是直接把心理学中的"心理"含义演绎到教学中，是一种心理学立场。所谓心理逻辑，就是针对学生学习的兴趣和能力，按照儿童心理的特点组织课程和教学内容。对于学习中的学生心理而

---

① 叶澜：《创新时代的社会哲学笔谈·教育创新呼唤"具体个人"意识》，载《中国社会科学》，2003年第1期。

言，它必然包含着既往的教学在学生认知结构和知识背景以及学习能力上的结果，包含着人际交往在他的性格、情感、意志、动机和兴趣等方面的心理结果，而不单单是生理学和心理学水平上的年龄特征和本能。其二，本书的心理逻辑是教育的起点而非终点，是暂时性的，就此而言，也是固化的，但是它将随着交往和学习的变化而演变。正是它暂时的固化性才使我们具有了讨论的共同起点，正是它的演变性和发展性才是教育的力量、伟大、价值和善所在。其三，杜威的知识逻辑是指从学科自身的特点和发展过程来组织课程和教学内容。杜威当时提出知识逻辑和心理逻辑相结合的原因是因为人们对偏重知识逻辑还是偏重心理逻辑的争论，无疑这一提议是创造性的。如今，知识逻辑和心理逻辑的统一已经是课程编制的基本原则之一。因此，笔者提出了教材逻辑，对于处于发展中的儿童而言，他们更需要的是指向他们发展水平的、经过了组织的知识，它以教材的形式呈现，它并不完全是人类的知识，这在课程编制的事实上也是如此。

  三种逻辑凸显了普遍人和具体个人在教育条件下的张力。教材逻辑中的儿童是普遍的和抽象的儿童，反映了对他们的一致性要求。无论人们对教材有多少种界定，从其作为教学内容的载体而言，一般来说，教材内容反映了国家和社会对所培养人才的需要，反映了科学技术和人类社会发展的现有水平。在此基础上，根据学科特点和教材所指向的学龄段学生的身心发展水平以及某种教材编制的哲学和心理学理论依据，教材逻辑反映了与此相关的特殊立场、观点或推论的方法。心理逻辑是人们当下面对的鲜活而独特的教学群体和教学个人的心理逻辑。在教育条件下，它既是天赋、本能、生理和心理发展的结果，但更是人际关系和学习的结果，包括性格、气质、思维、意志、情感、动机等和与当下教学要求相应的认知结构、知识背景、能力等。它具有"人心不同，恰如其面"的个体差异性，与理论工作者理性假设的普遍儿童心理逻辑必然有着一定距离。教学逻辑是教师基于学校日常教学经验和艺术以及隐喻性的教育学和心理学知识所形成的。教师在教学中面对具体儿童心理逻辑忠实于调适或者创生课程，缩短和改造普遍儿童心理逻辑和具体儿童心理逻辑之间的距离，体现为一种教学实践行为，是展开教学过程的观点和方法。

教学逻辑是个体教师主动性和创造性的观念和实践，然而主动性和创造性并不必然可以造就有效的课堂教学，镶嵌在社会生活与文化情境中的教育不随教师的主观性和创造性而臆动。它需要某种基本的原则进行指导和规范。此为三个逻辑的统一，即教学逻辑、教材逻辑和心理逻辑的统一。

（2）教学逻辑以教材逻辑为根本

对教材逻辑的关注有较广泛的实证支持。富兰（M. Fullan）指出，在过去数十年间，不同国家都有大规模的教育改革行动，但成功的例子甚少。[1] 瑞典教育心理学家马飞龙（Marton）总结了一些教育心理学家和教育改革家的观点，指出学生对学习方法过分关注，反而会影响他们对学习内容的掌握及深入理解。[2] 心理学家庞和英里斯（Pong & Morris）总结了哈蒂（Hattie）和赛普、科勒特（Sipe & Curlette）对上百项有关教学改革的探讨，指出"学习内容"才是直接影响学习素质的近侧（proximal）项目。[3] 香港的课堂学习研究采用心理学家马飞龙的"变异学习理论"，关注包括知识、技能和价值观等在内的"学习内容"，取得了很好的成效。[4] 教材中的学习内容包含或反映了该学科的内在逻辑、思维方法、形态、教学目标、教学目的和教学理念等。[5] 对教材内容的掌握程度是判断该学龄段学生心理逻辑发展水平的一种外在的社会和文化标准。完全可以说，游离了教材内容的教学逻辑难以促进学生实质性的发展。

（3）教学逻辑基于具体儿童的心理逻辑对教材逻辑进行再组织

教材逻辑不单纯是知识逻辑。它是理论人士在理性观念假设指导下对知识和文化的选择和重组。既为假设，那么它就是开放性的、试误性的和可错

---

[1] Fullan, M. & Stiegelbauer, S., *The New Meaning of Educational Change*, London: Cassell, 1995.

[2] Marton, F. & Booth, S., *Learning and Awareness*, New Jersey: Lawrence Erlbaum Associates, 1997.

[3] Pong, W. Y. & Morris, P., "Accounting for differences in achievement", In F. Marton & P. Morris (eds.), *What Matters? Discovering Critical Conditions of Classroom Learning*, Goteborg: Acta Universitates Gothoburgensis, 2002, pp. 9 – 18.

[4] 李树英、高宝玉：《课堂学习研究的国际展望》，载《全球教育展望》，2007年第1期。

[5] 卢敏玲：《课堂学习研究对香港教育的影响》，载《开放教育研究》，2006年第6期。

的。教育关注具体儿童发展的理念以及理论人士理性的有限性使教学逻辑改造教材逻辑成为必要。

首先，心理学家对普遍儿童心理特点和认知发展规律的假设并不必然揭示了儿童心理发展的事实。发现教学法的当代推广者、美国教育心理学家布鲁纳对儿童智慧的普遍假设是"任何学科都可以用理智上忠实的形式教给任何年龄阶段的任何儿童"[①]。依据对儿童心理的这种假设，他主张和推广发现教学法，主持编制了高深度和高难度的学术教材，实施精英教育。维果茨基则假设儿童的心理发展有"最低阈限"和"最高阈限"两种。基于这种假设，他强调要把教学建立在最近发展区上，不断推动儿童的潜在水平向现实水平转化，加快儿童心理发展进程。赞可夫根据他的理论编制教材，开展教育实验，缩短了学制，但增加了学生的负担。对儿童心理的不同假设导致了他们在课程和教学上的不同主张。哪一种假设更接近事实和实践的经验呢？

其次，即使这些假设科学地揭示了儿童心理发展的规律，它们关涉的都是普遍儿童心理逻辑，并非当下丰富而具体的儿童心理逻辑。科学理论总是无法穷尽现实的，而外部的自然世界和社会世界总是复杂、松散和多样化的。具体儿童的心理逻辑具有"人心不同，恰如其面"的个体差异性。它可以激活凝固、形式化和具体化在课程中的普遍儿童心理假设，同时也对其作检验。结构主义课程运动表明，布鲁纳普遍儿童心理逻辑的假设过于简单地倚重理智部分，与现实中大多数学生的心理逻辑不符，这种不足应视为该运动失败的主要原因之一。

据此，教师可以对教材逻辑进行补充、合并、跳跃、删减甚或改造。例如，九年义务教育课本牛津上海版英语（实验本）（9A）在教材逻辑的"课程目标"中要求学生参与到理解和评价书面阅读材料的教学活动中，基于事实判断形成观点，清晰、准确和充满自信地交流书面和口头信息。这是教材逻辑对九年级儿童书面阅读水平的期望。如果某位教师班上的儿童达不到这个假设的阅读水平，那么教师完全可以调整教材逻辑，先进行词汇教学，解

---

① 施良方：《学习论——学习心理学的理论与原理》，人民教育出版社1992年版，第221页。

释难句，拆解长句，解决儿童心理逻辑中的语言知识缺失感；而如果另一些儿童的阅读水平已经超越了这个假设的水平，但是口语表达却亟待提高，那么教师可以把语言的阅读输出改为口语输出，用口语表达他们对阅读材料的理解和评价。香港的课堂学习研究的理论框架"变异学习理论"的"第一层面变异"就是"学生对学习内容的不同见解所带出来的变异。它强调教师必须从学生的不同理解出发，找出学生的学习难点，并针对性地处理"①。显然，学生的不同理解来自他们不同的心理逻辑，教师有针对性地处理就是基于他们理解对教材的调整。

普遍和具体儿童心理逻辑之间的差异体现了教育之难和教育的重要性。儿童所具天资不同、所处环境各异、所向志趣相左，却被要求为达到一个基于普遍儿童心理逻辑假设统一的社会标准而奔忙。如果强制他们去达到这个统一的标准，那么他们的个性、自由、爱好等必然受到压抑，这又是一种残酷和教育的诟病。然而，如果教育根据他们的差异制定不同标准的话，又无异人为地剥夺了他们达到社会统一标准的机会，造成教育不公平，因为人具有无穷的发展潜力，他今天与普遍儿童心理逻辑之间的差异并不能够完全预测他的未来成绩。如果教育学相信具体个人的可发展性，认定自我的使命是缩小普遍和具体儿童心理逻辑之间的差异，促进每个具体儿童在已有基础上的发展，那么教育就要以教材逻辑为蓝本，基于、指向和超越具体儿童的心理逻辑。

（4）以教学逻辑统一教材逻辑和心理逻辑

再精致的教材逻辑也只有通过教学逻辑的展开才能在课堂中实现它的价值，再优秀的心理逻辑也需要教学逻辑的调理才能获得更高更好的发展，而脱离了教材逻辑和具体儿童心理逻辑的教学逻辑是低效的。

理想的教学逻辑是三个逻辑的统一，包括预设阶段的统一和执行阶段的统一。在预设阶段，教材逻辑指向普遍的人，希冀通过教学逻辑消除社会发展水平和儿童现有发展水平之间的距离；心理逻辑的主体既是具体个人，也是类个体，后者指教学班级的整体水平或者班级中具有代表性的群体水平。在执行阶段，教学逻辑将根据心理逻辑主体的具体表现状况，或者执行预设

---

① 卢敏玲：《课堂学习研究对香港教育的影响》，载《开放教育研究》，2006年第6期。

阶段的教学逻辑，或者进行调整，使教学逻辑和教材逻辑促进心理逻辑主体的发展。指向普遍人的教材逻辑在三个逻辑中地位的重要性是基于以下一个假设：作为教材逻辑基础之一的某种心理学或哲学理论具有科学性，它有助于真实地反映社会发展水平和该学龄段儿童现有发展水平之间的距离。但是如果在教学逻辑的执行阶段，心理逻辑主体的表现超越了或者低于这些理论对该年龄段儿童身心发展水平的描述特征（而这种特征上的描述就反映在教材的编写之中），那么，接下来预设阶段的教学逻辑就可以对教材逻辑进行调整和修改。也就是说，基于教材逻辑，教学逻辑与学生的心理逻辑在教学目标、教与学的行为、内容和策略上相互规定，它随着师生的教与学动态互动而不断生成新的统一。

柏拉图曾说，正义的国家就是人人各司其责，其背后的假设是人的自然天赋不同，这是柏拉图所认定的政治哲学的核心。而教师的天赋使命恰恰是以普遍儿童心理逻辑或者说教材逻辑为某种暂时的标准，以具体儿童心理逻辑的现状为出发点，渐进地缩短两者之间的差距，从而为自然天赋不同和后天发展有落差的人注入助其平等发展的知识、情感和能力。"人学"的心理学和教育学也应该共同关注这个起点、过程和结果的全程。

2. 三个逻辑的统一：教师、教育学和心理学的未来整合方向

消除普遍儿童心理逻辑和具体儿童心理逻辑之间差异的前提条件是教师对具体儿童心理逻辑和蕴含在课程或教材中的普遍儿童心理逻辑有一种正确解读，对两者之间差异持有准确判断。教师个人的教学逻辑具有专业独立性，但是由于它受制于所在场域的传统、个人的习惯和行业的模式，其逻辑上不一定是自恰的，其能力和精神并不必然可以承担得起这份独立性。教师在每个专业发展阶段的教学逻辑水平和表现不同。如果说入职期的教师难以判断教材逻辑和心理逻辑及其差异的话，平静期或保守期的教师就很有可能墨守成规，忽视新的教材逻辑与心理逻辑之间的动态、互动和发展的关系，而稳定期的教师在急于创新和求成中可能逾越三个逻辑之间的界限。同时，社会的飞速发展、科技的迅猛更新和个体多样化的差异涉及认知科学、脑潜能研究、集体工作、政治联盟和情绪情感等一系列因素，也使教师无外力帮助就难以提升或者保持其判断能力和水平，从而寻求到最好的完成其天赋使

命的方法与策略。

理论人士擅长演绎和思辨,他们接受域外理论,将其诡辩和僭越至教育实践中,而在真实的教育实践中,正如孔德一个多世纪前所说,他们"对微不足道的问题乃至具体问题都常常表现出令人汗颜的无知;他们一贯的意向是重形式而轻实质,把说话的技巧看得高于一切,不管实行起来多么不一致和有害"①。教师能够准确地把握教科书的内容和脉络,联系具体儿童的实际制定教学的起点和目标,透析教学的重点和难点以解决儿童的思维瓶颈,灵活地调适和创生以适应学生的学习过程。教师以艺术和能力对理想教学逻辑的达成就是在检验、变通和改造普遍和具体儿童的心理逻辑以及教材逻辑,为理论的调适提供实证资源,为理论的创新提供灵感和方向,为学科的生存提供令人信服的价值。在此,理论人士所做的不是为自己预设的心理逻辑和教材逻辑辩护,而要根据教学逻辑的灵动和变异考虑调适,深入实践场地,感知和理解建构、发展与应用教学逻辑,促其渐进地达成三个逻辑的统一。

三个逻辑的统一是理论和实践整合的方向和目标,它一定需要某种研究性的活动和平台以供双方都可以切实地投入其间。开展以课堂为中心的、有教师直接参与的、与教学直接相联系的校本教研,如案例式培训、合作性学习、教学行动研究、同行互助研究、集体备课、观课文化、课堂分析、观摩教学录像自组织等,都可以提升教师实现三个逻辑的统一,创新高校的教育理论研究。然而,校本教研教育情景的复杂性、具体儿童心理逻辑在不同层次上的多样性、教师个人能力和理性的有限性、学校个体资源的狭隘性和封闭型等特点使校际和区际校本研究又有了必要和现实。美国的课例研究、日本的授业研究、中国香港的课堂学习研究和中国内地的"新基础教育"研究等都已经形成了较成熟的校际和区际校本研究模式,积累了较为系统的理论文献。在这些本着促进具体学生发展的研究活动中,理论工作者、教师和学生都获得了发展,研究的理念、制度、功能、策略、方式以及结果都有了创新,所有的资源呼唤教育学的一种新的研究范式。

---

① [法]奥古斯特·孔德:《论实证精神》,黄建华译,商务印书馆1999年版,第59页。

结语　走向耦合：教育学与心理学基础关系的发展展望

在基础关系的耦合视界里，教育学和心理学作为两个独立而不断成熟的学科，在对教育问题的解释与干预中，通过彼此借鉴和相互作用，形成互动式的影响以致最终联合起来共同开展研究。其展开的路径或实现耦合的条件至少包括以下几点。

关照对方基础性研究的前沿动态。一直以来我们都有着两种思想定势，即教育学起源于"如何教"，教育心理学是"教育方法学"。两者的合力使我们总是倾向于关注心理学中的可操作、可直接搬用的成果。当前西方学习科学方兴未艾，其突出特点是交叉型和基础性，有着本体论意义上的严格的方法论和假设检验体系。心理学的这个发展动态提醒我们关注学科发展的"本体论承诺"。这起码有两个意义。首先，在当今学科交叉融合，方法与问题不断分享的时代，保持开放而又不丧失立场的前提是拥有自己的基本理论体系，以资对其他学科理论进行判断、解释和选择。更进一步而言，我们要用本学科的"本体论承诺"追问心理学本体论意义上的方法论，它的理论基础、思维方式和价值取向，将其资源引入教育学的可能性和必要性。具备本学科的基本理论才有助于摆脱随着其他学科资源的新生和方法的更替而摇摆的危险性。就心理学而言，我国心理学学者在诸多的《教育心理学》教材中，把教育心理学看作是教育，而非教育学和心理学相结合的产物，而且几乎无人认为教育心理学是教育学的分支学科之一。① 其根源可能在于把 education 翻译为"教育"而非"教育学"所致,但更可能在于他们赋予中国教育学的日常经验性和哲学思辨性的特征。其实,随着教育学的发展,教育学的理论品位不断提升。前有教学认识论提出的"教师主导、学生主体"为心理学者广泛认知和采纳,当今更有学者基于新的认识论所建构的理论体系,如"多向互动、动态生成"的教学过程内在展开逻辑、"具体个人"的人性假设、"连结存在、价值和实践为一体"的教育研究的事理性质、"理论与实践双重建构"的教育研究范式和"复杂"的教育研究思维方式等。这些前沿性研究成果有助于心理学者在理论上探讨心理学研究范式转向的同时,将其具体化到真实学校情境中的个体发展和学习的方法论中。

其次,在保持学科差异的同时形成"临时性共识"。复杂性研究并不否认科学的分析,它只否认牛顿式的决定论。即使是决定论,也没有人可以否认和挑战牛顿的智慧。每个学科都有其存在的价值,自然世界和人为世界的复杂性需要不同性质的学科从不同的角度进行研究。在教育学以其围绕着"本体论承诺"所构筑的理论体系卓然而立的同时,还需本着社会现实的不统一性和重视他人理性的合法性认识,承认其他的理论框架、方法和视角,使其体系永远保持开放和与时俱进,并在自我维护的努力中吐故纳新和变通。这是"临时性共识"所应有的"临时"之意和"共识"与"人云亦云"的区别。例如,对于文本阅读,教育学和心理学都非常关注。心理学坚持用实验室方法探究人的阅读心理,对实验变量进行严格的界定和分类,保持客观而中立的态度。对于阅读过程中当前信息跟先前信息加工活动的心理特点,心理学研究者普遍认为,文本阅读过程实质上就是读者在头脑中建构起关于文本内容、层次及主题表征系统的过程,这个过程不仅包括对一个个句子和词的理解,更重要的是要将当前加工的信息与文本先前的、不在读者当前工作记忆中的背景信息相整合,以形成局部与整体都连贯的心理表征。②

---

① 罗德红:《复杂思维视野下的教育心理学立场》,载《内蒙古师范大学学报》(哲学社会科学版),2006 年第 2 期。
② 王瑞明、莫雷等:《文本阅读中背景信息的加工过程:激活与整合》,载《心理学报》,2007 年第 4 期。

教育理论工作者当前更多地是从个人意义建构和多元价值观的角度展开研究，但是这种研究无疑是要通过对一个个句子和词的理解、通过探究或者商讨学习者对文本意义的整合性解读，才能达致。而实践工作者所面对的不仅仅是意义和价值的表征，还要在课堂上帮助学习者切实地理解一个个句子和词，分析层次和主题的普遍意义，与个人的意义和价值沟通对话。因此，心理学具体而细节性的研究对实践工作者更有操作性的价值。心理学探索事实的普遍规律，教育学追问功能的合理性，它们的"临时性共识"在教学实践工作中统一，但是却等待着可能的被重构，如果一旦被证伪的话。

最后，打破学科壁垒，更多的对话沟通和联手攻克难关。教育系统的复杂性以及教育研究方法的多元化现实需要打破学科壁垒，在理论研究、实践活动和制度改革中开展各种围绕着"主题"的创造性实验，如跨学科的研究计划、强制性的跨学科联合聘用制度、跨学系的研究生培养等。具体来说：

第一，集合教育学、心理学和一线教师围绕某些主题开展共同的研究。

当然，共同的研究已经很多了，但是包容了三种身份的研究者在一起共同研究的数量还十分有限。绝大部分大学的教育学院中都有教育系和心理系，他们独立或者与一线教师构成相对独立的研究团队。他们各自从本学科的视角，有时也会借鉴彼此专业领域的知识开展相同话题的研究，但是他们很少聚拢在一起开展共同的研究。这难免导致研究中知识资源的断层，在实践过程中带来一定困难。

第二，鼓励在大学内部进行跨学科的、具有特定学术目标的、有资金保障的整合性研究。

其路径既可以是"目标找人"，也可以是"人找目标"。就此而言，全国教育科学规划办和教育部人文社会科学等相关管理部门可以设立跨学科的专项资金，以引导和支助研究，形成经常性的研究机制。例如，儿童的认知发展具有一定的普遍性，但是在学校教育的条件下，这些形式上的结论会随着学风、班貌、教能、教学内容等产生变异，儿童的非认知因素也随之会发生变化，接着又影响认知因素的发展。任一方的"单打独斗"都难以在关涉教育、心理、儿童的复杂中凝练出普遍性的结论。

第三，采取交叉性聘用制。

按照惯例，方便管理，教授总是根据其所获得的高级学位隶属于教育系或心理系。当然也有教育学教授外聘到心理系，或者在中小学开设有关心理学的讲座等，但是这种"次要"的活动本身并没有受到鼓励。开展跨学科的研究，教育学者可以根据其学位、兴趣或当下的研究，同时受聘到教育系和心理系，并且在两个系中都保有一样的学术讨论、课程设置以及观点舆论的合法权利。如此，教授以他个人的学识，或主导某个专题研究，或受邀担任某个专题的研究员，形成多种研究主题和取向的研究。

第四，联合培养本科和研究生。

这并非仅指学生们跨专业选课，它更是指教授们开出跨知识的整合性课程。本科生和研究生虽然可以跨专业选课，但是其学分比例相当地低，在其培养计划中几乎可以忽略不计。而且公允地说，如果教授们不开出跨专业知识的课，学生所选的课也只是跨专业，而非跨知识。他所获得的知识依旧是断层的、去整合化的。谨慎地说，如果前三点路径成为充分的条件，那么联合培养跨知识的本科生和研究生就有了实质性的形式和内容，教育研究和心理研究的现状和未来都会得到改变。

历史的发展既是时代精神的影响，也是人物的贡献。儿童的发展特点和学习过程已有诸多的研究成果，但是社会的转型必然为它们带来新的发展问题和解读视角。与此相关的教育问题驱动的学术共同体结盟需要在暂时而开放性地认同学术带头人的基本假设基础上助推学术带头人整合和抽象理论。这些都需要我们在价值追问中考量我们的实证主义精神和实用主义气质；在整体综合与复杂的思维方式中练就我们的分析和实证能力；在与教学实践相互谦虚、尊重和干预中彼此检验和改造；在学科平等、差异尊重、立场坚守和自我改造中与心理学合作、对话及其进行理论的整合；在纷纷扰扰的世俗生活中保有一份对教育使命的职业敬畏、对教育精神的出世般的坚守，以及对教育价值的入世般的超越。

无论如何，恰恰是对教育现象作出心理解释的那些迄今已有的、部分卓有成效的开端，如柏拉图、亚里士多德和赫尔巴特的功绩表明，不是从对人的心理性质的分析推进到对教育的分析，而是正好相反，对教育的心理前提和结果的阐明，是在理论和实践中以对教育的准确认识和对教育、心理联系的理性分析为前提条件的。难道不是吗？自然科学和社会科学涉及的完全是我们面前的这个感性世界，它们的功能便是向我们解释和说明这个复杂世界，以便我们驾驭这个非平衡态为常态的世界，但是它们的解释有可能是暂时的、不全面的和可错的。于是教育学和心理学需要互为基础，为了把学生教得更好，彼此借鉴和相互作用，形成互动式的影响，联合起来，共同开展研究，实现耦合的愿景。

参考文献

一、著作

[1] 中国教育史研究会编：《杜威、赫尔巴特教育思想研究》，山东教育出版社1985年版。

[2] 《"新基础教育"发展性研究报告集》，中国轻工业出版社2004年版。

[3] [澳] W. F. 康内尔：《二十世纪世界教育史》，张法琨、方能达、李乐天等译，人民教育出版社1990年版。

[4] [比] G. 德朗舍尔：《教育实验研究》，王金波译，光明日报出版社1989年版。

[5] [比] 伊·普里戈金、[法] 伊·斯唐热：《从混沌到有序——人与自然的新对话》，曾庆宏、沈小峰译，上海译文出版社1987年版。

[6] [德] 恩斯特·卡西尔：《人论》，甘阳译，上海译文出版社2004年版。

[7] [德] 赫尔巴特：《普通教育学·教育学讲授纲要》，李其龙译，浙江教育出版社2002年版。

[8] [德] 拉伊：《实验教育学》，沈剑平、瞿保奎译，人民教育出版社1996年版。

[9]［德］马丁·布伯：《我与你》，陈维钢译，生活·读书·新知三联书店2002年版。

[10]［德］沃尔夫冈·布雷岑卡：《教育科学的基本概念：分析、批判和建议》，胡劲松译，华东师范大学出版社2001年版。

[11]［法］奥古斯特·孔德：《论实证精神》，黄建华译，商务印书馆1999年版。

[12]［法］保尔·朗格朗：《终身教育引论》，周南照译，中国对外翻译出版公司1985年版。

[13]［法］加斯东·米亚拉雷、让·维亚尔主编：《世界教育史》，张人杰译，上海译文出版社1991年版。

[14]［古罗马］昆体良：《昆体良教育论著选》，任钟印选译，人民教育出版社1989年版。

[15]［古希腊］柏拉图：《理想国》，郭斌和、张竹明译，商务印书馆2002年版。

[16]［加］罗比·凯斯：《智慧的发展：一种新皮亚杰主义理论》，吴庆麟、朱尚忠、袁军等译，上海教育出版社1994年版。

[17]［加］J. P. 戴斯、J. A. 纳格利尔里、J. R. 柯尔比：《认知过程的评估——智力的PASS理论》，杨艳云、谭和平译，华东师范大学出版社1999年版。

[18]［捷］夸美纽斯：《大教学论》，傅任敢译，人民教育出版社1984年版。

[19]［美］A. C. 奥恩斯坦：《美国教育学基础》，刘付忱、姜文闵、陈泽川等译，人民教育出版社1984年版。

[20]［美］H. C. 格林伦：《课堂教育心理学》，章志光、张世富、杨继本等译，云南人民出版社1983年版。

[21]［美］E. G. 波林：《实验心理学史》，高觉敷译，商务印书馆1981年版。

[22][美] R. J. 斯滕伯格:《超越 IQ——人类智力的三元理论》，俞晓琳、吴国宏译，华东师范大学出版社 2000 年版。

[23][美] S. E. 佛罗斯特:《西方教育的历史和哲学基础》，吴元训等译，华夏出版社 1987 年版。

[24][美] T. H. 黎黑:《心理学史——心理学思想的主要趋势》，刘恩久、宋月丽、骆大森等译，上海译文出版社 1990 年版。

[25][美] 阿特金森:《心理学导论》，孙名之等译，晓园出版社 1994 年版。

[26][美] 布卢姆:《布卢姆掌握学习论文集》，王钢等译，福建教育出版社 1986 年版。

[27][美] 布鲁巴克:《西方教学方法的历史发展》，马立平译，见瞿葆奎主编:《教学》（中），人民教育出版社 1988 年版。

[28][美] 布鲁纳:《教育过程》，邵瑞珍译，文化教育出版社 1982 年版。

[29][美] 戴尔·H. 申克:《学习理论：教育的视角》（第三版），韦小满等译，江苏教育出版社 2003 年版。

[30][美] 杜·舒尔茨:《现代心理学史》，杨立能、陈大柔等译，人民教育出版社 1981 年版。

[31][美] 杜威:《确定性的寻求——关于知行关系的研究》，傅统先译，上海人民出版社 2004 年版。

[32][美] 杜威:《我们怎样思维·经验与教育》，姜文闵译，人民教育出版社 1991 年版。

[33][美] 杜威:《民主主义与教育》，王承绪译，人民教育出版社 2001 年版。

[34][美] 杜威:《我们怎样思维》，王承绪译，人民教育出版社 2001 年版。

[35][美] 华勒斯坦:《开放社会科学》，刘峰译，生活·读书·新知

三联书店，牛津大学出版社1997年版。

[36] [美] 霍华德·加德纳：《多元智能》（第二版），沈致隆译，新华出版社2004年。

[37] [美] 加德纳·墨非、约瑟夫·柯瓦奇：《近代心理学历史导引》，林方、王景和译，商务印书馆1980年版。

[38] [美] 劳伦·斯莱特：《20世纪伟大的心理学实验》，郑雅方译，中国人民大学出版社2007年版。

[39] [美] 劳伦斯·A. 克雷明：《美国教育史——城市化时期的历程1876—1980》，朱训东、洪成文、刘建永等译，北京师范大学出版社2002年版。

[40] [美] 劳伦斯·阿瑟·克雷明：《学校的变革》，单中慧、马晓明译，上海教育出版社1994年版。

[41] [美] 罗伯特·梅逊：《西方当代教育理论》，陆有铨译，文化教育出版社1984年版。

[42] [美] 罗伯特·斯莱文：《教育心理学理论与实践》（第七版），姚梅林等译，人民邮电出版社2004年版。

[43] [美] 米歇尔·沃尔德罗普：《复杂》，陈玲译，生活·读书·新知三联书店1997年版。

[44] [美] 普莱西、斯金纳、克劳德等：《程序教学和教学机器》，人民教育出版社1964年版。

[45] [美] 梯利著，伍德增补：《西方哲学史》，葛力译，商务印书馆2004年版。

[46] [美] 伊格尔斯：《二十世纪的历史学——从科学的客观性到后现代的挑战》，何兆武译，辽宁教育出版社2003年版。

[47] [美] 伊曼纽尔·沃勒斯坦：《所知世界的终结——二十一世纪的社会科学》，冯炳昆译，社会科学文献出版社2003年版。

[48] [苏联] 哈尔拉莫夫：《教育学教程》，丁酉成、曲程、赵洁珍等译，教育科学出版社1983年版。

[49] [苏联] 凯诺夫:《教育学》,人民教育出版社 1952 年版。

[50] [苏联] 康斯坦丁诺夫:《教育史》,人民教育出版社 1957 年版。

[51] [苏联] 斯卡特金主编:《中学教学论——当代教学论的几个问题》,赵维贤、丁酉城等译,人民教育出版社 1985 年版。

[52] [苏联] 赞可夫:《和教师的谈话》,杜殿坤译,教育科学出版社 1980 年版。

[53] [苏联] 赞可夫:《论小学教学》,俞翔辉译,教育科学出版社 1982 年版。

[54] [苏联] 阿图托夫等主编:《教育科学发展的方法论问题》,赵维贤、叶玉华、崔久平译,教育科学出版社 1990 年版。

[55] [苏联] 维果茨基:《维果茨基教育论著选》,余震球选译,人民教育出版社 1994 年版。

[56] [苏联] 赞可夫编:《教学与发展》,杜殿坤等译,文化科学出版社 1980 年版。

[57] [日] 大河内一男:《教育学的理论问题》,曲程、迟风年译,教育科学出版社 1984 年版。

[58] [日] 大桥正夫:《教育心理学》,钟启泉译,上海教育出版社 1980 年版。

[59] [日] 日本筑波大学教育研究会编:《现代教育学基础》,钟启泉译,上海教育出版社 2003 年版。

[60] [瑞士] J. 皮亚杰、B. 英海尔德:《儿童心理学》,吴福元译,商务印书馆 1980 年版。

[61] [瑞士] 皮亚杰:《教育科学与儿童心理学》,傅统先译,文化教育出版社 1981 年版

[62] [瑞士] 皮亚杰:《发生认识论》,王宪钿译,商务印书馆 1981 年版。

[63] [瑞士] 皮亚杰:《皮亚杰教育论著选》,载卢濬选译,人民教育

出版社 1990 年版。

［64］［瑞士］皮亚杰：《人文科学认识论》，郑文彬等译，中央编译出版社 1999 年版。

［65］［英］博伊德·金：《西方教育史》，任宝祥、吴元训主译，人民教育出版社 1985 年版。

［66］［英］沛西·能：《教育原理》，人民教育出版社 1964 年版。

［67］［英］汤因比：《历史研究》，刘北成、郭小凌译，上海人民出版社 2000 年版。

［68］［英］伊丽莎白·劳伦斯：《现代教育的起源和发展》，纪晓林译，北京语言学院出版社 1992 年出版。

［69］［美］高德伯：《大脑总指挥——一位神经科学家的大脑之旅》，洪兰译，远流出版事业股份有限公司 2004 年版。

［70］［美］布鲁纳：《教育过程》，邵瑞珍译，文化教育出版社 1982 年版。

［71］北京大学哲学系外国哲学史教研室编：《西方哲学原著选读》（上卷），商务印书馆 1981 年版。

［72］车文博编：《西方心理学史》，浙江教育出版社 1998 年版。

［73］陈桂生：《"教育学"辨——"元教育学"的探索》，福建教育出版社 1998 年版。

［74］陈桂生：《历史的"教育学现象"透视——近代教育学史探索》，人民教育出版社 1998 年版。

［75］陈嘉映：《哲学·科学·常识》，东方出版社 2007 年版。

［76］陈社育、柳夕浪编著：《教育实验方法》，浙江教育出版社 1991 年版。

［77］陈元晖：《中国教育学遗稿》，北京师范大学出版社 2001 年版。

［78］陈元晖：《中国现代教育史》，人民教育出版社 1980 年版。

［79］成有信主编：《教育科学分支学科研究述略》，天津教育出版社

1990年版。

[80] 崔允漷、张华：《为了中华民族的复兴，为了每位学生的发展〈基础教育课程改革纲要（试行）解读〉》，华东师范大学出版社2001年版。

[81] 单中惠：《现代教育的探索——杜威与实用主义教育思想》，人民教育出版社2002年版。

[82] 丁锦宏主编：《教育学》，南京大学出版社2002年版。

[83] 董远骞、施敏英主编：《俞子夷教育论著选》，人民教育出版社1991年版。

[84] 董远骞：《中国教学论史》，人民教育出版社1994年版。

[85] 方展画：《教育科学论稿》，上海教育出版社1995年版。

[86] 高峰强、秦金亮：《行为奥秘透视——华生的行为主义》，湖北教育出版社2001年版。

[87] 高觉敷、叶浩生主编：《西方教育心理学发展史》，福建教育出版社1996年版。

[88] 高觉敷：《高觉敷心理学文选》，江苏教育出版社1986年版。

[89] 高觉敷主编：《西方近代心理学史》，人民教育出版社2001年版。

[90] 高觉敷主编：《西方心理学的新发展》，人民教育出版社1987年版。

[91] 高觉敷主编：《中国心理学史》（第二版），人民教育出版社2005年版。

[92] 龚浩然、黄秀兰：《维果茨基科学心理学思想在中国》，黑龙江人民出版社2004年版。

[93] 何兆武主编：《历史理论与史学理论——近现代西方史学著作选》，商务印书馆1999年版。

[94] 华东师大教育系外国教育史教研室编：《外国教育史教学参考资料》，华东师范大学出版社1988年版。

[95] 华东师范大学、杭州大学教育系编译：《现代西方资产阶级教育思

想流派论著选》，人民教育出版社1980年版。

［96］联合国教科文组织国际教育发展委员会编著：《学会生存》，华东师范大学比较教育研究所译，上海译文出版社1980年版。

［97］黄长著、黄育馥主编：《整合与拓展——社会科学篇》，社会科学文献出版社2005年版。

［98］金林祥：《20世纪中国教育学科的发展与反思》，上海教育出版社2000版。

［99］瞿葆奎、马骥雄主编：《曹孚教育论稿》，华东师范大学出版社1989年版。

［100］瞿葆奎主编，徐勋、施良方选编：《教育学文集·教学》（上册），人民教育出版社1988年版。

［101］瞿葆奎主编：《胡克英教育文集》，教育科学出版社2003年版。

［102］瞿葆奎主编：《教育学的探究》，人民教育出版社2004年版。

［103］瞿葆奎主编：《教育学文集·教育与教育学》，人民教育出版社1993年版。

［104］瞿葆奎主编：《教育学文集·教育与人的发展》，人民教育出版社1989年版。

［105］瞿葆奎主编：《元教育学研究》，浙江教育出版社1999年版。

［106］李秉德：《教学论》，人民教育出版社1991年版。

［107］李明德、金锵主编：《教育名著评介》，福建教育出版社1992年版。

［108］李甦平：《中国思维坐标之谜——传统人思维向现代人思维的转型》，职工教育出版社1989年版。

［109］李政涛：《教育学科与相关学科的"对话"——从知识、科学、信仰和人的角度》，上海教育出版社1999年版。

［110］刘放桐等：《新编现代西方哲学》，人民教育出版社2000年版。

［111］刘克兰：《教学论》，西南师范大学出版社1988年版。

[112] 刘仲林：《交叉科学》，浙江教育出版社1998年版。

[113] 麻彦坤：《维果茨基与现代西方心理学》，黑龙江出版社2005年版。

[114] 马骥雄主编：《外国教育史略》，人民教育出版社1985年版。

[115] 毛祖恒：《从方法论看教育学的发展》，重庆出版社1990年版。

[116] 南京师范大学教育学系主编：《教育学》，人民教育出版社1984年版。

[117] 潘菽：《教育心理学》，人民教育出版社1980年版。

[118] 皮连生：《学与教的心理学》（修订版），华东师范大学出版社1997年版。

[119] 皮连生主编：《教育心理学》（第三版），上海教育出版社2004年版。

[120] 钱学森主编：《关于思维科学》，上海人民出版社1986年版。

[121] 邵瑞珍：《教育心理学——学与教的原理》，上海教育出版社1983年版。

[122] 沈适菡主编：《教学论》，人民教育出版社2000年版。

[123] 施良方、瞿葆奎：《"形式教育"论和"实质教育"论》，见瞿葆奎主编：《教育学的探究》，人民教育出版社2004年版。

[124] 施良方：《学习论——学习心理学的理论与原理》，人民教育出版社1992年版。

[125] 宋恩荣主编：《近代中国教育改革》，教育科学出版社1994年版。

[126] 孙培青主编：《中国教育史》，华东师范大学出版社1992年版。

[127] 孙喜亭：《教育学研究问题概述》，天津教育出版社1989年版。

[128] 唐才伯主编：《廖世承教育论著选》，人民教育出版社1992年版。

[129] 田慧生、李如密：《教学论》，河北教育出版社1999年版。

[130] 王策三：《教学论稿》，人民教育出版社1985年版。

[131] 王策三：《教学认识论》（修订版），北京师范大学出版社2002

年版。

[132] 王策三：《教学实验论》，人民教育出版社2000年版。

[133] 王策三：《教育论集》，人民教育出版社2002年版。

[134] 王道俊、王汉澜主编：《教育学》，人民教育出版社1984年版。

[135] 王坤庆：《20世纪西方教育学科的发展与反思》，上海教育出版社2000年版。

[136] 王小明：《教学论——心理学取向》，上海教育出版社2005年版。

[137] 魏泽馨选编：《傅任敢教育译著选》，湖南教育出版社1983年版。

[138] 吴杰：《外国现代主要教育流派》，吉林教育出版社1989年版。

[139] 吴琅高：《评赫尔巴特及其教学理论》，见《杜威赫尔巴特教育思想研究》，山东教育出版社1985年版。

[140] 吴也显：《教学论新编》，教育科学出版社1991年版。

[141] 夏正江：《教育理论哲学基础的反思——关于"人"的问题》，上海教育出版社2002年版。

[142] 熊明安、喻本伐主编：《中国当代教育实验史》，山东教育出版社2005年版。

[143] 熊明安主编：《中国近现代教学改革史》，重庆出版社1999年版。

[144] 杨深坑：《教育学方法论》，台湾五南图书出版公司1993年版。

[145] 杨小微：《教育优化论——九年义务教育学校整体改革的区域性实验研究》，华中师范大学出版社2003年版。

[146] 杨小微：《转型与变革——中小学改革与发展的方法论》，湖北教育出版社2004年版。

[147] 杨治良、黄希庭主编：《心理学大辞典》（上），上海教育出版社2004年版。

[148] 叶浩生主编：《西方心理学的历史与体系》，人民教育出版社1998年版。

[149] 叶澜：《"新基础教育"探索性研究报告集》，上海三联书店1999

年版。

[150] 叶澜：《教育概论》，人民教育出版社2006年版。

[151] 叶澜主编：《教育学原理》，人民教育出版社2007年版。

[152] 叶澜：《教育研究方法轮初探》，上海教育出版社1999年版。

[153] 余立森主编：《当代苏联教育家的新思想》，上海教育出版社1990年版。

[154] 张大均：《教育心理学》，人民教育出版社1997年版。

[155] 张焕庭选编：《西方资产阶级教育论著选》，人民教育出版社1979年版。

[156] 章晓谦：《传承与嫁接：中国教育基本概念从传统到现代的转换》，江西人民出版社2004年版。

[157] 赵荣昌、单中惠选编：《外国教育史教学参考资料》，华东师范大学出版社1991年版。

[158] 赵祥麟主编：《外国现代教育史》，华东师范大学出版社1987年版。

[159] 郑金洲、瞿葆奎：《中国教育学百年》，教育科学出版社2002年版。

[160] 朱宝荣：《心理哲学》，复旦大学出版社2004年版。

[161] 朱德全：《现代教育理论》，西南师范大学出版社1999年版。

[162] 朱智贤：《朱智贤心理学文选》，人民教育出版社1989年版。

二、期刊论文、报纸

[1]《教学向何处去？》，载《展望》，1979年第3期。

[2]《来自课程改革论坛的声音》，载《课程·教材·教法》，2004年第8期。

[3] 安学慧：《教育实验研究20年》，载《高等师范教育研究》，1999

年第 3 期。

[4]《教育与发展——访林崇德教授》，载《教育研究》，2005 年第 7 期。

[5]《叶澜教授访谈录——为"生命·实践学派"的创建而努力》，载《教育研究》，2004 年第 2 期。

[6]《朱永新. 新教育实验：意义、谱系与展望——朱永新教授访谈录》，载《教育研究》，2005 年第 6 期。

[7] 蔡春：《立足于关系的教育研究》，载《教育理论与实验》，2003 年第 12 期。

[8] 常道直：《赫尔巴特的教学论的再评价》，载《华东师范大学学报》（人文科学版），1958 年第 3 期。

[9] 陈桂生：《教育学的迷惘与迷惘的教育学》，载《华东师范大学学报》（教育科学版），1989 年第 3 期。

[10] 陈建翔：《把"人的世界和人的关系"还给教育——苏联"合作教育学"评述》，载《教育研究与实验》，1988 年第 3 期。

[11] 陈英和、赵笑梅：《智力测验的演变和展望》，载《北京师范大学学报》（社会科学版），2007 年第 3 期。

[12] 陈元晖：《"一般系统论"与教育学》，载《教育研究》，1990 年第 3 期。

[13] 陈元晖：《中国教育学 70 年》，载《北京师范大学学报》（哲社版），1991 年第 5 期。

[14] 崔允漷：《关于新课程的评议：一种视角》，载《教育发展研究》，2005 年第 5 期。

[15] 崔允漷：《教学目标——不该遗忘的教学起点》，载《人民教育》，2004 第 13—14 期。

[16] 崔允漷：《有效教学的理念与框架》，载《中小学教材教学》，2005 年第 2 期。

[17] 杜殿坤：《苏联"合作教育学"派的教育新思维》，载《教育研究与实验》，1988 年第 4 期。

[18] 段惠芬、张声远等：《我国教育心理学的发展与趋势》，载《教育研究》，1994 年第 1 期。

[19] 冯国文、饶惠椿：《一项崭新的教学改革实验对理论的挑战——关于"综合构建法数学教学新体制"的调查报告》，载《中国社会科学》，1988 年第 4 期。

[20] 高文：《维果茨基论教学与发展问题》，载《外国教育资料》，1982 年第 1 期。

[21] 龚浩然：《六十年代以来苏联心理学的发展》，载《中国社会科学》，1987 年第 5 期。

[22] 顾明远：《论苏联教育理论对中国教育学的影响》，载《北京师范大学学报》（社会科学版），2004 年第 1 期。

[23] 郝志军、田慧生：《20 世纪 90 年代以来我国教育实验的新进展》，载《人民教育》，2007 年第 10 期。

[24] 何爱霞：《成功智力理论：素质教育发展的新基点》，载《山东教育科研》，2000 年第 11 期。

[25] 何齐宗：《建立"教育学史"刍论》，载《教育研究》，1989 年第 8 期。

[26] 胡克英：《提高教育质量，实验必须先行》，载《教育研究》，1980 年第 2 期。

[27] 黄甫全：《关于专业发展学校的几个问题》，载《华南师范大学学报》（社会科学版），2006 年第 4 期。

[28] 江光荣：《对人性生物学基础的思考》，载《教育研究》，1993 年第 6 期。

[29] 姜彩芬：《警惕新课程流行病》，载《中国教师报》，2004 年 6 月 23 日。

[30] 瞿葆奎：《中国教育学百年》（上、中、下），载《教育研究》，1998 年第 12 期，1999 年第 1、2、3 期。

[31] [美] 卡洛斯·E. 奥利韦拉：《比较教育：一种基本理论在发展中》，载《教育展望》（中文版），1988 年第 18 期。

[32] 况志华：《人性观的后现代转向对心理学研究范式的冲击》，载《南京理工大学学报》（社会科学版），2006 年第 8 期。

[33] 李其维、[瑞士] 弗内歇：《皮亚杰发生认识论问题再思考》，载《华东师范大学学报》（教育科学版），2000 年第 9 期。

[34] 李树英、高宝玉：《课堂学习研究的国际展望》，载《全球教育展望》，2007 年第 1 期。

[35] 李政涛：《论中国教育学学派创生的意义及其基本路径》，载《教育研究》，2004 年第 1 期。

[36] 林崇德：《智力结构与多重智力》，载《北京师范大学学报》（人文社会科学版），2002 年第 1 期。

[37] 林崇德：《中国发展心理学三十年的进展》，载《北京师范大学学报》（社会科学版），2009 年第 1 期。

[38] 柳士彬：《对教学论哲学基础的反思与重构》，载《教育理论与实践》，2004 年第 24 期。

[39] 柳夕浪：《"教育"与"实验"的"二律背反"及其抉择》，载《教育研究》，1996 年第 7 期。

[40] 罗德红：《复杂思维视野下的教育心理学立场》，载《内蒙古师范大学学报》（哲学社会科学版），2006 年第 2 期。

[41] 罗贤、熊哲宏：《语言的天赋性与模块性———S. Pinker 的"语言本能"理论述评》，载《襄樊学院学报》，2006 年第 1 期。

[42] 毛祖桓：《教育学方法的多元化发展趋势》，载《教育研究》，1989 年第 5 期。

[43] 莫雷：《心理学研究方法的类型分析和体系重构》，载《心理科

学》，2006 年第 5 期。

[44] 裴新宁、张桂春：《"多元智力"：教育学的关注与理解——华东师范大学课程与教学研究所"多元智力"博士论坛综述》，载《全球教育展望》，2001 年第 11 期。

[44] 蒲心文：《教学过程本质新探》，载《教育研究》，1981 年第 1 期。

[45] 蒲心文：《教学过程本质再探》，载《教育研究》，1982 年第 6 期。

[46] 石鸥：《对当前教育实验的反思》，载《中国教育学刊》，1996 年第 3 期。

[47] 石鸥：《新世纪拒斥这样的教学论——主流教学论困境的根源及其走出》，载《湖南师范大学教育科学学报》，2002 年第 1 期。

[48] 宋凤宁、黄勇荣：《论心理学与课程论的历史姻缘》，载《教育理论与实践》，2004 年第 24 期。

[49] 孙昌瑞：《教育：人类选择能力的传递》，载《教育研究》，1988 年第 3 期。

[50] 孙革：《还原论思维方式的终结》，载《哈尔滨师范大学自然科学学报》，1995 年第 1 期。

[51] 孙喜亭：《中国教育学近 50 年来的发展概述》，载《教育研究》，1998 年第 9 期。

[52] 田友谊：《多元智能的"冷"思考》，载《上海教育科研》，2006 年第 3 期。

[53] 王本陆：《优化教学：概念·标准·策略》，载《课程·教材·教法》，2004 年第 1 期。

[54] 王本陆：《中国基础教育必须推倒重建吗》，载《当代教育科学》，2006 年第 4 期。

[55] 王策三：《教育实验评价标准探讨》，载《教育研究与实验》，1990 年第 4 期。

[56] 王光荣：《维果茨基于现代心理学》，载《西北师大学报》（社会

科学版），2003 年第 9 期。

[57] 王海明：《人性论科学体系的建构和研究者的使命》，载《江西社会科学》，2005 年第 4 期。

[58] 王玉梁：《评皮亚杰对认识主客体的研究》，载《中国社会科学》，1986 年第 6 期。

[59] 吴黛舒：《论"教育学"的学科立场——探索"教育学"学科独立性问题的另一个思路》，载《华东师范大学学报》（教育科学版），2004 年第 9 期。

[60] 熊哲宏、匡春英：《论当代"天赋论"对儿童研究方法学的挑战》，载《齐齐哈尔大学学报》（哲学社会科学版），2002 年第 5 期。

[61] 熊哲宏、李其维：《模拟论、模块论与理论论：儿童"心理理论"发展的三大解释理论》，载《华东师范大学学报》（教育科学版），2001 年第 2 期。

[62] 熊哲宏：《"模块心理学"的挑战：反"文化心理观"》，载《华中师范大学学报》（人文社会科学版），2005 年第 7 期。

[63] 熊哲宏：《模块心理学的理论建构论纲》，载《心理科学》，2005 年第 3 期。

[64] 徐继存、罗儒国：《教学理论应用辨证》，载《当代教育科学》，2004 年第 17 期。

[65] 许邦官：《引导、促进儿童的个性化是对教育本质的规定》，载《教育研究》，1989 年第 9 期。

[66] 晏倩、熊哲宏：《先天模块与后天文化资源的相互作用论——B. Butterworth 的"数字模块"理论述评》，载《心理科学》，2006 年第 5 期。

[67] 燕国才：《七谈非智力因素的几个问题》，载《上海师范大学学报》（社会科学版），1998 年第 12 期。

[68] 杨爱程：《美国和其他一些西方国家教育文献为何忌用"实验"一词》，载《教育科学论坛》，1993 年第 6 期。

[69] 杨小微:《处于两种研究范式之间的教育实验》,载《教育研究与实验》,1994 年第 1 期。

[70] 杨小微:《从复杂科学视角反思教育研究方法》,载《教育研究与实验》,2000 年第 3 期。

[71] 杨小微:《单项教育实验的规范探讨》,载《教育研究》,1992 年第 12 期。

[72] 杨小微:《教育研究思维方式的类型分析》,载《华东师范大学学报》(教育科学版),2003 年第 4 期。

[73] 杨小微:《科学与人文:教育研究方法论定位何处》,载《教育研究与实验》,1995 年第 4 期。

[74] 杨小微:《立场反思:教育学和哲学与科学的对话》,载《学术月刊》,2005 年第 10 期。

[75] 杨小微:《主体教育实验的反思性回顾》,载《台湾教育研究杂志》(大陆版),2005 年春季号。

[76] 叶浩生:《论心理学的分裂与整合》,载《陕西师范大学学报》(哲学社会科学版),2002 年第 6 期。

[77] 叶浩生:《试析现代西方心理学的文化转向》,载《心理学报》,2001 年第 3 期。

[78] 叶浩生:《思维方式的转变与心理学的整合》,载《南京师大学报》(社会科学版),1999 年第 1 期。

[79] 叶浩生:《现代心理学的困境与出路》,载《国外社会科学》,2002 年第 4 期。

[80] 叶澜:《创新时代的社会哲学笔谈·教育创新呼唤"具体个人"意识》,载《中国社会科学》,2003 年第 1 期。

[81] 叶澜:《关于加强教育科学"自我意识"的思考》,载《华东师范大学学报》(教育科学版),1987 年第 3 期。

[82] 叶澜:《论影响人身心发展的诸因素及其与发展主体的动态关系》,

载《中国社会科学》，1986年第3期。

［83］张传遂：《论21世纪中国教学论发展趋向》，载《广西师范大学学报》（哲学社会科学版），2002年第7期。

［84］张春兴：《从思想演变看教育心理学发展宜采的取向》，载《北京大学教育评论》，2005年第1期。

［85］张定璋：《教育实验的历史考察和本质探讨》，载《华东师范大学学报》（教育科学版），1991年第4期。

［86］张积家：《评现代心理学智力概念和智力研究》，载《教育研究》，2001年第5期。

［87］张武升：《教育实验的本质特点和类型》，载《教育研究》，1991年第2期。

［88］郑信军：《当代心理学与课程论的发展》，载《教育探索》，2004年第6期。

［89］钟启泉：《概念重建与我国课程创新——与〈认真对待"轻视知识"的教育思潮〉作者商榷》，载《北京大学教育评论》，2005年第1期。

［90］钟启泉：《建构主义学习观与档案袋评价》，载《课程·教材·教法》，2004年第10期。

［91］钟启泉：《重建学习的概念》，载《福建论坛》（社科教育版），2005年第5期。

［92］周南照：《西方"教育未来学"述评》，载《外国教育》，1983年第4期。

［93］蒋志峰：《日本21世纪教育战略：直面脑科学的挑战》，载《中国教育报》，2004年9月17日。

［94］李建忠：《芬兰：走向有质量的教育公平》，载《中国教育报》，2006年11月24日。

［95］王友文，赵小雅：《"县中"：值得深思的现象》，载《中国教育报》，2005年6月21日。

三、网络资源

［1］中国学术期刊全文数据库，http：//0-202.120.82.41.libecnu.lib.ecnu.edu.cn/kns50/scdbsearch/cdbindex.aspx.（访问时间：2007年1月12日）。

［2］Howard Gardner. Multiple Intelligences after Twenty Years, Invited Address, American Educational Research Association, April 21st, 2003. http://www.PZ.harvard.edu/PIs/HG.htm.（访问时间：2006年11月19日）。

［3］Some Critiques of Howard Gardner's Multiple Intelligences Theory, http://www.ige.net/-cmorris/criticques.Html.（访问时间：2005年6月21日）。

［4］张侃：《中国心理学期待辉煌》，http://special.dayoo.com/2004/node_2075/node_3030/node_3035/2005/11/28/113315738294884.shtml.（访问时间：2006年12月9日）。

［5］朱永新：《过一种幸福完整的教育生活——新教育实验回顾与展望》，http://blog.cersp.com/77166/696031.aspx.（访问时间：2006年10月27日）。

四、外文资料

［1］Christopher Winch, "Education and constructivism", In David Carr, Education, *Knowledge and Truth*: *Beyond the Postmodern Impasse*. Routledge, 1998.

［2］Ewald Terhart, "Constructivism and teaching: A new paradigm in general Didactics?" *Curriculum Studies*, Vol.35, No.1, 2003.

［3］Jo Ann Boydston (de), *The Early Works of Joh Devrey*, 1882-1889 V, Carbordale and Edwardsville: Southern Illinois University Press, 1972.

[4] Kashima, Y., "Culture as meaning system versus culture as signification Process", *Journal of Cross-Cultural Psychology*, Vol. 31, No. 1, 2000.

[5] Mark Fox, *Psychological Perspectives in Education*, London: Villiers House, 1993.

[6] Marton, F. & Booth, S., *Learning and Awareness*. New Jersey: Lawrence Erlbaum Associates, 1997.

[7] Noel Entwistle, *New Directions in Educational Psychology*, London: The Falmer Press, 1985.

[8] Pong. W. Y. & Morris, P., "Accounting for differences in achievement", In F. Marton & P. Morris (eds.), *What matters? Discovering Critical Conditions of Classroom Learning*, Goteborg: Acta Universitates Gothoburgensis, 2002.

[9] Richard E. Mayer, *The Promise of Educational Psychology: Learning in the Content Areas*, Upper Saddle River, N. J.: Merrill, 1999.

[10] Robert E. Grinder, "Educational psychology: The master science", in Merlin C. Wittrock & Frank Farley, *The Future of Educational Psychology*, New Jersey: Lawrence Erlbaum Associates, Inc., 1989.

[11] Tryphon, A. & Vnoeche, J. (eds.), *Piaget-vygotsky: The Social Genesis of Thought*, Psychology Press (UK), 1996.

[12] Yang, Xiao-wei, The Dream and Echo of Scientization—The Rerecognition of Research Methods in Educational Experiment, *Educational Research Frontier*, Vol. 2, No. 3, 2007.